一流大学研究文库

从声誉到绩效：
世界一流大学的挑战

主编 刘念才 程 莹 王 琪

翻译 江小华

上海交通大学出版社
SHANGHAI JIAO TONG UNIVERSITY PRESS

内容提要

2005 年 6 月，上海交通大学高等教育研究院发起并主办了"第一届世界一流大学国际研讨会"(1st International Conference on World-Class Universities)。之后，每隔两年主办一届"世界一流大学国际研讨会"，就世界各国政府、高等教育系统以及大学发展的热点问题进行研讨，至今共举办了六届国际研讨会。

本书汇集了第六届"世界一流大学研讨会"参会者的论文，分别从全球、国家和高校的视角提出了促进学术卓越的最新见解，并试图推动有关如何在实践中整合和平衡声誉与绩效、如何使高校实现"全球知名"与"地方服务"的研究与讨论。

本书的主要读者对象是政策制定者、高等教育管理人员、相关领域研究人员以及教育发展执行者。

图书在版编目(CIP)数据

从声誉到绩效：世界一流大学的挑战/ 刘念才，程莹，王琪主编. —上海：上海交通大学出版社，2017
(一流大学研究文库)
ISBN 978 - 7 - 313 - 18215 - 9

Ⅰ.①从… Ⅱ.①刘…②程…③王… Ⅲ.①高等学校-研究-世界 Ⅳ.①G649.1

中国版本图书馆 CIP 数据核字 (2017) 第 246349 号

从声誉到绩效：世界一流大学的挑战

主　　编：刘念才　程　莹　王　琪	
出版发行：上海交通大学出版社	地　　址：上海市番禺路 951 号
邮政编码：200030	电　　话：021 - 64071208
出 版 人：谈　毅	
印　　制：上海景条印刷有限公司	经　　销：全国新华书店
开　　本：710 mm×1000 mm　1/16	印　　张：15.5
字　　数：275 千字	
版　　次：2017 年 11 月第 1 版	印　　次：2017 年 11 月第 1 次印刷
书　　号：ISBN 978 - 7 - 313 - 18215 - 9/G	
定　　价：78.00 元	

总 序
Preface

　　教育,尤其高等教育,是知识创造的源泉和人才培养的摇篮。是否拥有世界一流大学是国际竞争力的关键之一。一个国家要想始终处于领先地位或者实现跨越式发展,需要有世界一流大学,并力争在全球高等教育金字塔顶端取得一席之地。近年来,许多国家相继制定了打造"精英大学"的计划,加大了对高等教育特别是名牌大学的投入力度,出台了一系列促进世界一流大学建设的政策和措施。

　　我国建设创新型国家,要把增强自主创新能力作为科学技术发展的战略基点和调整产业结构、转变增长方式的中心环节,大力提高原始创新能力、集成创新能力和引进消化吸收再创新能力。研究型大学作为国家创新体系的主要力量之一,理应在强化全民族的创新意识、推动科技自主创新、提高人才培养质量、营造良好的创新文化等方面作出应有的贡献。若干所名牌研究型大学肩负着创建世界一流大学的历史使命,更应为创新型国家建设作出不可替代的独特贡献。

　　如何建设一流大学已经成为一个世界性的话题,而世界一流大学研究也成为全球范围内高等教育研究的热点之一。但是,有关世界一流大学研究的成果不多,而且处于缺乏系统整理出版的状态。这既不利于同行之间的深入交流,也不利于将已有的研究成果应用于指导实践。为此,本着面向世界、促进研究、推动建设的宗旨,教育部战略研究基地——世界一流大学研究中心和上海交通大学高等教育研究院决定以自身的科研力量为基础,吸收国内外从事相关研究的名家参与,组织出版"一流大学研究文库"。

　　上海交通大学高等教育研究院的前身是成立于1985年的高等教育研究所。长期以来,形成了针对重大现实问题进行定量实证研究、交叉学科研究和国际比较研究的鲜明特色。世界一流大学研究一直是我们的主要研究方向之一,1993年出版了国内第一本有关世界一流大学研究的专著《世界一流大学研究》,1999年又出版了《攀登——我国创建世界一流大学的研究》,为我国创建世界一流大学提供了有益的思考与借鉴。

　　进入 21 世纪,我们完成了一系列以世界一流大学为主题的政府咨询报告,其中"我国名牌大学离世界一流有多远"等报告得到了国家领导人、教育或科技行政部门以及高校的好评和重视,对加快我国创建世界一流大学的进程起到了明显的推动作用。2004 年,上海交通大学成立了"世界一流大学研究中心",并被教育部科学技术委员会命名为教育部战略研究基地。2005 年 6 月,我们发起并主办了"第一届世界一流大学国际研讨会"(1st International Conference on World-Class Universities)。之后,每隔两年主办一届"世界一流大学国际研讨会",就世界各国政府、高等教育系统以及大学发展的热点问题进行研讨,至今共举办了六届国际研讨会。

　　"一流大学研究文库"已经出版了一系列著作,包括：教育部战略研究基地——世界一流大学研究中心主任、上海交通大学高等教育研究院长刘念才教授等主编的《世界一流大学：特征·排名·建设》,美国波士顿学院国际高等教育研究中心主任阿特巴赫教授(Phillip G. Altbach)等主编的《世界一流大学：亚洲和拉美国家的实践》,刘念才教授等主编的《世界一流大学：战略·创新·改革》,世界银行高等教育主管贾米尔·萨尔米(Jamil Salmi)撰写的《世界一流大学：挑战与途径》,冯倬琳博士撰写的《研究型大学校长：战略领导·职业管理·职业发展》、王琪博士等主编的《世界一流大学：国家战略与大学实践》、古道尔教授(Amanda H. Goodall)著的《世界一流大学：校长必须是科学家吗》、朱军文博士撰写的《我国研究型大学基础研究产出表现：1978—2007》等。2017 年"一流大学研究文库"计划出版四本著作。

　　我们深信："一流大学研究文库"的出版,必将进一步丰富和发展有关世界一流大学的理论研究,对加快我国世界一流大学建设的实践也必将产生积极的推动和指导作用。

教育部战略研究基地——上海交通大学"世界一流大学研究中心"主任

刘念才

2017 年 7 月于上海

目 录

Contents

第三部分　高 校 回 应

从声誉到绩效：世界一流大学的挑战

刘念才、程　莹、王　琪

一、引言

　　过去二十年来,世界一流大学(world-class university)的概念在世界各地越来越流行。世界一流大学,常常与研究型大学或旗舰大学交替使用,被视为是任何一个学术系统的核心机构,在全球知识经济时代对国家竞争力的提升至关重要。人们普遍认为,这些大学致力于在一系列学科领域范围内创造和传播知识,在各层面实施精英教育,服务于国家需要并促进国际公共事业(Altbach 2009;Liu 2009;van der Wende 2009)。这类高校的发展被全球各类利益相关者纳入了提升全球竞争力的重要政策议程,这些利益相关者既包括发达国家/地区和发展中国家/地区,也包括国家层面和高校层面(Altbach & Balan 2007;Huisman 2008)。随着大学排名的繁荣,这样一种"世界一流"运动得以强化和显现(Salmi 2009;King 2011;Hazelkorn 2011)。在此背景下,上海交通大学高等教育研究院于 2005 年启动了两年一度的"世界一流大学国际研讨会"。之前的会议云集了来自世界各地的高校管理者、政府官员、著名学者和政策研究者,共同讨论与世界一流大学相关的议题。

　　第六届世界一流大学国际研讨会于 2015 年 11 月在上海举行。此次会议的主题是"从声誉到绩效:世界一流大学的挑战"。本书汇集了此次会议的优秀论文,分别从全球、国家和高校的视角提出了有关促进学术卓越的最新见解,并试图推动有关如何在实践中整合和平衡声誉与绩效、如何使高校实现"全球知名"与"地方服务"等议题的讨论。

二、世界一流大学运动的最新全球趋势

　　争创世界一流大学已经成为一个全球现象(Altbach 2011)。尽管在社会、

文化和经济方面存在诸多差异,发达国家和发展中国家的政府和顶尖高校都加入了这场追求学术卓越的竞赛中,采取了一系列的发展战略并实施了各类改革来重塑它们的高等教育系统(Deem et al. 2008)。以往文献指出了主要的战略重点,包括竞争性经费计划和国家项目、国际化以及政府和高校层面的治理改革等。有关世界—流大学建设的最新讨论和文献可以发现一些共同趋势。

(一) 对世界—流大学的兴趣增加致使重点建设计划的数量增多

为追求卓越,全球越来越多的国家和地区都实施了战略资助计划。正如萨尔米指出,最早的—批重点建设计划多数实施于1989～2004年,包括中国的"985工程",日本的"卓越研究中心计划"(Centres of Excellence,简称COE计划)和"世界顶级国际研究中心计划"(World Premier International Research Centres),韩国的"21世纪智慧韩国工程"(Brain Korea 21)以及丹麦、芬兰、爱尔兰、挪威和加拿大的重点建设计划等。最早实施重点建设的这批国家和地区在过去十年来对这些项目进行持续投资,并不断启动新的项目,如日本的"促进研究型大学建设项目"(Programme for Promoting the Enhancement of Research University)和"超级国际化大学计划"(Top Global Universities Programme)(第五章)。与此同时,过去十年来,有更多的政府实施了重点项目,包括俄罗斯的"国家研究型大学计划"(National Research University Programme),沙特阿拉伯的"大学与教育城市计划"(University and Education City projects)等。

这些国家和地区对入选大学和研究中心提供了额外的专项经费以发展卓越的教学和科研。尽管采用了不同的组织和管理方式,这些计划都明确提出了追求卓越的目标,为其"择优挑选"的高校和研究中心提供充足的经费,并确保政府提供必要的政策支持。此外,这些竞争性资助计划是由政府和相关机构提出、协商并通过立法的。立法程序将这些教育项目变成了法律法规,从而强化了这些政策的权威性和强制性。此外,这些资助计划进一步增强了高校的国际竞争意识(Wang 2011)。

正如萨尔米在其文章中所言(第一章),由于时间的限制和归因的复杂性,目前要评估这些重点建设计划的影响还为时尚早。也有学者关心政府如何能够维持其经费资助(第四章)、如何确保这些重点建设计划不会被中断以及如何避免忽略对高等教育系统健康而有意义的整体改革(第一、二章)。

(二) 加大国家和高校层面的治理改革

由于认识到重点建设计划不能自己运行,良好的管理是决定大学绩效的关键因素之一,因而高等教育系统及其高校不断实行各类组织变革以创造有利的治理环境。治理议题包括多个方面,如自主性、领导力、管理结构、战略愿景、竞争性环境和组织文化等(Salmi 2009;Altbach 2011)。此外,很多国家和地区热衷于基准比较活动,并且非常重视"国际标准"和"质量提升"等概念。

然而,在新自由主义经济共识的背景下,高校所面临的核心挑战之一是机构自主性和问责之间的矛盾,特别在追求学术卓越方面。的确,前文所提到的这些竞争性资助计划在某种程度上进一步保证了入选高校按需消费的自主性和灵活性,但这些计划也采用了一些问责和质量保障的绩效指标(World Bank 2012)。伴随着经费来源的多元化,科研商业化也带来了巨大的挑战:市场力量会在传统学术规范和商业利益之间、基础研究和应用研究(后者往往能够带来经济利益)之间引发潜在的冲突(Altbach 2009)。此外,大学校长和高校领导应该由顶尖学者担任还是学术界以外的管理者担任,这一问题也引发了激烈的辩论。

本书的多个章节通过案例探讨了管理在世界一流大学建设过程中的重要性及其面临的挑战(第五、六、七、八章)。

(三) 关于声誉和绩效之间矛盾的争论

声誉和绩效是与世界一流大学建设相关的、最受关注的概念之一,但其本质很复杂,且没有统一的定义。过去二十年中,大学排名的发展吸引了所有高等教育利益相关者的注意,从大学领导到教职员工、从学生到家长、从政府到媒体,从而已经转变为一个"全球性的情报信息行业"(Hazelkorn 2011)。这一无法改变的现象已经对大学的活动和行为产生了直接和间接的影响。现有文献一方面主要关注如何提升高校在全球和地区范围内的声誉、地位、影响力和排名名次,另一方面也关注如何增强高校的质量、效率、效益和学术产出。然而,声誉是否是衡量绩效的合理指标,抑或相反(第八章)? 排名体系与排名结果对高校的行为及活动是产生了积极影响还是消极影响(第十一、十二、十三章)? 一所大学是否既能享誉国际又可以服务本地(第九、十章)? 这些都是该领域一直在讨论并容易引起争议的问题。本书所收录的论文尝试回答这些问题,并为高校提供一些启示。

(四) 对建设世界一流大学体系的重视程度增加

关于世界一流大学运动的最新文献表明,学者们越来越强调建设世界一流的高等教育系统,而非为了发展少数几所顶尖高校而忽略高等教育系统的其余部分。目前关于世界一流大学的讨论以及各类排名活动都将关注的重点以及人们的注意力从大众教育，特别是高等教育的中底端转向了研究型大学和精英大学。正如西蒙·马金森(Simon Marginson)(第二章)指出，高等教育扩张涉及任何承担科研、教学和社会服务使命的高等教育机构，但不同高校有不同的侧重；因此，要在高等教育扩张的背景下解决质量问题，必须将所有的高等教育机构都考虑在内。因而，对世界一流大学体系展开讨论是十分必要的。

此外，阿特巴赫和萨尔米的研究(2011)提醒我们，教育改革和变革不会在真空中发生，对世界一流大学的完整分析应该考虑高校发展所依赖的生态系统。此生态系统包括宏观环境、国家层面的领导力、治理和管理框架、质量保障体系、财政资源和激励机制、衔接机制、信息公开、地理位置以及数字与通信设施等(Salmi 2011)。其中部分要素是绝对必要的，而其他一些要素可能并非完全不可或缺，这取决于每个国家的文化、社会经济和政治环境。然而，所有这些要素无疑都很重要(Altbach & Salmi 2011)。各国及其监管高等教育系统的相关部门应该认真评估自身的需求、资源和长远利益，并根据本国及其高校的模式来制定战略。这个世界上并不存在提高学术卓越的普遍模式或秘方(Altbach 2004；Salmi 2009)。国际经验或许能够提供有益的启示与借鉴，然而，一个国家或大学的政策不可能通过简单复制便能够有效移植到另一个国家或大学(见第一、二、三、四章)。

三、本书结构

鉴于以上观点，本书由三部分组成："全球反思"、"国家反应"和"高校回应"。

(一) 全球反思

这一部分主要从全球和比较的视角探讨世界一流大学运动的趋势、挑战和启示，阐述了政府在制定相关教育政策时需要考虑的因素和重点，并讨论了重点建设计划所带来的影响与启示。

萨尔米的文章(第一章)试图评估重点建设计划对高等教育机构以及高等教育系统的影响。萨尔米总结了这些额外经费计划的共同特征：由政府机构主导、通常与主要的研究机构合作、具有高度选择性和竞争性、大多专注于提升大学的科研能力等。这类计划增强了大学和政府对全球高等教育市场的竞争意识。该文指出，虽然早期的重点建设计划反映了促进高等教育对国家社会经济发展贡献的长期政策目标，近期一些项目的目标则主要是提升它们的全球知名度和声誉。萨尔米认为，虽然现在评估这些政策计划的效果还为时过早，但高校在国际大学排名上的表现表明大部分排名靠前的高校都是重点建设计划的资助高校。在文章的结尾，萨尔米重申了他的分析框架，即世界一流大学的发展需要人才汇聚、资源充裕以及高水平管理三组要素。他还强调，虽然重点建设计划在提升高校的声誉和绩效方面可能发挥着重要作用，但它不能替代对整个高等教育系统的全面改革。

与萨尔米的看法一致，马金森（第二章）也认为"应该重视整个高等教育系统"。自20世纪70年代以来，高等教育扩张已经成为一种全球趋势。这一显著扩张不仅出现在顶尖高校，同样出现在高等教育系统的中下层。需记住的是，"大众化高等教育的质量对所有社会都很重要"，包括已经普及和正在普及的高等教育系统。然而，目前有关世界一流大学的讨论主要聚焦在发展少数顶尖研究型大学方面，而第二三流的院校没有受到足够的重视。通过论述美国高等教育系统这一案例——一个高等教育接近普及化且研究型大学质量全球领先的顶尖体系，马金森在其文章中指出"国家的政策目标不应只是关注世界一流大学的建设，而应该是在整个系统健康发展的前提下建设世界一流大学"。

通过采用比较的视角，亚历克斯·厄舍（Alex Usher）的文章（第三章）试图考察财政状况的变化对世界一流大学建设的影响。要追求学术卓越，拥有充裕的资源是一个关键要素，同样重要的还有聘请高水平的教师、改善大学的科研设施等。然而，因近年来的全球金融危机和政府缩减高等教育公共支出的有关政策，高校在获取这些必要的资源方面面临挑战。厄舍重点关注有高校入榜"世界大学学术排名"（Academic Ranking of World Universities）百强的10个国家，对这些国家的高校财政支出进行了分析：各国当前的高等教育支出和生均支出是高于还是低于全球金融危机之前？各国的顶尖高校与本国其他院校所享受的待遇是否相同？金融危机以来，这些顶尖高校所获得的经费拨款是否有所增长？厄舍通过分析发现，尽管不同国家在这些方面的情况有所不同，但提高学费和扩招在高校维持经费方面发挥了重要作用。然而，追求学术卓越不能仅仅依靠扩招所获得的经费增长，在他看来，高校要追求学术卓越，除了要具备有效的高校战略、最优的招聘政策以及高水平的管理之外，一个提高财政收入的富有成效的方法是对科研进行有效再投资。

贝恩德·胡博（Bernd Huber）（第四章）认为现代大学制度的共同特征包括：学术自由，高校自主权，同行评议拨款机制以及对学生、学术人员和经费的激烈竞争。他继而分别从教育和科研活动的角度分析了高等教育未来所面临的挑战。从教育的角度，胡博认为大学毕业生和非大学毕业生之间的"大学毕业生的工资溢价"（college wage premium）未来将保持在较高水平。此外，不同学术领域以及不同学历之间（本科生和研究生）的这种收入差距也很显著。再者，学费上涨可能会给学生带来财政风险。此外，还难以预测在线学习是会补充还是替代传统的大学教学。从科研活动的角度，他认为科研质量的下降、科研过程的变化以及科研的角色（基础研究和应用研究）等关键问题都是现代大学制度所面临的挑战。

（二）国家反应

本书的第二部分特别关注日本和中国大陆在世界一流大学建设方面的政策趋势和变化。

米泽彰纯（Akiyoshi Yonezawa）和新见有纪子（Yukiko Shimmi）（第五章）试图分析日本顶尖高校在国际化进程中所遇到的挑战。尽管在亚洲处于领先地位，高度发达的日本高等教育系统在很大程度上强力保护着本国语言和民族认同。在日益全球化的世界，这已经成为日本的一个弱点并可能会阻碍日本的可持续发展。在此背景下，日本政府实施了大量的国家政策计划以提高其全球竞争力。例如，"卓越研究中心计划"的目标是提升科研表现；"大学国际战略本部强化计划"（Strategic Fund for Establishing International Headquarters in Universities）旨在提升高校的国际化战略；"全球 30 万留学生计划"（Global 30 Project）的目标是增加留学生的人数。此外，政府还致力于发展有竞争力的研究型大学、丰富学生和教师的国际体验以及促进国际流动。所有这些努力都体现了综合治理改革。与前面章节相呼应的是，米泽彰纯和新见有纪子认为，将资源集中于顶尖大学会拉大这些高校与中下水平高校之间的差距。而国际顶尖高校的这种优势地位和缺乏竞争的状况可能会成为制约其进一步提高自身能力的障碍。日本必须推动对整个高等教育系统更广泛的变革以及国际化。

接下来的两章，马瑞克·范德文德（Marijk van der Wende）和朱佳斌（第六章）以及白杰瑞（Gerard A. Postiglione）（第七章）都将关注的焦点放在了中国。马瑞克·范德文德和朱佳斌的文章深入分析了中国内地的高等教育系统在全球市场上是领导者还是追随者这一议题。与周边国家相似，中国高等教育也实施了一系列的改革来扩大高等教育系统、提升能力以及提高全球声誉。她们指出，人们对中国高等教育如下方面的批评和关切依然很普遍：教学和科研的质量相对低下、高校招生人数和劳动力市场就业机会的增长不平衡、城市和农村地区之间的不平等持续拉大以及高校的学术自由和机构自治相对薄弱等。两位作者认为，随着形势日益复杂化，中国高等教育的最新发展既可以被看作是一个政策紧随西方国家的追随者（扩招和多元化），也可以被视为是一个对世界一流大学运动产生了巨大影响的领导者。她们的结论是，中国要进一步发展高等教育，必须采取新的治理模式和战略管理，一方面要保障高校的自主性，另一方面也要引导国家发展世界一流的大学体系。

与马瑞克·范德文德和朱佳斌的观点相似，白杰瑞进一步讨论了具有"中国特色"的研究型大学模式。在回顾了中国大陆高等教育系统的特点和发展历程之后，作者继而对香港的高等教育系统展开讨论，并列出了香港与内地高等教育系统的三个主要差异：香港政府为高等教育部门提供总体方向，并调节经费、绩效标准和大学政策，但高校享有完全的内部自治；香港的高校重视让学者参与到学校治理与管理当中，但同时又有很强的行政领导；香港的高校强调"整合的学术"，即在绩效评估中要结合教学、科研和知识转化等维度。白杰瑞总结认为，要建立中国的研究型大学模式就需要"加强国际化、界定教育主权以及扩大高校办学自主权"。

（三）高校回应

"高校回应"这一部分分析了高校为整合声誉和绩效以及为实现"全球知名"和"地方服务"的目标所采取的各种战略与举措。

声誉和绩效的评估本质上很复杂。劳伦·比松（Laurent Buisson）（第八章）在其文章中指出，不同的高等教育利益相关者对高等教育及高校有不同的理解，从而不可避免地导致了声誉认可和绩效评估之间的不同标准以及两者之间相应的矛盾。比松分析了法国巴黎第六大学（Pierre and Marie Curie University）在评估声誉、科研的社会影响力以及教育和培训所带来的附加值等方面的经验。其结论认为，在处理声誉认可与绩效评估的矛盾时，要深入分析大学的使命、战略和政策重点。了解不同利益相关者的看法和利益也非常重要，因为它将有助于高校采用合理的绩效指标，并尽可能减少误解。

玛利亚·优德科维奇（Maria Yudkevich）的文章（第九章）以位于莫斯科的俄罗斯国立高等经济学院（National Research Universities Higher School of Economics）为案例，阐明了高校如何能够有效整合全球声誉和地区服务。俄罗斯政府近年来实施了重点建设计划以发展世界一流大学，但俄罗斯所面临的一大挑战是大学和科研机构之间的长期分离。也就是说，包括国立高等经济学院在内的俄罗斯高校，传统上更注重培养能够满足本地社会需求和企业需要的人力资源。而在国内、国际竞争异常激烈的背景下，拥有很强地区服务传统的俄罗斯高校必须提出新的战略目标来提升科研绩效和全球声誉。为实现这一目标，俄罗斯国立高等经济学院在学校治理方面进行了全方位的变革，包括更新战略目标、扩大学科领域、改革招聘策略等。这些旨在提升学校全球学术市场地位的努力对整个国内的高等教育系统也产生了积极影响。正如优德科维奇所总结的那样，了解国内学术市场的特点和性质以及个体高校在其中的地位有助于增加高校整合国家/地区服务和追求国际地位的决心。

一所规模相对较小、专业性较强的大学能否在快速变革的国际高等教育市场上获得成功？或者说，是否只有综合性大学才能成为世界一流？克里斯·库克林(Chris Cocklin)和布拉德利·史密斯(Bradley Smith)的文章(第十章)列举了一个非常典型的案例——澳大利亚詹姆斯库克大学(James Cook University)来回答这些问题。就全球热带地区所面临的关键问题和挑战而言，詹姆斯库克大学的教学和科研在澳大利亚乃至全球都处于领先地位。与其他大多数高校所不同的是，詹姆斯库克大学在学校的战略规划中确定了自身的优势定位和使命。该校在其重点领域和全校层面都取得了高水平的科研绩效，从而实现了"世界一流"的地位。通过各种组织战略，这所地方性大学致力于服务当地的利益相关者（企业、政府和本地社会），从而承担和履行公民责任，与此同时还与世界各地的科研机构、用人单位和高等教育机构发展伙伴关系。正如作者所阐述的那样，"本土环境可以为国际社会提供有用的认识和理解，同时澳大利亚以外的经验也可以被引进来服务于本地——也就是所谓的全球本土化"。同样与前面的文章相呼应，作者重申，詹姆斯库克大学的成功和未来的持续发展取决于其优势定位、科研水平、明确的使命以及地方/全球关系等要素之间的相互作用。

希拉姆·罗摩衍那(Seeram Ramakrishna)和艾伦·牟俊达(Arun S. Mujumdar)(第十一章)从教育和人才培养的角度提出，随着本地相关性和全球声誉已经成为后全球化世界越来越明显的特征，高校也应该采取全球本土化思维，让学生为未来的工作做好准备。该文展示了培养创新型和创业型毕业生的方法，也即开设与创新创业有关的新课程、提供学生按照自己的节奏和模式学习的灵活性并变革与之相关的课程设置和教学方式、提供课外学习的机会以及聘用具有全球本土化思维的教师。

国际大学排名吸引了所有利益相关者的持续关注。尽管这些排名被认为是大学绩效的反映，但也引发了人们关于应该如何看待或使用大学排名的争议。最后两篇文章提供了两个关于大学排名如何被应用于高校战略规划和管理实践的丰富案例。

张杨通过对美国夏威夷大学马诺阿分校(the University of Hawai'i at Manoa)的案例研究发现，该校8个战略目标中有5个与大学排名直接或间接相关，包括确定学校的结构和角色、帮助学生获得成功、招收优秀的学生群体、增强学校的科研事业以及建设卓越的师资并鼓励设备共享等。张杨建议，无论是院校研究人员，还是主要的利益相关者都应该增加对排名结果、方法和局限性的认识与了解。

通过回顾排名的历史、影响和局限性，陈繁昌、冯进能和郑嬿容（第十三章）认为，与其将排名绩效设定为高校目标，高校更应该使用排名作为改善绩效的有用工具。此外，通过分析中国香港科技大学的经验，作者建议必须认真考虑高校的愿景、目标和使命，以及对排名方法的支持与反对。

本书不仅呈现了有关世界一流大学建设相关议题的讨论，也是前面与此主题相关的五本书的续集，这五本书包括：《世界一流大学：特征·评价·建设》《世界一流大学：战略·创新·改革》《世界一流大学：国家战略与大学实践》《世界一流大学：共同的目标》《世界一流大学：对全球高等教育的影响》。

参考文献

[1] Altbach, P.G. (2004). The costs of benefits of world-class universities. *Academe*, *90*(1)：20 - 23.

[2] Altbach, P.G. (2009). Peripheries and centers：Research universities in developing countries. *Asia Pacific Education Review*, *10*：15 - 27.

[3] Altbach. P.G. (Ed.) (2011). *Leadership for World-Class Universities: Challenges for Developing Countries*. London：Routledge.

[4] Altbach, P. G., & Balán, J. (eds.) (2007). *World Class Worldwide: Transforming Research Universities in Asia and Latin America*. Baltimore：Johns Hopkins University Press.

[5] Altbach, P.G., & Salmi, J. (Eds.) (2011). *The Road to Academic Excellence: Emerging Research Universities in Developing and Transition Countries*. Washington, DC：the World Bank.

[6] Deem, R., Mok, K. H., & Lucas, L. (2008). Transforming higher education in whose image? Exploring the concept of the "world-class" university in Europe and Asia. *Higher Education Policy*, *21*(1), 83 - 97.

[7] Hazelkorn, E. (2011). *Rankings and the Reshaping of Higher Education: The Battle for World-Class Excellence*. London：Palgrave.

[8] Huisman, J. (2008). World-class universities. *Higher Education Policy*, *21* (1)：1 - 4.

[9] King, R. (2011). *Universities Globally: Organizations, Regulation and Rankings*. Cheltenham：Edward Elgar.

[10] Liu, N.C. (2009). Building up world-class universities：a comparison. Presentation at

2008 - 2009, Research Institute for Higher Education, Hiroshima University, February 2009.

[11] Salmi, J. (2009). *The Challenge of Establishing World-Class Universities*. Washington, DC: the World Bank.

[12] Salmi, J. (2011). The road to academic excellence: lessons of experience. In Altbach, P.G. & Salmi, J. (Eds.) *The Road to Academic Excellence: Emerging Research Universities in Developing and Transition Countries*. Washington, DC: the World Bank.

[13] Wang, Q. (2011). A discussion on the 985 Project from a comparative perspective. *Chinese Education and Society*, 44(5), 41 - 56.

[14] Wende, M. C. van der. (2009). *European Responses to Global Competitiveness in Higher Education*. Research and Occasional Paper Series, No. 7, 2009. Berkeley: Center for Studies in higher Education, University of California.

[15] World Bank (2012). *Putting Higher Education to Work: Skills and Research for Growth in East Asia*. Washington, DC: the World Bank.

第一部分

全 球 反 思

第一章 重点建设计划与世界一流大学建设

贾米尔·萨尔米(Jamil Salmi)[①]

一、引言

"石油时代之后,知识是未来的关键。"

——挪威首相埃尔娜·索尔伯格(Erna Solberg)

"生产力不是一切,但长期而言,它几乎等于一切。"

——诺贝尔经济学奖得主保罗·克鲁格曼(Paul Krugman)

知识已成为经济和社会发展的一个基本组成部分。一个社会生产、选择、更新、商业化以及使用知识的能力,对于促进其经济的持续增长和人们生活水平的改善而言至关重要(World Bank 1999)。在此背景下,高等教育在构建强大的人力资本基础、促进高效的国家创新体系等方面发挥着核心作用。高等教育机构通过培养有技术、有效率且灵活的劳动力,以及应用和传播新的理念和技术来帮助其所在国家打造具有全球竞争力的经济体。

高水平的高等教育系统涵盖各种类型的组织模式,不仅包括研究型大学,也包括应用技术学院、文理学院、短期技术学院、社区学院、开放大学等,这些机构共同培养着劳动力市场所需的各类技术工人和员工(World Bank 2002)。每种类型的高等教育机构都发挥着自身的重要作用,许多政府所重点考虑的是如何实现整个高等教育系统不同成员之间的平衡发展。

在高等教育系统当中,研究型大学承担着培养专业人才、高水平专家、科学家和研究人员的关键角色,而这些人才是经济发展和为支持国家创新型体系进

[①] 贾米尔·萨尔米,全球高等教育专家。本文改编自一本书的章节:Hazelkorn E.（Ed.）(2016). Global rankings and the geo-politics of higher education：Understanding the influence and impact of rankings on higher education policy and society. London：Routledge.

行知识创造所需要的重点人才。在此背景下，政策制定者希望看到他们的顶尖高校处在知识和科技发展的最前沿。

随着 2003 年上海交通大学首次发布国际性的大学排名以及之后其他国际大学排名的竞相出现（如《泰晤士报高等教育》、台湾财团法人高等教育评比中心基金会、QS 等陆续发表全球排名），有更多的系统性方法可被用于对世界一流大学的确定和分类（Salmi 2009）。为了国家的声誉，越来越多的政府想要找到能够促使本国顶尖大学持续快速发展的最有效的方法。尽管有少数国家如哈萨克斯坦和沙特阿拉伯创建了新的大学，但大部分感兴趣的国家采取的战略是高校合并以及升级现有大学。为了加快改革的步伐，一些政府纷纷推出了所谓的"重点建设计划"（excellence initiatives），投入大量的额外经费用于提升大学的绩效。

在此背景下，本文的目标是评估重点建设计划对相关大学以及整个高等教育系统的影响。下文首先分析了重点建设计划的主要特征，随后则考察了它们的成就和局限。

二、重点建设计划的特征

以德国为代表，高等教育的"重点建设计划"可被描述为是政府为了加快提升现有大学而大量投入额外经费的计划①。

"卓越计划"旨在促进尖端研究和提升德国高校及研究机构的质量，从而使德国成为一个更具吸引力的研究基地，使其更具国际竞争力，并把注意力集中在德国高校和科学共同体的杰出成就上。②

表 1.1 呈现了这些重点建设计划的总数量和大致的地区分布，可将这些重点建设计划分为两个时期，第一个时期是 1989～2004 年的十五年间，当时还没有"重点建设计划"这样的表述；第二个时期则是 2014 年之前的十年。通过对这两个时期的比较可以发现，自从"世界大学学术排名"和 THE 全球性大学排名相继在 2003 年、2004 年发布以来，世界各地的重点建设计划数量急剧增加，反

---

① 本文没有将近期明确以建设世界一流大学为目标而创建新大学的国家项目考虑在内，如哈萨克斯坦的纳扎尔巴耶夫大学（Nazarbayev University）或沙特阿拉伯的阿卜杜拉国王科技大学（King Abdullah University of Science and Technology）。也不包括大量资助来自国外顶尖高校学生的奖学金计划，如哈萨克斯坦的博拉沙克总统奖学金项目（Bolashak Program）、巴西的"科学无国界项目"（Science without Borders），或沙特阿拉伯的阿卜杜拉国王奖学金（King Abdullah Scholarship's Program）。

② http:// www.germaninnovation.org / research-and-innovation

映了各国政府对建设世界一流大学的兴趣日益加大。本文附录 1 列出了各国项目的完整名单,这些项目在本文中统称为"重点建设计划"①。

表 1.1 不同地区和时期"重点建设计划"的数量

地 区	1989~2004	2005~2015
非洲	0	1
亚太	8	14
欧洲	4	19
中东	0	2
北美	1	1
总数	13	37

资料来源:由作者整理。

表 1.2 则详细列出了两个时期内实施过某种重点建设计划的国家地区名单。

表 1.2 重点建设计划的国家/地区分布

地区	1989~2004	2005~2015
非洲	—	尼日利亚
亚太	澳大利亚、中国大陆、中国香港、日本、新西兰、韩国	中国大陆、印度、日本、马来西亚、新加坡、韩国、中国台湾、泰国
欧洲	丹麦、芬兰、爱尔兰、挪威	丹麦、法国、德国、卢森堡、挪威、波兰、俄罗斯、斯洛文尼亚、西班牙、瑞典
中东	—	以色列、沙特阿拉伯
北美	加拿大	加拿大

资料来源:由作者整理。
注:有些国家/地区实施了多个重点建设计划或一个重点建设计划跨越了两个阶段,这里每个国家和地区只列出一次,这也解释了为什么表 1.1 重点建设计划的数量比表 1.2 的国家/地区数量多。

以上表格表明,在 20 世纪 90 年代,只有包括北欧国家、加拿大、中国、日本、韩国等在内的少数几个国家较早地预见了提升大学作为创新型经济支柱的重要性。而近期的重点建设计划主要实施于东亚和西欧,这符合它们经济现代化的

---

① 尽管德国政府最早使用此概念,但类似的计划早在 20 年前便已经实施,只不过当时没有取名"卓越计划"。

议程。令人惊讶的是,尽管拉丁美洲人口规模庞大且经济实力雄厚,却缺席了这场运动。这在很大程度上可以归因于教育领导者在发展过程中缺乏远见。尽管如此,近年来,巴西、智利和厄瓜多尔还是推出了一些雄心勃勃的奖学金计划以资助学生出国留学。

美国和英国的高校一直处于国际大学排名的领先地位,加之其获得的科研经费水平本身已经很高,因此没有考虑额外的经费资助计划。瑞士也符合这一情况,该国的两所联邦理工大学,即苏黎世联邦理工学院(ETH Zurich)和洛桑联邦理工学院(ETH Lausanne),在现有充裕资源的支持下成功实现了改进。

在以上所有的案例中,通过重点建设计划所获得的额外经费都完全来自公共财政,只有少数国家的资助方式比较新颖。例如在德国,"卓越计划"是以联邦政府和州政府(Länder)合作的形式实施的。同样,在中国的项目中("211 工程"和"985 工程"),地方政府与中央政府各投入 50%。现已停止的西班牙重点建设计划则是通过优惠贷款的形式将资源划拨给入选大学。或许最新颖的资助方式是法国最新启动的重点建设计划,其经费主要来自一大笔捐赠(95 亿美元)所产生的年度收益,成为划拨给入选高校的经费来源。这样的经费资助形式可以维持长期的财政可持续性,这也是所有其他的重点建设计划所缺失的。

大多数情况下,这些专项项目具有高度的选择性,入选大学的数量有限,且主要聚焦于科研。此外,这些项目倾向于资助科学、技术、工程和数学等领域,而非社会科学和人文科学领域。

除了日本、韩国和中国台湾地区的公立高校和私立高校都有资格竞争这些额外经费以外,大部分重点建设计划都只针对公立高校。

不同国家/地区之间的另一个差异是实施的重点建设计划数量和周期不同。表1.3 呈现了各国/地区重点建设计划的持续情况:是实施了一项计划还是多项计划,以及每项计划延续了一个周期还是多个周期(通常为两个周期)。重点建设计划的时间跨度通常是中期至长期,因为在大多数情况下,这些计划(或周期)的持续时间从 3 年到 7 年不等。

表 1.3　重点建设计划的重复性

地区	单 项 计 划	多 项 计 划	多 个 周 期
非洲	尼日利亚		
亚太	澳大利亚、中国香港、印度、马来西亚、泰国	中国大陆、日本、新加坡、韩国、中国台湾	中国大陆、韩国、中国台湾

（续　表）

地区	单 项 计 划	多 项 计 划	多 个 周 期
欧洲	芬兰、挪威、斯洛文尼亚、西班牙	丹麦、法国、俄罗斯	德国
中东	以色列、沙特阿拉伯	—	—
北美	—	加拿大	—

资料来源：由作者整理。

　　绝大多数的重点建设计划几乎都完全集中于提升高校的科研能力，主要的例外是中国台湾地区，该地区在实施以科研为主的项目同时，还启动了一个追求卓越教学的专项计划。台湾地区于 2005 年推出"奖励大学教学卓越计划"（The Teaching Excellence Development Program），共投入大约 6.5 亿美元的预算来促进台湾公立和私立大学课程与教学实践的现代化，入选的 31 所大学在为期 5 年的时间内获得了总计 2 150 万美元的资助。德国在实施一个大型科研发展项目的同时，也启动了一个小型的项目以推动卓越的教学。其他几个国家的重点建设计划在着重提升科研的同时，也纳入了改善教学实践的经费，例如芬兰、西班牙和韩国等。

　　在促进卓越科研方面，不同重点建设计划的重点和落脚点存在很大的区别。在有些情况下，资助单位是整个大学，它们获得用以资助整体发展计划的一揽子拨款。而在其他情况下，政府重点强调建立新的卓越研究中心或增强现有的研究中心。德国的"卓越计划"结合了这两种形式，并提供三类资助，一类针对入选高校的发展计划，一类针对新的跨学科研究集群，还有一类则是针对新设立的研究生院。参与高校首先需要同时入选一个新研究生院和一个新研究集群才有资格参选学校"卓越计划"。在韩国，"21 世纪智慧韩国工程"第一期资助的是高校整体，第二期则直接为单个学系提供支持。

　　无一例外，几乎所有的重点建设计划均由各国的教育部或高等教育部所实施。在大多数情况下，教育部和主要的国家研究机构合作，共同负责项目的实施过程。由于涉及很具体的专业技术评估工作，这种合作在竞争性的遴选过程中尤为重要。在大多数情况下，执行机构主要依赖专家小组来评估不同学科提案的有效性。例如，在德国第二期"卓越计划"的评估阶段，由 457 名专家所组成的 37 个专家小组负责对 127 份新研究生院和研究集群的申请进行评估。这一方式的主要优势在于能够减少政治干预,并且可以为项目的实施提供更为灵活的管理框架。

重点建设计划的经费数量反映了资助水平的显著差异(如表 1.4 所示)。其中,中国大陆地区、法国、新加坡和中国台湾地区脱颖而出,成为对高校整体资助最为大方的国家或地区。以色列和日本则对单位卓越研究中心的资助水平最高。北欧国家的资助最少,主要因为它们高校的基础经费已经显著高于其他大部分欧洲国家。本文附录 2 列出了各国重点建设计划的具体经费数量。

受资助高校或卓越中心的遴选过程或许是重点建设计划最值得关注的部分。在大多数情况下,符合条件的高校会同时参与资助名额的竞争,政府采用同行评议程序选择最好的提案,国际经验显示竞争性经费拨款能够大大改进高等教育机构的绩效,并成为促进高校转型和创新的有力工具(World Bank 2002)。同行评议过程一般由评估专家团队进行,这些团队有些可能仅包括国内专家,有些则由国内和国际专家共同组成。而在有些情况下,国际专家代表了大多数,如在法国重点建设计划中,甚至连国际评审团负责人都由外国专家担任(一所知名瑞士大学的前校长)。

表 1.4　最新重点建设计划对每所大学/卓越中心的资助范围

大 学 整 体		卓 越 中 心	
资助水平	国家/地区	资助水平	国家/地区
≤2 千万美元	丹麦、德国	1 百万~5 百万美元	丹麦、芬兰、挪威
2 千万~1 亿美元	俄罗斯、西班牙、泰国	5 百万~1 千万美元	澳大利亚、德国、中国香港、韩国、尼日利亚、斯洛文尼亚
≥1 亿美元	中国大陆、法国、新加坡、中国台湾	≥1 千万美元	以色列、日本

资料来源: 由作者整理。

国际专家参与遴选过程会增加评审的客观性和可信度。例如,在德国最新一轮的"卓越计划"中,提案的评估专家中有 87% 来自德国以外的地区。

在重点建设计划实施的最初阶段,遴选基本上对所有高校或卓越中心开放,因而获选高校事先并不知情,少数情况下政府会倾向于"择优选择"重点建设计划的受资助高校。例如,泰国便是采用"择优录取"的办法,政府指定了 9 所高校作为额外经费的获得者。中国的经验则介于两者中间,教育部在"985 工程"中将高校分成三类,并根据不同的分类分配资助经费。在俄罗斯,"国立研究型大学计划"(National Research Universities Program)遵循的是公开竞争的方式,但在"联邦大学计划"(Federal Universities Program)中,政府则根据地区发展情况决定合并哪些大学、资助哪些大学等。最新的"5—100 计划"取决于一群少数有资格的大学之间的竞争。

总结对重点建设计划主要特征的概述,可以得出两点结论。首先,早期的重点建设计划更多是内生性的长期方针,也即主要为了促进高等教育对国家经济发展的贡献,而最新的重点建设计划则似乎主要由外部环境诱导,旨在提升高校的国际竞争优势,从而能比国外大学的表现更出色,这可以通过国际大学排名进行评估。例如,俄罗斯 2013 年的重点建设计划明确提出其目标是到 2020 年要有 5 所高校进入世界百强。

其次,许多重点建设计划标志着参与国资助政策理念的重大转变,这一转变在西欧很明显。如在法国、德国和西班牙,所有公立大学传统上被认为同等出色,而重点建设计划使这些国家从统一预算转向了竞争性的绩效经费拨款模式。

考虑到这些特点,那么这些重点建设计划究竟有多成功呢? 有什么证据能够表明这些计划的变革性影响?

三、重点建设计划的影响

要评估重点建设计划对受益大学的效力和影响并非易事,主要因为两方面的原因: 时间和归因。首先,升级一所大学需要很长的时间,至少需要 8～10 年(Salmi 2009 & 2012)。由于很多重点建设计划实施的时间很短,试图评估它们的成效在大多情况下时机尚不成熟。事实上,受资助大学的科研产出不太可能会在重点建设计划实施的前几年便大幅增加。因此,一个全面的分析需要对一个国家或不同国家的大量样本高校进行长期比较。

第二个挑战则来自归因。即便基于大量的高校样本可以确定相关性,但要确立因果关系还需要通过案例研究进行深入的分析,正如《世界一流大学:发展中国家和转型国家的大学案例研究》(*The Road to Academic Excellence*)这本书所呈现的案例分析那样(Altbach & Salmi 2011)。

考虑到以上限制,本文尝试从重点建设计划对促进受资助大学的科研能力和产出等方面的初步成果中总结出一些基本结论。本文还将考察科研和教学、卓越与公平以及卓越与学术自由之间的矛盾。

在对近期重点建设计划的影响缺乏分析的情况下，比较过去十年内(2004～2014)"世界大学学术排名"前200强高校的表现可以提供一些启示①。第一组数据(见表1.5)根据各国排名最好大学的名次进行了国家排名。从这一层面来看，过去十年内没有特别显著的差异。排名靠前的国家中，只有少数国家名次显著提升(至少提升8名)，包括丹麦(＋20)、澳大利亚(＋9)和瑞士(＋8)。而在排名靠后的国家中，中国大陆的大学提升得最快，从201～300位区间提升到101～150区间。中国香港、爱尔兰和中国台湾等三个国家或地区在2004年没有进入"世界大学学术排名"前200名，但2014年进入了该排名的全球200强。奥地利、以色列和意大利三个国家的排名则显著下降。然而，该表只是呈现了各国排名最好的大学的名次变化，很难据此推断重点建设计划与这些名次的变化之间存在任何因果关系，或许北京大学和丹麦哥本哈根大学(the University of Copenhagen)例外，因为这两所大学的名次有显著的飞跃。

表1.5　基于ARWU排名世界200强高校的国家/地区排名(2004年和2014年)

2004			2014		
国家/地区排名	国家/地区	本国/地区最好大学的名次	国家/地区排名	国家/地区	本国/地区最好大学的名次
1	美　国	1	1	美　国	1
2	英　国	3	2	英　国	5
3	日　本	14	3	瑞　士	19
4	加拿大	24	4	日　本	21
5	瑞　士	27	5	加拿大	24
6	荷　兰	39	6	法　国	35
7	法　国	41	7	丹　麦	39
8	德　国	45	8	澳大利亚	44
9	瑞　典	46	9	瑞　典	47
10	澳大利亚	53	10	德　国	49

---

①　根据"世界大学学术排名"发布者的建议，本文的分析以2004年而非2003年为数据的起始年份，因为2003～2004年"世界大学学术排名"的方法发生了显著变化，使得历史的比较不太合适。上海的大学排名方法在过去11年中均保持不变。

（续　表）

2004			2014		
国家/地区排名	国家/地区	本国/地区最好大学的名次	国家/地区排名	国家/地区	本国/地区最好大学的名次
11	丹　麦	59	11	荷　兰	57
12	俄罗斯	66	12	挪　威	69
13	挪　威	68	13	以色列	70
14	芬　兰	72	14	芬　兰	73
15	奥地利	86	15	俄罗斯	84
16	以色列	90	16	比利时	96
17	意大利	93	17	巴　西	101～150
18	比利时	101～152	18	中国大陆	101～150
19	西班牙	153～201	19	新加坡	101～150
20	墨西哥	153～201	20	韩　国	101～150
21	中国台湾	153～201	21	中国台湾	101～150
22	韩　国	153～201	22	奥地利	151～200
23	巴　西	153～201	23	中国香港	151～200
			24	爱尔兰	151～200
			25	意大利	151～200
			26	沙特阿拉伯	151～200

资料来源：世界大学学术排名(http://www.shanghairanking.com/aboutarwu.html)。
注：粗体字标注的国家或地区实施了重点建设计划。

　　表1.6呈现了2004～2015年期间各国/地区上榜大学的数量变化,该数据更有说服力。6个取得显著进步的国家和地区分别是中国大陆(28所新增上榜大学)、澳大利亚(6所新增上榜大学)、沙特阿拉伯、中国台湾、韩国和西班牙(各有4所新增上榜大学),除了西班牙以外,其他国家的进步无疑可以归功于重点建设计划的持续投入。然而,在没有开展深入案例研究的情况下,很难将西班牙高校的进步归功于重点建设计划,因为该国近年来面临着严重的经济和财政危机,重点建设计划的经费投入遇到障碍。

表 1.6　各国/地区上榜大学的数量变化(2004 年和 2015 年世界 500 强)

国家/地区	2004 年上榜的大学数量	2015 年上榜的大学数量	2004～2015 的变化
中国大陆	16	44	＋28
澳大利亚	14	20	＋6
沙特阿拉伯	0	4	＋4
中国台湾	5	9	＋4
韩　国	8	12	＋4
西班牙	9	13	＋4
巴　西	4	6	＋2
伊　朗	0	2	＋2
马来西亚	0	2	＋2
葡萄牙	1	3	＋2
奥地利	5	6	＋1
智　利	1	2	＋1
克罗地亚	0	1	＋1
埃　及	0	1	＋1
芬　兰	5	6	＋1
塞尔维亚	0	1	＋1
瑞　典	10	11	＋1
荷　兰	12	12	0
阿根廷	1	1	0
比利时	7	7	0
捷　克	1	1	0
丹　麦	5	5	0
希　腊	2	2	0
中国香港	5	5	0
爱尔兰	3	3	0

（续　表）

国家/地区	2004 年上榜的大学数量	2015 年上榜的大学数量	2004～2015 的变化
墨西哥	1	1	0
波　兰	2	2	0
俄罗斯	2	2	0
新加坡	2	2	0
斯洛文尼亚	1	1	0
南　非	4	4	0
法　国	22	22	0
匈牙利	3	2	－1
以色列	7	6	－1
新西兰	3	2	－1
挪　威	4	3	－1
瑞　士	8	7	－1
土耳其	2	1	－1
印　度	3	1	－2
加拿大	23	20	－3
意大利	23	20	－3
德　国	43	39	－4
英　国	42	37	－5
日　本	36	18	－16
美　国	170	146	－24

资料来源：世界大学学术排名(http://www.shanghairanking.com/aboutarwu.html)。

注：粗体字标注的国家/地区实施了重点建设计划。

位于名单末尾的最大"输家"是日本和美国，与十年前相比，两国 2015 年的世界 500 强高校数量分别减少了 16 所和 24 所，德国和英国则分别减少了 4 所和 5 所。需要注意的是，大学排名本质上是一场"零和游戏"，一些国家高校排名名次的进步必然导致其他国家的下降，但这 4 个国家的变化还是值得一说。就美国而言，有趣的是相比于私立大学，更多的公立大学跌出了排行榜，这似乎也证实了自 2007 年金融危机之后美国公共财政资助的大幅下降对美国公立大学产生了不利影响。美国公立高校占整体高校的比例从 2004 年的 64.5％下降到 2014 年的 63.7％。虽然下降的幅度较小,但趋势是很显著的。

日本入榜 500 强高校数量的下降很大程度上也可能与金融危机有关,日本的大学很难从重点建设计划中获取额外经费。观察者们注意到,日本高校在大力提升国际化方面也遇到困难(Kakuchi 2015)。另外值得注意的是,日本在 2004～2015 年期间有两所高校跌出了全球百强(从 5 所下降到 3 所)。

在德国,入榜高校数量的下降是因为两所知名大学被排除在 500 强之外:柏林自由大学(the Free University of Berlin)和洪堡大学(Humboldt University)。事实上,这两所高校的出局并非由于它们实际表现的下滑,而是因为它们没有就如何分配二战前的诺贝尔奖获得者所属单位达成一致,而这两所大学原本都属于柏林大学。在两难之际,"世界大学学术排名"决定将这两所大学都排除在排名之外。具有讽刺意味的是,这两所高校都在德国"卓越计划"的 11 所重点资助大学之列。

英国高校竞争力的下降更难以解释,英国不仅有 5 所大学跌出 500 强榜单,百强大学的数量也从 11 所下降到 9 所。

另一种考察各国高校在 2004～2015 年期间名次变化的方法,是在人口规模的基础上计算各国世界百强高校的数量。表 1.7 呈现了分析结果,并且注明了各国实施重点建设计划的情况。

表 1.7　每百万常住人口世界百强高校的数量变化(2004～2015)

国　家	2015 年百强高校数量	2004	2015	重点建设计划
美　国	51	0.16	0.16	无
英　国	9	0.17	0.14	无
日　本	4	0.04	0.03	有
加拿大	4	0.11	0.11	有
瑞　士	4	0.38	0.52	无
荷　兰	4	0.12	0.24	无
法　国	4	0.07	0.06	有
德　国	4	0.08	0.05	有
澳大利亚	4	0.09	0.17	有

（续　表）

国　家	2015 年百强 高校数量	2004	2015	重点建设计划
瑞　典	3	0.42	0.31	有
丹　麦	2	0.18	0.36	有
以色列	2	0.15	0.26	有
比利时	2	0.00	0.19	无
俄罗斯	1	0.01	0.01	有
挪　威	1	0.20	0.20	有
芬　兰	1	0.19	0.18	有
奥地利	0	0.12	0.00	无

资料来源：世界大学学术排名(http:// www.shanghairanking.com / aboutarwu.html)和世界地图集(http:// www.worldatlas.com / aatlas / populations / ctypopls.htm♯.UkjUH3brz9c)。

根据以上数据可以得出几点发现：首先，表现最好的国家全都是规模较小的国家，包括瑞士(得分最高)、北欧国家、荷兰和以色列。其次，进步最快的国家是瑞士、丹麦、以色列、澳大利亚和比利时，其中澳大利亚、丹麦和以色列等三个国家都实施了重点建设计划；最后，表现显著下降的是日本、英国、瑞典和奥地利。

尽管这些结果并不能充分说明重点建设计划的效果——部分原因是因为有些计划最近才实施，还无法呈现显著的进步，比例法国和德国的情况，但它们证实了持续高水平经费投入的重要性(如瑞典和荷兰)。

对 2004～2014 年期间在"世界大学学术排名"上名次显著提升(超过 25 名)的所有高校进行的考察更能说明问题(见表 1.8)。

表 1.8　2004～2014 年进步最快的高校

高　校	国家/地区	排名变化*	重点建设计划
上海交通大学	中国大陆	404～502 至 101～150	有
沙特国王大学	沙特阿拉伯	402～501 至 151～200	有
艾克斯-马赛大学	法国	302～403 至 101～150	重点建设 计划下合并
复旦大学	中国大陆	302～403 至 101～150	有

（续　表）

高　校	国家/地区	排名变化*	重点建设计划
以色列理工学院	以色列	202～301 至 78	有
南洋理工大学	新加坡	302～403 至 151～200	有
洛桑大学	瑞士	302～403 至 151～200	无
中国科技大学	中国大陆	302～403 至 151～200	有
浙江大学	中国大陆	302～403 至 151～200	有
巴塞罗那自治大学	西班牙	404～502 至 201～300	有
北京师范大学	中国大陆	401～500 至 201～300	有
哈尔滨工业大学	中国大陆	402～503 至 201～300	有
华中科技大学	中国大陆	402～503 至 201～300	有
高丽大学	韩国	404～502 至 201～300	有
马斯特里赫特大学	荷兰	404～502 至 201～300	无
成功大学	中国台湾	404～502 至 201～300	有
东北大学	中国大陆	404～502 至 201～300	有
中山大学	中国台湾	403～510 至 201～300	有
都柏林大学	爱尔兰	404～502 至 201～300	有
埃克塞特大学	英国	404～502 至 201～300	无
里斯本大学	葡萄牙	404～502 至 201～300	无,但有合并
西安交通大学	中国大陆	401～500 至 201～300	有
阿卜杜勒阿齐兹国王大学	沙特阿拉伯	301～400 至 151～200	有
西澳大利亚大学	澳大利亚	153～201 至 88	有
伦敦政经学院	英国	202～301 至 101～150	无
莫纳什大学	澳大利亚	202～301 至 101～150	有
北京大学	中国大陆	202～301 至 101～150	有
拉德堡德大学	荷兰	202～301 至 101～150	无
清华大学	中国大陆	202～301 至 101～150	有
马萨诸塞大学医学院	美国	202～301 至 101～150	无

（续　表）

高　校	国家/地区	排名变化*	重点建设计划
洛桑联邦理工学院	瑞士	153～201 至 96	无
阿姆斯特丹自由大学	荷兰	153～201 至 100	无
曼彻斯特大学	英国	+40(78 至 38)	合并
墨尔本大学	澳大利亚	+38(82 至 44)	有
日内瓦大学	瑞士	101～152 至 66	无
根特大学	比利时	101～152 至 70	无
奥胡斯大学	丹麦	101～152 至 74	有

资料来源：世界大学学术排名(http://www.shanghairanking.com/aboutarwu.html)。

*"排名变化"一栏中前面出现的名次是指学校 2004 年的排名,若学校在 2004 年未进入"世界大学学术排名"100 强,则以第一次进入"世界大学学术排名"的名次替代。

尽管表 1.8 无法证明因果关系,但似乎进步最快的大学中大多数都是重点建设计划的受资助高校。表格中,中国大陆、爱尔兰、以色列、韩国、新加坡以及中国台湾等国家或地区高校的进步尤为明显。法国和葡萄牙高校名次的提升主要是 2013 年合并的结果,而不太可能是因为合并后高校质量的立即改善。该表也证实了前面表格中,关于瑞士和荷兰高校在不需要任何专项重点建设计划的情况下依然有杰出表现的发现。

四、绩效的驱动力组合

为了评估各类重点建设计划在排名方面以外的相对优势,本文的分析使用作者在《建设世界一流大学的挑战》(*The Challenge of Establishing World-Class Universities*)一书中所提出的分析框架(Salmi 2009)。该框架认为,世界一流大学的卓越成就——受雇主青睐的毕业生、尖端领域的科学研究以及有活力的科技成果转化,基本上可以归因于顶尖大学的三组互补的要素：① 人才汇聚(教师和学生);② 资源丰富以提供良好的学习环境并能开展顶尖研究;③ 高水平的管理,鼓励战略愿景、创新性、灵活性,使高校能够自主决策以及管理资源,不受官僚体制的束缚。(见图 1.1)

高校要实现卓越,第一个或许也是最重要的一个关键性要素是拥有大量的优秀学生和杰出教师。世界一流大学不仅能从本国也能从国际上挑选最优秀的学生,吸引最高水平的教授和研究人员。

人才汇聚

学生
教学人员
科研人员

毕业生　　前沿研究

世界一
流大学

资源充裕

公共预算
捐赠收入
学费收入
科研经费

科技成
果转化

领导团队
战略愿景
卓越文化
机构自治

良好治理

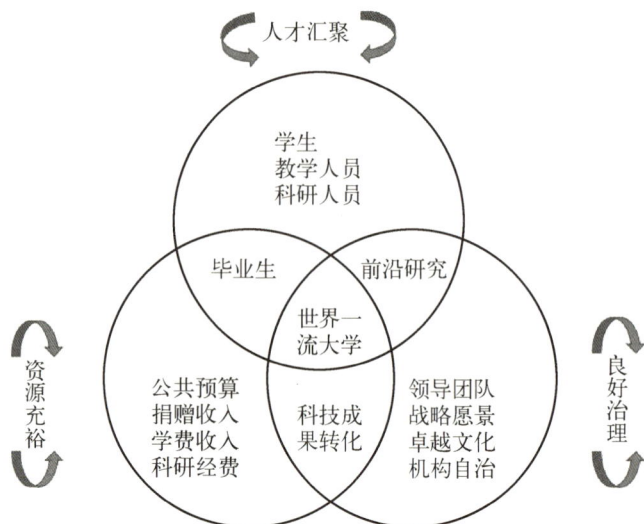

图 1.1　世界一流大学的特征：主要因素组合

　　资源充裕是世界一流大学的第二个特征，主要因为一个复杂的研究型大学的运行需要耗费巨资。这类大学有 4 种主要的经费来源：政府就运行经费和科研的预算拨款、来自公共部门和私营企业的合同经费、捐赠带来的财政收益以及学生学费。

　　第三个维度则是高校所享有的学术自由和管理自治的程度。世界一流大学所运行的环境鼓励竞争、自由探索、批判性思维、创新和创造力。拥有完全自主性的高校也更灵活，因为它们不受外部烦琐而官僚化的规则和标准制约，即便是合法的问责机制也无法约束它们。这样一来，它们能够灵活管理自己的资源，并迅速应对快速变化的全球市场的需求。自主性对于建设和维持世界一流大学而言虽然不是唯一的要素，但确是必要的要素。还有其他一些关键的管理要素，如善于激励下属且执着的领导者，有关高校未来发展方向的强有力的战略愿景，成功与卓越的理念，不断反思、学习和变革的组织文化。

　　为了完善此分析框架，最新的政策研究总结了在高校追求卓越过程中发挥积极作用的"促进因素"（Altbach & Salmi 2011）。在建立一所新大学时，首要因素便是广泛依赖移民。韩国浦项科技大学（Pohang University of Science and Technology）和香港科技大学的经验表明，大力延揽海外学者回国是快速建立高校学术优势的有效途径。

　　第二个因素是使用英语作为大学的主要工作语言，可以极大增强高校吸引高水平海外科研人员和研究生的能力，可参见新加坡国立大学的成就。出于同样的原因,韩国浦项科技大学也有意使用英语作为其工作语言。

聚焦优势领域是高校实现更快发展的第三个合适的路径,正如亚洲的香港科技大学和浦项科技大学,俄罗斯的国立高等经济学院等案例。

第四个因素是使用标杆工具引导大学的不断提升。例如,上海交通大学在战略规划中先与国内其他顶尖大学相比较,后又与国外同行高校作比较。

第五个因素是进行课程与教学创新。例如,香港科技大学是香港首个采用美国模式的大学,这一特点使其与香港其他按照英国模式运行的高校相区别。莫斯科的国立高等经济学院则是第一个在课程中融合了教学和科研,并设立数字图书馆的俄罗斯大学。这些创新特征,部分源于“后发优势”,对于新大学而言至关重要,因而它们需要具备足够的吸引力以便能够与现有大学争夺生源,使这些学生愿意冒险进入“未知”的新学位项目。

另一点需要强调的是,已经成功的高校还需时刻保持警惕,并始终保持一种紧迫感,以免自鸣得意、不思进取。这就需要这些大学不断自我监督和自我评估,一旦发现有异常、矛盾或威胁的情况,需迅速采取行动来解决这些问题,并不断探索其他需要改进的地方。

评估近期重点建设计划的主要优势和劣势,可以考察它们在以下方面的贡献程度:① 加强人才汇聚;② 改善资源基础;③ 提高管理水平。

(一)人才汇聚

除了促进高校整体水平的提升,许多重点建设计划还提供经费以资助高校设立大量新的卓越中心或加强现有的卓越中心,这些卓越中心往往侧重于跨学科研究。

在科学界,就职于好的大学非常重要——在这些大学里,最顶尖的科学家在设备最先进的实验室里开展最前沿的研究。乔治·斯蒂格勒(George Stigler)将其描述为一个滚雪球的过程,在这个过程中,杰出的科学家获得资助开展令人兴奋的研究,并吸引着其他教师和优秀学生的加盟,最后形成群聚效应,这对该领域的年轻人都有着无法抗拒的吸引力(Mihaly Csikszentmihalyi 1997)。

经济合作与发展组织(OECD)对重点建设计划的一项最近评估发现,重点建设计划最大的益处之一是能够为高影响/高风险的基础研究和跨学科合作研究提供经费(OECD 2014)。

重点建设计划……主要通过推动卓越中心和高校不断证明和发展自身的优势,展示建立跨学科合作的能力,与私营部门和海外机构建立联系以及提升国家整体科研能力,从而能够促使科研体系结构发生巨大变革(OECD　2014 年,第

18 页）。

此外，部分国家/地区的重点建设计划，如中国大陆和新加坡，明确将对高校科研的资助领域与国家发展战略中的经济优先事项或特定的议题，如气候变化，相关联。

为了促进人才培养和人才汇聚，一些重点建设计划投入经费为刚刚开始博士后科研生涯或正在攻读博士学位的年轻学者，创造有利的工作条件以及提供有吸引力的职业前景。例如，德国的"卓越计划"提供专项经费用于设立研究生院，为来自本国和国外的年轻科研人员提供新的、更有吸引力的职业路径。

此外，国际化已成为多个重点建设计划的一项核心特征。许多重点建设计划试图通过各种形式深化高校的国际化维度，如选送博士生出国、招募外国学生和学者、设立合作学位项目、与外国伙伴开展科研合作项目等。西班牙甚至将其重点建设计划明确地命名为"国际卓越校园计划"（International Campuses of Excellence）。除了能够加快形成群聚效应以外，加强国际化也是抑制"近亲繁殖"的有效途径，而"亲近繁殖"一直被认为是多个欧洲高等教育系统的主要缺陷（Salmi 2009）。

相比之下，日本由于没能够充分拥抱国际化而严重限制了本国高校的全球影响力。近期的一项研究表明，与国外机构合作受限是导致日本与美国以及日本与英国科研产出存在差距的重要原因（Kakuchi 2015）。日本学者所发表的科技论文中仅有 25％是国际合著论文，而英国的这一比例高达 52％。此外，日本高校外籍学者的比例仅为 4％，而国际顶尖高校如美国哈佛大学和英国剑桥大学的外籍教师比例分别高达 30％和 40％。日本教育部于 2014 年 10 月所实施的"超级国际化大学计划"便旨在提升本国高校的国际地位。

高校规模是重点建设计划想要实现人才发展目标所必须考虑的另一个重要方面。由于一些国际排名主要比较高校的论文发表量和教师获奖数，但并不考虑招生规模，因而包括中国、丹麦、法国和俄罗斯在内的一些国家便一直积极鼓励本国的大学合并，以作为快速实现科研群聚效应和提升科研产出的途径（Harman & Harman 2008）。在丹麦，政府设立了一个创新基金，该基金除了资助其他事项以外，还奖励同类高校的合并。在中国，大学之间的合并也非常普遍。例如，2000 年北京医科大学和北京大学合并，同样，上海的复旦大学也合并了一个医学院，而浙江大学则是由 5 所高校合并而成。

在俄罗斯，高校合并也成为历次重点建设计划的重点。2007 年，俄罗斯通过合并现有大学的方式成立了两所旗舰联邦大学，分别位于俄罗斯南部的罗斯托夫（Rostow-on-Don）和克拉斯诺亚尔斯克（Siberian city of Krasnovarsk）。这两所新大学均获得了大量额外经费用以招聘顶尖的科研人员和匹配最先进的实验室(Holdsworth 2008)。在随后的几年中,俄罗斯政府继续鼓励高校通过合并的方式建立更多的联邦大学。

最近一项对芬兰高等教育系统表现的研究表明,芬兰高校相对较小的规模和分散的资源是一个制约因素:

对芬兰的研究成果喜忧参半。科研产出与一个国家的人口是密切相关的,但根据2014年的"世界大学学术排名",芬兰只有赫尔辛基大学(the University of Helsinki)一所大学进入了世界百强。其他四所进入世界500强的大学要么在301～400区间[奥卢大学(Oulu University)和图尔库大学(Turku University)],要么位于401～500位区间[阿尔托大学(Aalto University)和东芬兰大学(the University of Eastern Finland)]。这可能表明芬兰缺乏大量处于科学发展最前沿的科研团队,从而无法形成群聚效应(Salmi 2015 p.37)。

继2010年通过合并创建了阿尔托大学之后,芬兰可能还需要合并其他的高校,并进一步削减大学和理工学院的数量,从而避免专业项目的重复设置,这样一来才可能在许多现在规模还相对较小的大学和院系中形成群聚效应。

总体而言,由于高校文化的差异,有些也因为缺乏共同目标,合并形成的新大学所产生的效果好坏参半。在这个层面而言,英国曼彻斯特大学(the University of Manchester)的故事或许能够提供有益启示。2004年,英国曼彻斯特维多利亚大学(the Victoria University of Manchester)和曼彻斯特理工大学(the University of Manchester Institute of Science and Technology)合并,组成了英国规模最大的大学,其目标是"到2015年进入世界前25名"①。合并后的最初几年,曼彻斯特大学所面临的挑战重重(Qureshi 2007),主要的问题包括教职员工和课程设置的重复性、难以实现为获得合并的支持而做出的一些许诺以及对劳动合同和机构负债的处理等。此外,新成立的高校为了成为世界一流大学,投入了大量经费用以聘用"超级明星"学者,并为他们提供相应的一流设施,这进一步加重了新大学的人事负担,而该校本就面临着将两个不同的教师群体,包括各自的文化、制度和劳动合同都融合到一所大学的挑战。尽管新大学在"世界大学学术排名"上名次的跃升令人印象深刻——从2004年的78名上升到2008年的40名,但自此之后,学校的名次再也没有显著的变化。此外,合并所产生的财务、文化和人际交往的障碍是否已经得以解决还有待观察。

与之类似的是,俄罗斯国立高等经济大学最近对4所新成立的俄罗斯联邦

---

① http://www.manchester.ac.uk/research/about/strategy/。

大学的"认同形成"进行了深入访谈和调查,结果显示由于这4所高校在合并之前区域性质不同,而合并的目标是希望新高校能够以国际化为重点,从而产生了严重的功能障碍(Chirikov 2013)。研究发现,就俄罗斯的情况而言,最显著的困难并不出现在合并的开始阶段,而是合并之后的阶段。这些困难反映了来自学者的各种抵制,抵制的原因包括担心会失去本学科的认同以及不得不在陌生的学术环境中展开竞争、怕学生不熟悉新的大学品牌、认为政府关于什么是世界一流大学的内容模棱两可、担心大学没有充分的自主权可以按照一所创业型大学那样运行以及管理合并高校的行政结构会更加复杂化等。当两所高校都致力于合并并且优势互补时,合并似乎更容易成功,丹麦奥胡斯大学(the University of Aarhus)便是这样的例子(Salmi 2009)。

合并所带来的风险还包括将学校变成一个难以有效管理和显著提升的巨型大学。例如,在法国,最近在马赛和艾克斯省地区由4所大学合并而成的大学招生规模达到了12万人。在拉丁美洲,巨型大学如墨西哥的国立自治大学(National Autonomous University of Mexico)和阿根廷的布宜诺斯艾利斯大学(Universidad de Buenos Aires)相对较差的表现,应该起到一种警示作用(Salmi 2009)。

为了探究重点建设计划如何帮助受资助高校汇聚人才,确定世界一流大学建设竞赛中的三个严峻风险和挑战非常重要。首先,过于强调科研会传递教学质量不那么重要的错误讯息。事实上,国际大学排名的指标普遍偏向研究型大学,其代价是排除了以招收本科生为主的一流高校。例如在美国,很多文理学院或科学院,如卡尔顿学院(Carleton)、哈维穆德学院(Harvey Muddy)、奥林学院(Olin)、波尔纳学院(Pomona)、卫斯理学院(Wellesley)和威廉姆斯学院(Williams Colleges)被公认为非常杰出的本科教学机构,然而它们永远也不可能进入国际大学排名,因为它们不是科研重地。在最近一次的大学演讲中,英国大学与科学国务大臣(British Minister for University and Science)公开抨击高校由于过度强调科研发展而导致教学质量低下的状况。

"由于许多大学认为其声誉、在国家排名上的名次以及边际资金主要由学术产出决定,教学在我们的体系中已经令人遗憾地沦为了科研的穷亲戚"(O'Malley 2015)。

其次,聚焦于世界一流大学很可能会进一步助长精英主义,导致高等教育的不公平现象进一步恶化。为了促进学术卓越,顶尖大学在招生方面往往具有高度的选择性,其风险是会将来自低收入或弱"文化资本"家庭的优秀学生排除在外。拥有1 000∶1的录取率,印度理工学院成为世界上最挑剔的高校。同样,常青藤盟校是美国选择性最高的大学。研究表明,美国顶尖大学所录取的学生的平均 SAT 成绩近几年持续上升,而 SAT 成绩与学生的社会经济背景密切相关(Gladwell 2011)。

第三,一些大学过于受排名引导,为了增加科研产出,它们可能被诱使走捷径而不是真正提升科研实力。有些大学不断接洽其他高校的学者,以便在一些国际排名的声誉调查中给予本校积极评价。大量澳大利亚高校都聘请了"排名专家",用以指导如何提升排名(MacGregor 2013)。观察者们指责沙特的高校通过投机取巧的方式增加学校的科研产出,途径是聘请兼职的高被引科学家,这些学者同意在发表文章时署名沙特阿拉伯的高校(Bhattacharjee 2011)。

(二) 经费拨款

重点建设计划的资助水平和经费来源构成了第二个需要考察的关键维度,因为它们会极大地影响这些重点建设计划的效果和可持续性。在这方面可以得出三点观察结论。首先,这些计划的设计是有缺陷的,因为它们假设对一所大学进行一次性投资就足以使其转型,而没有明确解决经费的可持续性问题。很多重点建设计划的安排都是一次性加大投资来提升受资助高校,或者最多持续两个周期。如果受资助大学不设法使其收入来源多元化,并充分扩大资源基础来维持变革所需的经费水平和运营成本,重点建设计划的投入便可能成为一把双刃剑。事实上,随着受资助大学不断通过招募年轻且富有经验的学术人员来补充它们的人才库以及提升科研实力,它们需要担心的是重点建设计划结束以后,自己是否有能力继续留住这些人才。

尽管这在通过一般性税收而获得丰富资源的高等教育系统可能并不构成大问题,如北欧 5 国和瑞士,但在很多情况下,如果公共资源的投入不持续的话,受资助大学可能无法维持自身的发展,这一情况极易发生在许多正面临经济困难的国家。引用澳大利亚诺贝尔物理学奖获得者布莱恩·保罗·施密特(Brian Schmidt 2012)的话来说:"科研能力是通过对项目和人才的长期投资而建立起来的,短期波动是一种浪费,效果适得其反。"

法国所采取的资助方式是为重点建设计划入选的高校设立国家捐赠基金,这一做法是少数考虑了可续性结构要素的案例之一。然而,考虑到法国当前所面临的财政挑战,目前还不清楚该计划会如何运行。加拿大则提供了另一个相关案例:1997 年,加拿大联邦政府决定使"卓越研究中心网络计划"(Network of Centers of Excellence Program)成为政府对高校预算拨款的长期项目。

　　德国近年来在这方面的进展也颇值得关注。德国宪法法院近期通过了来自联邦政府修改宪法的请求。这将允许联邦政府更多地介入到德国高校的经费拨款当中，而以往高校的经费拨款一直是由州政府负责。这一变化部分是受到"卓越计划"的直接影响，反映了政府对"卓越计划"可能缺乏可持续性投入的担忧，此外也因为联邦政府一直无权对教学进行拨款。

　　其次，在一些情况下，日益恶化的财政状况已危及政府履行其实现重点建设计划的能力。在这方面最为极端的案例是西班牙的惨痛经历。西班牙的重点建设计划不仅没有考虑可持续性要素——经费被作为一种无偿贷款发放给资助大学，整个重点建设计划也因金融危机而在实施两年后被迫中止，从而对整个高等教育系统造成了可怕的后果。整体上，西班牙高校在 2008～2014 年期间的核心预算损失了 15％，共计 23 亿美元，而重点建设计划仅提供了 8.29 亿美元的额外经费（Mitchell 2015）。

　　同样，印度也没能实现政府在 2012 年宣布第一个重点建设计划时所作出的会提供额外经费的承诺。而当下，囊中羞涩的印度政府将进一步削减经费，这也可能会对为数不多入榜国际大学排名的精英大学造成威胁，如印度理工学院及其分校（Behal 2015）。俄罗斯最近宣布将全面削减 10％的经费，这也很有可能会对新的"5—100"重点建设计划的受资助大学产生不利影响（Vorotnikov 2015）。

　　启动了重点建设计划的富裕国家当前也感受到了持续经费的短缺，在维持顶尖高校所需科研经费方面面临越来越大的困难。澳大利亚的情况便能充分说明这一点。澳大利亚高校的财政状况最近发生了一个戏剧性的转折，该国首相托尼·阿博特（Tony Abbott）在 2015 年极力推动大规模削减大学预算，这与他在竞选之前的承诺正好相反，当时他作为反对派领袖，强烈批评当届政府没有给予国内顶尖大学充足的经费。

　　显然，极少有国家能匹及中国的经验，该国以长远的眼光和连贯的政策对顶尖大学的发展予以资助，其重点建设计划已经跨越了近 20 年之久。

　　第三个也是最后一个观察，与财政资源在整个高等教育系统中的分配有关。在多个国家，特别是法国、德国和西班牙，通过重点建设计划的形式引入竞争性经费也就标志着这些国家与传统的经费拨款方式彻底分道扬镳——在传统的模式中，所有的大学，无论绩效好坏，获得的经费水平基本相同。这是重点建设计划最显著的特征之一，其所产生的一个积极效果是额外经费被证明能够为高校制定变革性愿景、确定优先发展事项和通过具体项目实现愿景等，提供了强有力的动机。

与此同时,随着顶尖大学不断从高等教育公共预算总额中寻求更多的份额,观察者们担心重点建设计划会造成高等教育经费拨款的扭曲。例如,在澳大利亚,由国内顶尖研究型大学所组织成的 8 校联盟(Group of Eigh,简称 G8)主席在 2008 年解释说:"澳大利亚不能过于分散其相对较少的资源,它必须投资于优势领域。这意味着部分高校和专业领域应该得到特殊优待。如果澳大利亚没有一些大学处在世界顶尖位置,澳大利亚就会落后于他国"(Gallagher 2008)。与之相似,泰国教育部长在 2009 年宣布"入榜世界 500 强的大学……有资格获得财政支持"①。

这种观点背后所隐含的逻辑是,已经成为或想要成为顶尖大学的高校才有资格获得经费优先权,而这种优先权是其他声誉略差的高等教育机构所不应该也无法期望获得的。这种偏向研究型大学的拨款方式会给同样重要的其他类型的高校带来经费不足的风险,而后者也属于平衡的高等教育系统的一部分。

(三) 大学治理

最新的政策研究表明,一个恰当的管理框架、一位强有力且善于激励人心的领导以及富有成效的管理会显著促进研究型大学的成功(Altbach & Salmi 2011)。在这方面,几个重点建设计划的一个主要共同缺陷在于缺乏能够促进这些额外经费项目实施所需或相关的治理改革。例如,在德国,作为公共机构的大学需要在各州的高等教育治理框架内遵守"文官规则"(civil service rules),而"卓越计划"的一些受资助高校在创建和管理新博士学位项目和跨学科研究集群的过程中引入了创新型的组织结构和管理流程。由于德国高校大都继续遵守着公共部门刻板的规章制度,在这种以传统方式运行的高校中建立卓越的孤岛会使同一机构有两套并行的管理结构,容易引发风险。因此,德国高校这种不利的管理框架使其很难充分利用"卓越计划"所提供的额外经费。此外,制度化创新需要将新的研究中心融合到已有的管理结构当中,但这取决于现有的教师和系所是否愿意将定期预算的"蛋糕"分配给通过"卓越计划"招聘的顶尖学者,这些学者受资助的年限仅为五年。在缺乏恰当的治理改革的情况下,这些大学可能会发现要扩大和维持已有的积极变化非常具有挑战性。

在西班牙,由政府于 2011 年所成立的用于评估"国际卓越校园计划"实施情况的国际委员会总结认为,过时的管理是西班牙高校所面临的主要障碍。

① 朱林(Jurin Laksanavisit)泰国教育部长,2009。

大学应该被给予成功和失败的自由。政府用皮带拴住大学使其难以实现卓越…需要找到规章、监督和大学自主权之间的适当平衡……(Tarrach et al. 2011 p. 4)

类似地，在中国台湾地区，对近期重点建设计划的评估研究发现，公立高校必须遵循的严格的薪酬计划致使其无法在自我提升的过程中吸引和保留顶尖的国外研究人员(Hou & Chiang 2012)。在俄罗斯，尽管有重点建设计划所提供的额外经费，但大学和科学院之间持续的分割被认为是阻碍高校提升科研产出的严重障碍。

在法国，即便高校在 2009 年实施了管理改革以加强高校的自主权，但目前来看改革的力度还远远不够，因为高校依然遭遇着明显僵化的体制，使它们无法轻易自主地设置新的教师岗位，也不能为顶尖学者、特别是外国学者提供有吸引力的薪酬待遇。这也引发了人们对正在进行的高校合并效果的担忧。尽管合并必然会汇聚大量的科研人员，并可能会促使高校在"世界大学学术排名"中名次的提升，但合并不太可能解决法国高校所面临的根本性缺陷，包括开放式的录取政策、疲软的财政基础、僵化的管理制度以及过时的管理策略等(Salmi 2009)。

同样，对主要侧重国际化的日本重点建设计划的批评者认为，这些经费计划没有解决影响该国顶尖大学的核心治理和管理问题。其中之一便是公立高校的薪酬结构问题，高校因此很难防止顶尖的科研人员流失到私营企业(Kakuchi 2014)。

相比之下，丹麦似乎是少数将综合治理改革融入重点建设计划的国家之一，旨在将高校变革为更灵活、更有活力的机构。额外财政资源和治理框架之间的高度结合，很大程度上解释了丹麦高校在"世界大学学术排名"上的快速崛起。2004 年至 2014 年期间，哥本哈根大学的名次增加了 20 名，从 79 名提升至 59 名。更令人印象深刻的是奥斯胡大学(Aarhus University)，也是该国排名第二的顶尖高校，从 2004 年的 101～150 区间攀升至 2014 年的 74 名。

同样，在中国，由 C9 项目所支持的顶尖大学最近也被允许对治理和管理结构进行改革，以便提高高校的自主权和灵活性(Ruish 2014)。这种治理改革是对前文所介绍的大量额外经费资源的补充。

爱尔兰都柏林大学(University College Dublin)的案例很有意思，该校由一位强有力且富有远见的校长掌舵，通过加强科研取得了显著进步(见前表 1.8)。这种进步发生在大家对校长的"管理主义"的担忧下，该校长努力将学术文化和行政文化融合在一个战略中,以提升都柏林大学的科研产出和国际声誉①。

追求卓越与缺乏充分的学术自由之间的矛盾,近年来日益成为越来越多国家所面临的第二个严重的管理问题。顶尖大学是否能在学术自由可能受限的情况下产出杰出的成果还有待观察。

五、结论

"追求卓越,和追求所有具有永恒价值的事物一样,是一场持久的马拉松,而不是短跑。"

——丹尼尔·林肯(Daniel Lincoln)

位于"世界大学学术排名"最新排名前十名的大学都是 1900 年以前成立的,其中有两所高校的历史甚至长达 800 年之久。事实上,世界顶尖大学都是历史悠久的高等教育机构这一点并不足为怪,因为这些大学享有所谓"越陈越香"的优势:声誉效应使这些大学不断吸引最优秀的学者和学生,从而能够自我延续卓越标准和杰出成果。

然而,近年来,随着人们意识到高等教育是一个国家竞争优势的重要组成部分,加之国际大学排名的推动,政府对大学角色和重要性的考量发生了彻底改变。越来越多的政府认为,通过适当的领导管理和重点投资,目前还未进入全球高校金字塔上层的大学能够在相对较短的时间内转变成世界一流大学。

政府对提升本国顶尖大学绩效和声誉的决心转变成了世界各地的重点建设计划。本章分析了这些重点建设计划的主要特征,并试图鉴定初步成效。正如前文所解释的那样,考虑到大多重点建设计划实施的时间尚短,高校的有效转型也需要较长的时间,因此要对重点建设计划的有效性得出确定性的结论还为时过早。然而,现有数据清楚地表明,最成功的高校是那些组合了三类主要卓越要素的大学,也即人才汇聚、资源充裕以及高效管理,而第三者对于快速变革可能是最为关键的。

本文的另一个发现是重点建设计划可能会产生消极行为并带来不良后果。政策制定者和高校领导者必须谨防重点建设计划可能会带来的一系列风险,如对教学质量产生有害影响、降低弱势群体学生平等求学的机会以及减少机构多样化等。

---

① 基于作者对该校长的访谈。由于都柏林前校长的成就广受认可,他于 2014 年受邀担任布里斯托尔大学(the University of Bristol)的校长。

事实上，"重点建设计划"这一概念可能并不恰当。这些项目似乎更专注于打造"世界一流大学"——通过国际大学排名衡量，而不是追求高校整体的卓越。这些计划充其量促进了高校对科研卓越的追求。但科研只是大学的功能之一，同等重要的还有教学质量以及高校为所在经济和社会环境中生产部门和社区所带来的价值。

一个重点建设计划不能替代对整个高等教育系统的有益改革。从定义上来看，重点建设计划的目标是支持和变革那些有可能具备全球竞争力的大学。但这一做法并不能排除同时实施全系统的改革，特别是在质量保障、经费拨款和高校管理等方面。系统的改革不仅能加强重点建设计划的可持续性，同时也能确保整个高等教育系统的均衡发展。总之，最好的高等教育系统并不是那些能吹嘘拥有最多排名靠前的大学的体系。政府应该少操心世界一流大学数量的提升，而是投入更多的精力用于构建世界一流大学体系，这样的体系不仅涵盖不同使命、定位明确的各类高质量的高等教育机构，也能够满足各类个体、社区和国家的整体需求，而这种需求也反映着经济体的活力和社会的健康状况。

附录 1：每年启动的重点建设计划列表

年 份	重 点 建 设 计 划
1989	加拿大 卓越研究中心网络计划（Networks of Centers of Excellence）- 3.86 亿美元
1991	丹麦 丹麦国家研究基金会（Danish National Research Foundation）/ 卓越中心（Centers of Excellence）- 80 亿美元
1995	芬兰 卓越研究中心（Centers of Excellence in Research CoEs）- 2.453 亿美元
1996	中国大陆 211 工程- 31 亿美元（第一期）
1998	中国香港 卓越学科领域计划（Areas of Excellence(AoE) Scheme）- 1.215 亿美元 爱尔兰 第三级高校科研补助计划（Program for Research in Third-Level Institutions）
1999	中国大陆 985 工程- 43 亿美元（第一期） 韩国 21 世纪智慧韩国工程（Brain Korea 21 Program）- 14 亿美元（第一期）

(续　表)

年 份	重 点 建 设 计 划
2002	中国 211 工程- 30 亿美元(第二期) 日本 21 世纪卓越中心计划(Centers Of Excellence for 21st Century Plan)- 4.84 亿美元 新西兰 世界级优秀研究中心(Centers for Research Excellence)
2003	澳大利亚 卓越中心计划(ARC Centers of Excellence)-每年 2.559 亿美元 挪威 卓越中心计划(Centers of Excellence Scheme)-每个卓越中心在 10 年的时间内共获得 150 万～300 万美元
2004	韩国 新的大学区域创新工程(New University for Regional Innovation)- 10 亿美元 中国大陆 985 工程- 66 亿美元(第二期)
2005	俄罗斯 联邦大学计划(Federal University Program)- 4.11 亿美元 中国台湾 发展国际一流大学及顶尖研究中心计划(Developing a First-Class University and Top Research Centers)("五年五十亿计划")- 17 亿美元(第一期) 大学教学卓越计划(Teaching Excellence Development Program)- 6.66 亿美元
2006	德国 "卓越计划"(Excellence Initiative)- 23.5 亿美元(第一期) 韩国 21 世纪智慧韩国工程(Brain Korea 21 Program)- 21 亿美元(第二期) BK21 -硕士全球实习计划(BK21 - MS Global Internship Program)- 100 万美元 俄罗斯 创新大学计划(Innovative University Program)- 9.2 亿美元 新加坡 卓越研究与科技企业学园(Campus for Research Excellence and Technological Enterprise) 瑞典 林奈补助方案(Linnaeus Grants)

（续　表）

年　份	重　点　建　设　计　划
2007	日本 全球卓越中心计划(Global Centers of Excellence Program)-每个中心每年获得64万～640万美元 世界顶级国际研究中心计划(World Premier International Research Center Initiative)-每年1.08亿美元 卢森堡 ATTRACT-优秀年轻学者机会(Opportunities for Outstanding Young Researchers) 挪威 研究型创新中心(Centers for Research-Based Innovation) 沙特阿拉伯 卓越中心(Centers of Excellence)-第一阶段 新加坡 卓越研究中心计划(Research Centers of Excellence)-6.033亿美元 竞争性研究项目资助计划(Competitive Research Program Funding Scheme)-3～5年内每个项目400万～800万美元
2008	加拿大 卓越研究讲座教授计划(Global Excellence Research Chairs)-29个客座教授，每位教授及其科研团队在7年里共获得高达1千万美元 中国大陆 211工程(第三期) 丹麦 大学研究投资计划(Investment Capital for University Research)-7 930万美元 法国 校园行动(Operation campus)-62亿美元 马来西亚 追求重点建设计划(Accelerated Program for Excellence APEX) 尼日利亚 世界一流大学计划(World-Class Universities Program) 沙特阿拉伯 卓越中心计划(Centers of Excellence)-第二阶段 韩国 建设世界一流大学国家计划(National Project. Towards Building World-Class Universities-WCU)-7.2亿美元

（续　表）

年　份	重　点　建　设　计　划
2009	卢森堡 科研卓越奖(Program Excellence Award for Research) 俄罗斯 国家研究型大学计划(National Research University Program)- 16 亿美元 斯洛文尼亚 卓越中心计划(Centers of Excellence Initiative)- 8 800 万美元 西班牙 国际卓越校园计划(International Campus of Excellence)- 3.133 亿美元 泰国 国立研究型大学计划(National Research Universities Development Project)-3.8 亿美元
2010	以色列 以色列卓越研究中心计划(I - CORE - the Israeli Centers for Research Excellence)- 3.6 亿美元 法国 卓越实验室(Excellence Laboratories)- 12.4 亿美元 瑞典 战略研究领域(Strategic Research Areas)
2011	中国大陆 985 工程(第三期) 法国 卓越设备计划(Excellence Equipment Program)- 12.4 亿美元 重点建设计划(Excellence Initiative)- 95.3 亿美元 波兰 国家研究卓越中心计划(National Research Excellence Centers) 中国台湾 迈向顶尖大学计划(Moving into Top Universities Program)(第二期) 发展国际一流大学及顶尖研究中心计划(Developing a First-Class University and Top Research Centers)- 3.3 亿美元 大学教学重点建设计划(Teaching Excellence Development Program)(第二期)
2012	中国大陆 2011 计划(第一期) 法国 培训卓越计划(Excellence Initiatives for Training)- 1.858 亿美元 德国 卓越计划(Excellence Initiative)(第二期)- 29.7 亿美元 印度 大学研究和创新法案(Universities of Research and Innovation Bill)-获批时间和经费都不详

（续　表）

年　份	重　点　建　设　计　划
2013	俄罗斯 5—100 计划 - 8.88 亿美元
2014	日本 超级国际化大学(Super Global Universities Program) - 8.184 亿美元

附录 2：各国/地区实施的重点建设计划及每所大学获得的经费

各国/地区	重点建设计划	起始年份	每所大学所获得的 平均经费(美元)
澳大利亚	澳大利亚研究理事会卓越中心计划（ARC Centers of Excellence)	2003	每个卓越中心每年获得 100 万～400 万美元,为期 7 年
	全球卓越研究讲座教授计划（Global Excellence Research Chairs)	2008	7 年,高达 1 020 万美元
中国大陆	211 工程：第一期 211 工程：第二期 211 工程：第三期	1995 2002 2008	每所大学获得 3 170 万美元 每所大学获得 2 800 万美元 未知
	中国大陆 985 工程	1999	第一级 北京大学和清华大学分别获得2.85亿美元 第二级 10 所大学,每所获得 1.56 亿美元 第三级 22 所大学,每所获得 1.06 亿美元
		2004	第一级 北京大学和清华大学 第二级 7 所大学 第三级 30 所大学
		2010	同样的 39 所大学
	中国大陆 2011 计划	2012	Tbd

（续　表）

各国/地区	重点建设计划	起始年份	每所大学所获得的平均经费(美元)
丹 麦	卓越中心计划（Centers of Excellence）	1991	160 万美元
	大学研究投资计划（Investment capital for University Research）	2008	1 980 万美元
芬 兰	卓越研究中心（Centers of Excellence in Research）	1995	2000～2005：310 万美元 2002～2007：300 万美元 2006～2011：370 万美元
法 国	校园行动("Operation Campus")	2008	6.192 亿美元
	卓越计划(Excellence Initiative)	2011	8 所入选高校,每所获得 12 亿美元捐赠
	培训卓越计划（Excellence Initiatives for Training）	2012	20 所入选高校,每所获得 930 万美元
德 国	卓越计划(Excellence Initiative),第一期	2006	50 所高校的每个项目 2 760 万美元
	卓越计划(Excellence Initiative),第二期	2012	研究生院：每个每年平均 124 万美元 卓越研究集群：每个每年平均 805 万美元 高校战略：每个每年最多 1 670 万美元
中国香港	卓越学科领域计划（Areas of Excellence（AoE）Scheme）	1998	800 万美元
以色列	以色列卓越研究中心计划(I‑CORE‑the Israeli Centers for Research Excellence)	2010	1 800 万美元
日 本	日本 21 世纪卓越中心计划（Centers Of Excellence for 21st Century Plan）	2002	1 560 万美元
	日本全球卓越中心计划（Global Centers of Excellence Program）	2007	64 万～640 万美元每年

（续　表）

国家/地区	重点建设计划	起始年份	每所大学所获得的平均经费（美元）
日　本	世界顶级国际研究中心计划（World Premier International Research Center Initiative）	2007	每年获得1 800万美元
	超级国际化大学（Super Global Universities Program）	2014	每年8 180万美元，为期10年 13所A类大学每年获得360万美元 24所B类大学每年获得146万美元
韩　国	21世纪智慧韩国工程（Brain Korea 21 Program）-第一期	1999	250万美元
	21世纪智慧韩国工程（Brain Korea 21 Program）-第二期	2006	370万美元
	建设世界一流大学国家计划（National Project, Towards Building World-Class Universities-WCU）	2008	每个研究中心获得600万美元，分布在30所大学（每所大学平均4个研究中心）
马来西亚	追求重点建设计划（Accelerated Program for Excellence APEX）	2008	只有一所大学入选
尼日利亚	世界一流大学计划（World-Class University Initiative）	2008	每个卓越中心最多获得700万美元
挪　威	卓越中心计划（Centers of Excellence scheme）	2003	150万～300万美元
俄罗斯	创新大学计划（Innovative University Program）	2006	2年600万～3 000万美元
	国立研究型大学计划（National Research University Program，NIU）	2009	5 560万美元
	5—100计划	2013	4年8.88亿美元
沙特阿拉伯	卓越中心计划（Centers of Excellence）	2007	2007年遴选了8个中心 2008年遴选了6个中心

（续　表）

国家/地区	重点建设计划	起始年份	每所大学所获得的 平均经费（美元）
新加坡	卓越研究中心计划（Research Centers of Excellence）	2007	1.207 亿美元
	竞争性研究项目资助计划（ Competitive Research Program Funding Scheme）	2007	每个项目获得 400 万～800 万美元，为期 3～5 年
	卓越研究与科技企业学园（ Campus for Research Excellence And Technological Enterprise CREATE）	2006	NA
斯洛文尼亚	卓越中心（ Centers of Excellence）	2009	入选的 8 个中心，每个获得 920 万～1 000 万美元。早期的经费来自欧洲框架资源(2007～2009)
西班牙	国际卓越校园计划（ International Campus of Excellence CEI）	2009	5 所入选大学每所获得 6 270 万美元
中国台湾	发展国际一流大学及顶尖研究中心计划（Developing a First-Class University and Top Research Centers）	2005	11 所入选高校每所获得 1.545 亿美元
	迈向顶尖大学计划（Moving into Top Universities Program）	2011	12 所入选大学每所获得 2 750 万美元
	大学教学重点建设计（Teaching Excellence Development Program）	2005	入选的 31 所大学每所获得 2 150 万美元
泰　国	国立研究型大学计划（National Research Universities Development Project）	2009	3 150 万美元

参考文献

[1]　Altbach P. & Salmi J. (2011). *The Road to Academic Excellence: the Making of World-Class Research Universities*. Washington DC：The World Bank.

［2］　Bhattacharjee Y. (2011). Saudi universities offer cash in exchange for academic prestige. *Science* 334(6061) 9 December 2011.

［3］　Behal S. (2015). Sweeping funding cuts will hit elite institutes. *University World News* 351 23 January 2015.

［4］　Chirikov I. (2013). University mergers need to confront identity issues. *University World News* 265 30 March 2013.

［5］　Csikszentmihalyi M. (1997). *Creativity: Flow and the Psychology of Discovery and Invention*. New York: Harper Collins Publishers.

［6］　Gladwell Malcolm. (2011). The order of things: What college rankings really tell us. *The New Yorker* February 14.

［7］　Harman G. & Harman K. (2008). Strategic mergers of strong institutions to enhance competitive advantage. *Higher Education Policy* 21(1): 99 – 121.

［8］　Holdsworth N. (2008). Russia: Super league of "federal" universities. *University World News* October 26. Retrieved December 3 2008 from http: // www. universityworldnews.com / article.php? story＝20081024094454199.

［9］　Hou A. Ince M. & Chiang C.L. (2012). A reassessment of Asian pacific excellence programs in higher education: the Taiwan experience. *Scientometrics* 92 (1) April 2012.

［10］　Kakuchi S. (2015). Restrictions on collaboration are hindering international research. *University World News* 349 9 January 2015.

［11］　Kakuchi S. (2014). Not just international but "Super Global Universities". *University World News* 344 21 November 2014.

［12］　Kehm B. (2006). The German "Initiative for Excellence" and the Issue of Ranking. *International Higher Education* 44 Summer 2006.

［13］　Li J. (2015). Communist Party orders Marxism course for universities. *South China Morning Post* 22 January 2015.

［14］　MacGregor K. (2013). Concerns growing over "gaming" in university rankings. *University World News* 227 23 June 2013.

［15］　Mitchell N. (2015). Excellence schemes "should be risking-taking": EUA. *University World News* 349 9 January 2015.

［16］　OECD (2014). *Promoting Research Excellence: New Approaches to Funding*. Paris: OECD.

［17］　O'Malley B. (2015). Minister blasts patchy quality of university teaching. *University World News* 381 9 September 2015.

［18］　Qureshi Y. (2007). 400 university jobs could go. *Manchester Evening News* March 9. Retrieved May 20 2007 from http: // www. manchestereveningnews. co. uk / news /

education / s / 1001 / 1001469_400_university_jobs_could_go.html.

[19] Ruish Q. (2014). Universities get more autonomy. *Global Times* 10 October 2014.

[20] Salmi J. (2015). Tertiary Education in Finland: Achievements Challenges and Opportunities. Report prepared for the Ministry of Education. Retrieved Mat 20 2007 from http://www.minedu.fi / export / sites / default / OPM / Tapahtumakalenteri / 2014 / 12 / Kk_johdon_seminaari_liitteet / Jamil_Salmi_Report_Tertiary_Education_ in_Finland.pdf.

[21] Salmi J. (2012). The vintage handicap: Can a young university achieve world-class status? *Times Higher Education Supplement*. London: May 2012.

[22] Salmi J. (2009). *The Challenge of Establishing World-Class Universities*. Washington DC: The World Bank.

[23] Salmi J. & Saroyan A. (2007). League tables as policy instruments: Uses and misuses. *Higher Education Management and Policy* 19(2). OECD Paris.

[24] Schmidt B. (2012). Don't just throw more money at education to boost productivity. *The Australian* 18 September 2012.

[25] Tarrach R. Egron-Polack E. de Maret P. Rapp J-M. & Salmi J. (2011). Daring to reach high: strong universities for tomorrow's Spain. *Report of the Committee of International Experts EU2015*. Madrid: September 2011.

[26] Vorotnikov E. (2015). Government plans to cut 10% off university funding. *University World News* 355 20 February 2015.

[27] World Bank (2002). *Constructing Knowledge Societies: New Challenges for Tertiary Education*. Washington DC: The World Bank.

[28] World Bank (1999). *The 1998 / 99 World Development Report: Knowledge for Development*. Washington DC: World Bank.

[29] Yeung L. (2015). Fear of erosion of academic freedom. *University World News* 357 6 March 2015.

第二章 迈向世界一流大学体系：高参与高等教育系统的世界一流大学

西蒙·马金森（Simon Marginson）[①]

一、引言

高等教育领域的一个全球趋势是发展高参与体系（High Participation Systems），即高校招收的学生数量占适龄人口的 50％以上。过去十五年来，高等教育的招生人数显著增加。但这一趋势并不限于富裕国家，而是影响了人均 GDP 超过 7 500 美元（这一标准不足新加坡人均收入的 10％，美国的 13％）的绝大多数国家（World Bank 2015）。本文主要考察入学参与率增加的维度并简要探讨其增长动力，同时考察同期科学的全球分布以及世界一流大学数量和质量的提升。当前，已有大量国家已经成为高等教育毛入学率超过 50％的高参与高等教育系统，这些国家有至少一所大学进入全球 500 强。

然而，需要质疑的是，这些已经拥有或即将拥有高参与系统的大众高等教育的质量如何？尽管很多国家的高等教育系统（包括社会的上层和中下层）在地位和资源方面都实现了数量上的提升，但改善评估结果的战略却往往主要关注顶层的研究型大学，部分国家很可能因太过片面地强调世界一流大学的建设而忽略了大众教育问题。本文主要以美国为例，重点介绍了该国对两者的平衡，最后得出相关结论。

二、高等教育参与率的全球增长

从 20 世纪 70 年代至 90 年代初，"第三级教育"（tertiary education）

---

① 西蒙·马金森，英国伦敦大学教育学院。

(UNESCO 2015b;OECD 2015)学生数量的增长速度要比全球人口的增长速度更快,而与全球 GDP 的增速大致相同(在国际组织的统计中,"第三级教育"指的是两年及两年以上的全日制学位项目,相当于美国所使用的"高等教育",本文也将使用"高等教育"这一术语①)。在 1990 年代初期,高等教育参与率的增长速度开始快于 GDP 的增速,到 1998 年以后更是加速增长。这一增长速度并没有受到 2008 年以后大西洋国家长时间经济衰退的影响。整体而言,1970～2013年间,全球人口增长了 1.93 倍,GDP 增长了 3.63 倍,而高等教育的招生数量增长了 6.12 倍(UNESCO 2015b; World Bank 2015)。

表 2.1　世界各地的高等教育毛入学率：1971 年、1998 年和 2013 年

年　代	1971	1998	2013
百分比	%	%	%
全球	9.9	19.0	32.9
北美和西欧	30.8	59.2	76.6
中欧和东欧	29.8	37.4	71.4
拉丁美洲和加勒比地区	7.0	20.3	43.9
东亚和太平洋地区	2.9	13.3	33.0
阿拉伯国家	6.0	17.1	38.1
中亚	n.a.	20.6	26.1
南亚和西亚	4.2	7.2	22.8
撒哈拉以南非洲地区	0.9	3.9	8.2

资料来源：表格由作者整理,使用了联合国教科文组织(2015b)的数据。
注：n.a.＝无法获得数据。中亚最早可获得的高等教育毛入学率数据是在 1980 年,为 24.4%。

　　高等教育参与率可以通过使用联合国教科文组织统计中心的高等教育毛入学率(Gross Tertiary Enrollment Ratio)来衡量。高等教育毛入学率是指特定年份内进入高等教育的中学毕业生的大致比例。为了统计各国的高等教育毛入学率,联合国教科文组织不得不在各类零散的教育机构中确定哪些是"第三级教育"②。尽管如此,高等教育毛入学率为进行跨国比较和纵向比较提供了最为全面的依据。1971 年,全球高等教育毛入学率为 9.9%。三年后,马丁·特罗

① "第三级教育"("Tertiary education")在联合国教科文组织(UNESCO)和经合组织(OECD)的统计中包括 3 年及 3 年以上的 5A 类学位项目或两年的 5B 类项目,例如北美的社区学院。
② 对数据的标准化存在很多问题,这里不作评估,详见 OECD(2014)和 UNESCO(2015b)的相关说明。

（Martin Trow 1974）发表了一篇重要论文，认为精英高等教育转向大众高等教育的门槛是入学率覆盖15%的适龄人群，而他所声称的普及高等教育的人口覆盖率是50%。在普及高等教育阶段，市民和工人必须接受高等教育才能获得生活中各种各样的可能性。1971年，仅有19个国家的高等教育毛入学率超过了15%。其中，美国领衔，是世界上第一个实现高等教育大众化的国家，其1971年的高等教育毛入学率便已达到了47%，仅仅略低于特罗所确定的普及高等教育的水平。

　　到2013年，在不到两代人的时间里，情况就已大为不同。高中毕业生年龄组中有32.8%的人接受了高等教育，同样与1971年相反的是，女性的高等教育毛入学率（34.5%）超过了男性（31.3%）。超过102个国家实现了15%的高等教育毛入学率，而毛入学率超过50%的国家多达51个，其中韩国最高，为98.4%。而韩国在1971年的高等教育毛入学率仅为7.2%（UNESCO 2015b）。

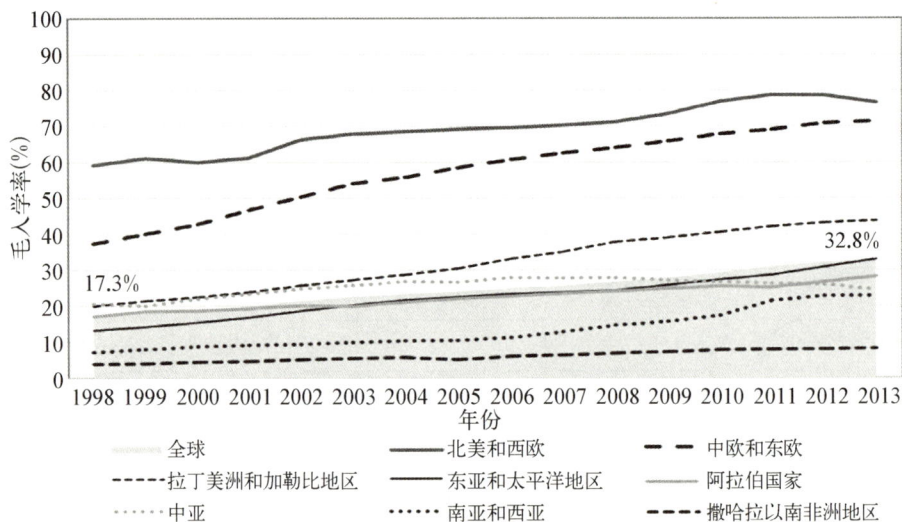

图2.1　世界各地高等教育毛入学率的增长情况（%）（1998～2013）

资料来源：由作者整理，使用了UNESCO（2016）的数据。

　　2013年，高等教育毛入学率超过50%的国家既包括高收入国家，也包括中等收入国家。中等收入国家包括阿尔巴尼亚、亚美尼亚、巴巴多斯、保加利亚、伊朗、牙买加、哈萨克斯坦、吉尔吉斯斯坦、蒙古、巴勒斯坦、塞尔维亚和泰国等。似乎当毛入学率达到或超过50%以后，高等教育参与率还在不断上升。即便遇到财政困难，也很少有政府会对招生人数进行严格限制。经济合作与发展组织（OECD）等国际组织当前倡议开放式增长。到2013年，韩国、加拿大、美国、芬兰、白俄罗斯和澳大利亚等国家的毛入学率都已经达到了 90% 的水平,而古巴、丹麦、新西兰、波多黎各、俄罗斯、斯洛文尼亚、西班牙和乌克兰也超过了 75%[①]。高等教育参与率增长最快的国家包括土耳其(在 2000～2012 年期间,毛入学率从 25.3% 增长到 69.4%,增长了 44.1%)、阿尔巴尼亚(在相同的 12 年时间里增长了 41.7%)、古巴(40.5%)、智利(37.2%)、白俄罗斯(37%)和伊朗(36%)。

　　表 2.1 和图 2.1 考察了在 1998～2013 的 15 年内世界各地高等教育毛入学率的增长情况。这是历史上高等教育参与率增长最快的时期。然而,高参与高等教育系统的发展趋势是一个整体但不均衡的过程(Naidoo 2014)。不同区域高等教育毛入学率的差异很大,从北美和西欧的 76.6%、东欧的 71.4%,到南亚的 22.8%,再到撒哈拉以南的非洲地区仅为 8.2%。然而,重点是除了中亚以外,几乎所有区域的高等教育毛入学率增长趋势都非常明显,而中亚地区的高等教育毛入学率已经落后于世界平均水平。游离在高等教育增长动力之外的国家大多都非常穷困,中产阶级规模和课税基础都太小,这些国家要么政治不稳定,要么没有能力来执行中长期的政策。撒哈拉以南的非洲地区是全球招生差距较大的地方,但即便是这些国家,高等教育毛入学率在过去十五年里也翻了一倍[②]。南亚是另一个差距较大的地方:巴基斯坦和孟加拉国的毛入学率仍然很低。尽管基础很薄弱,但在过去二十年里,印度的毛入学率大幅增加,巴基斯坦的毛入学率也增加了一倍。

　　高参与高等教育系统的趋势延伸到了新兴国家,并成为它们崛起不可或缺的一部分。图 2.2 呈现了全球面积最大的四个国在 1971～2013 年期间高等教育毛入学率的变化情况,此外还包括人口最多的十个国家中的两个。该图还预示着未来的增长潜力。中国、印度和印度尼西亚是人口增长最快的四个国家中的三个。中国的高等教育毛入学率从 1995 年的 4.5% 增长到 2013 年的 30.2%,印度从 5.6% 增长到 23.5%,而印度尼西亚从 11.3% 增长到 31.3%(UNESCO 2016)。所有这些国家都经历了人口从前资本主义的农村地区向城市的大规模转移。这一趋势会进一步扩大。

　　高等教育主要集中在城市。从 1970～2010 年,城市人口占世界人口的比例从 36.6% 上升到 51.6%。在南美,城市人口从 59.8% 攀升至 82.8%,中国由

---

① 高等教育毛入学率通过非适龄群体的参与而得到提高,包括移民、国际学生和大龄学生。大龄学生可以将高参与体系的入学率提高到 100% 以上。2000～2012 年期间,出国留学人员的比例从 210 万增长到 450 万(OECD2014 p. 344)。2012 年,国际学生提高了高等教育的入学率:澳大利亚提升了 26%、英国 23%、奥地利 12%、荷兰和瑞士都是 11%(第 81 页和第 338 页)。而在部分国家,学生的净流出减少了高等教育毛入学率。

② 联合国教科文组织没有统计博茨瓦纳、莱索托、尼日利亚、塞拉利昂、南非、坦桑尼亚和赞比亚的数据。

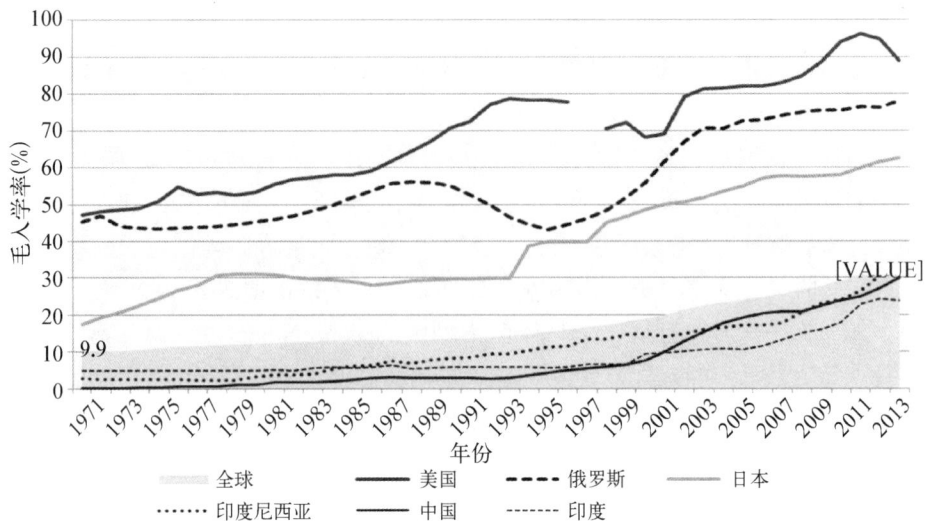

图 2.2　世界人口最多的四个国家（中国、印度、美国、印度尼西亚）、
俄罗斯以及日本的高等教育毛入学率（1971～2013）

资料来源：上图由作者根据 UNESCO 2016 年的数据整理。作者本来想呈现全球人口最多的 10 个国家的变化，但无法从联合国教科文组织统计中心获得巴西、尼日利亚、巴基斯坦以及孟加拉国的数据。此外，美国 1997 年，俄罗斯 2010 年，日本 1996～1997 年、2010 年，印度尼西亚 1971 年，中国 1971～1972 年、1982～1983 年，印度 1972 年、1974～1975 年、1992～1994 年、1998～1999 年的数据都无法获得。为了呈现连续的数据，每个国家只选用了最新可用的数据，美国 1997 年的数据除外，系列的断裂表明数据统计方法的变化。

17.4％提高到 49.2％，印度尼西亚则从 7.1％提升到 49.9％。印度城市人口的增长速度比较缓慢，但也从 19.8％增长到了 30.9％（UNDESA 2012）。尼日利亚的情况也是如此，到 21 世纪末，该国的人口预计将达到 10 亿。在中国、印度和印度尼西亚，城市中产阶级将不断扩大。城市中产阶级家庭处于有利的政治地位，能够确保子女获得受教育的机会。一旦高等教育在城市范围内常规化，便会蔓延至中产阶级以下的上进家庭。

世界高等教育毛入学率目前以每年 1％的速度增长。这也意味着在一代以内，全球一半的适龄人口将获得高等教育。虽然并非所有的人都能顺利获得学位（也许只有三分之一），但显然，世界正进入一个充满未知的阶段。它正迈向一个全球性的高等教育“高参与社会”，将有一半的劳动力受过高等教育，很多国家（即便不是绝大多数国家）的社会素养的门槛都会很高。这会对政治和文化生活产生重要影响，特别是在塑造反思性的现代生产者和消费者、促进民族融合以及同化各国文化等方面，因为世界各地的高等教育都以相同的方式培养人才。然而，不同国家之间的高等教育质量可能会存在显著差异。

　　是什么原因推动着高参与高等教育系统的扩张？政策和学术讨论往往简单地认为大学生的数量由政府政策和法律法规所决定。政府推动高等教育的扩张是因为高等教育对经济增长、全球竞争力、社会公平和社会宽容有一定的贡献，但需要注意的是不能混淆了表象和原因。政府不是在真空中运作，它们需要回应社会逻辑和社会利益，在这里有必要对扩张的政策原因与实际动力进行区分。政府有时候确实会受到经济和社会议程的驱动主动干预高等教育扩招，但其他时候则既可能积极，也可能消极回应社会需求。对各国情况的观察表明，政府在高参与高等教育系统的形成初期所发挥的作用最大，特别是在从精英高等教育到大众高等教育的过渡阶段，主要通过设施建设和学生资助等方式加以干预。高等教育系统一旦开始扩张，增长似乎会产生自己的动能。政府必定会继续邀功，因为扩大高等教育的入学机会对它们而言是有利的，会巩固它们的合法性和政治基础。然而，政府机构的有限作用通过单向的增长趋势便能反映出来。考察联合国教科文组织的数据可以发现，高等教育参与率很少会有显著的下降。虽然扩张会增加成本，一些国家也会让学生及其家庭承担一部分增加的成本，但目前全世界没有任何政府会在扩张开始以后采取措施逆转这种增长趋势。

　　公共政策领域也倾向于采纳政府是为了促进经济增长而实施高等教育扩张这样的解释。在高等教育的标准政策叙述中，扩张是政府和(或)市场力量对受教育的人力资本需求的回应。高等教育的扩张或多或少与社会对毕业生的知识、技能和获得认证的专业能力的需求同步。经济需求通过劳动力市场的边际报酬得以反映(Becker 1964)。学生比较关注毕业后的工资和就业能力。人们(或代表他们的政府)在教育上投入时间、损失原本可以获得的工资收入以及支付学费，期望毕业以后的回报能够抵消投入成本。然而，教育社会学家并不认同这种观点。斯科夫(Schofer)和迈耶(Meyer)通过回顾历史认为"20世纪60年代高等教育的快速扩张与职业结构、职业技能要求或劳动力市场需求的显著历史变迁不相一致，后者本应该促使更大规模的高等教育扩招"。此外，从20世纪60年代以来，经济增长和高等教育参与率增长之间的相关性不如人力资本的最初十年(Schofer & Meyer 2005 p.900 & p.916)。泰希勒(Teichler 2009)指出，在任何特定的时间，毕业生所学的技能与劳动力市场需求之间并不十分匹配；高等教育的扩张往往超过了高技能和专业工作的发展。在此情况下，毕业生们不得不从职业兴趣量表上往下移，调整他们的职业期待(Schofer & Meyer 2005 p.28)。

　　可以说，关于高参与高等教育系统形成的原因，最有见地的论述是早期由特罗所提出的(1974；同样见马金森(Marginson)2016a & 2016b)。在特罗看来，高等教育参与率增长的动力来自对保持和提升社会地位的家庭愿望(family aspirations)。他从中得出两点见解。首先,通过教育改善社会地位的愿望是无止境的。这种愿望不会受到经济短缺的限制,从而导致"不断要求大学和学院增加招生名额……在我看来,任何发达的工业社会都不太可能会固定招生名额"(Trow 1974 p.40)。尽管"人们谈论着大学毕业即失业或人才供过于求的现象……但显然,接受过高等教育的人在生活中获得更安全、更有趣以及收入更高的工作的机会也更多"。随着越来越多的人接受高等教育,上大学已经成为人们"改善社会地位的象征"(Trow 1974 p.41)。接受高等教育已经变成了半义务性的责任,且参与目的从促进向上的社会流动变成了防止社会地位的下降。毕业生失业并不是因为"各类职业的文凭膨胀"。随着毕业生人数的增加,他们取代了那些没有上过大学的人,可以将他们所学的能力用于丰富自身的工作岗位。特罗认为,"大众高等教育所要做的是打破大学教育与职业结构之间陈旧的刚性连接",这种连接会阻碍毕业生从事非大学毕业生所从事的工作。毕业生应该"争取任何地方的工作,而不要担心丧失尊严"(Trow 1974 pp.42-43)。特罗的第二个观点是政府政策紧跟着社会对高等教育的需求,而非相反。政府承受着持续的压力,特别是来自中产阶级家庭的压力,因此要不断促进高等教育的扩招直到达到饱和状态。

从长期来看,特罗的观点被证明是正确的。不论是多党制还是一党制国家,也不管它们的经济增长速度、具体的产业结构或对技能的需求如何,教育扩张都在发生,特别是在城镇化加快以及中产阶级规模扩大的情况下。

三、科研产出

从 20 世纪 90 年代末开始,在高等教育入学率增长加快的同时,科研产出也实现了显著增长——通过计算每年在科学期刊上发表的期刊论文情况可以评估这一现象。1998 年,全球共发表期刊论文 602 430 篇;到 2005 年,全球期刊论文数增长到 710 290 篇;而到 2011 年,增长到 828 705 篇(NSF 2015)。这段时期内,科研产出活跃的国家数量也在不断增加。若评估更广泛的科研产出(包括评论文章和全文期刊论文),2005 年,共有 43 个国家的科学系统在各类期刊上发表论文至少 2 500 篇。9 年后的 2014 年,这样的科学系统达到了 51 个(UNESCO 2015a)。2 500 篇论文是一个有用的基准,因为一个国家的科研人员若能拥有这一数量级别的成果,表明这个国家至少在某些学科方面拥有本土科研能力。若一个国家只有 500～1 000 篇论文,很可能是由在国外攻读博士学位和从事博士后研究的本国科研人员所发表的。但每年 2 500 篇论文的发表量是不可能用以上原因进行解释的。因此,这些数据可以作为科研产出的评估指标。

SCImago 所发布的国家和期刊排名便采用了这一方法,对各国科学系统所发表的科学论文进行评估。根据 SCImago 的名单,2005 年共有 39 个高等教育系统发表了 5 000 篇以上的被引论文。九年后的 2014 年,这样的系统增加到了 53 个,与联合国教科文组织的统计数据大致相同(Scimago 2016)。

表 2.2 根据联合国教科文组织的数据,列出了 2014 年论文发表超过 2 500 篇论文的所有科学系统,以及各国 2005～2014 年期间的论文增长率,并将这些国家按照论文年增长率从高到低的顺序排列。该表还列出了 2014 年各国世界一流大学的数量,主要参考"世界大学学术排名"的世界五百强榜单。此外,该表还呈现了 2005～2014 年或 2004～2013 年期间(有些国家没有公布 2014 年的高等教育毛入学率)各国高等教育毛入学率的变化情况。该表显示,除了日本以外,世界各地的科学论文产出都在增长,而除了挪威、瑞典、英国、新西兰和匈牙利之外,所有国家的高等教育毛入学率都在增加。科学论文产出增长最迅速的国家中很多都是拥有新兴科学系统的中等收入国家,而非高收入国家,例如伊朗、哥伦比亚、塞尔维亚、埃及、罗马尼亚、泰国和突尼斯。但并非所有国家都有高校进入世界 500 强——事实上,在论文增长率领先的 20 个系统中,有一半以上的系统只有一所或根本没有世界一流大学。中国、巴西和南非都是拥有更成熟科学系统和更多世界一流大学的中等收入国家。科学系统相对较大和相对完善的高收入国家比新兴科学系统的论文增长要慢。在高收入国家中,韩国和澳大利亚在科学产出上的增长速度最快。这些国家的高等教育毛入学率也很高。

表 2.2　科学论文数的增长、论文增长率以及高等教育毛入学率的变化(2005～2014)[*1]

国家与ARWU500 强高校的数量	论文总数 2014	论文年度增长率 2005～2014	高等教育毛入学率的变化 2005～2014[*2]	国家与ARWU500 强高校的数量	论文总数 2014	论文年度增长率 2005～2014	高等教育毛入学率的变化 2005～2014[*2]
		(%)	(%)			(%)	(%)
沙特阿拉伯(4)	10 898	23.3	31.5	阿根廷(1)	7 885	4.9	14.8
马来西亚(2)	9 998	20.8	8.6	瑞士(7)	25 308	4.8	10.8

（续　表）

国家与ARWU500强高校的数量	论文总数2014	论文年度增长率2005~2014	高等教育毛入学率的变化2005~2014[*2]	国家与ARWU500强高校的数量	论文总数2014	论文年度增长率2005~2014	高等教育毛入学率的变化2005~2014[*2]
		(%)	(%)			(%)	(%)
巴基斯坦(0)	6 778	20.0	5.4	奥地利(6)	13 108	4.6	32.2
伊朗(1)	25 588	19.0	43.1	新西兰(4)	7 375	4.5	−3.9
中国(32)	265 834	15.6	12.3	比利时(7)	18 208	4.1	11.1
哥伦比亚(0)	2 997	13.8	22.1	意大利(21)	57 472	4.0	1.6
塞尔维亚(1)	4 764	12.2	13.9	荷兰(13)	31 823	4.0	21.7
埃及(1)	8 428	11.8	1.8	香港(5)	9 725	3.7	37.5
罗马尼亚(0)	6 651	10.7	10.7	加拿大(21)	54 631	3.5	n.a.
泰国(0)	6 343	10.4	9.5	芬兰(5)	10 758	3.3	1.4
突尼斯(0)	3 068	10.3	2.8	瑞典(11)	21 854	3.2	−20.4
				英国(38)	87 948	2.5	−2.5
葡萄牙(3)	11 855	9.1	10.5	希腊(2)	9 427	2.4	31.7
南非(4)	9 309	8.8	n.a.	法国(21)	65 086	2.4	6.9
印度(1)	53 733	8.7	12.9	匈牙利(2)	6 059	2.4	−3.1
巴西(6)	37 228	8.7	n.a.	德国(39)	91 631	2.4	n.a.
智利(2)	6 224	8.5	39.1	乌克兰(0)	4 895	2.2	11.2
韩国(12)	50 258	7.4	5.0	美国(146)	321 846	2.1	7.5
澳大利亚(19)	46 639	7.1	14.8	俄罗斯(2)	29 099	1.8	7.4
捷克(1)	10 781	6.9	21.6	以色列(6)	11 196	1.4	9.8
克罗地亚(0)	2 932	6.6	20.9				
新加坡(2)	10 553	6.1	n.a.	日本(19)	73 128	−0.6	8.8
土耳其(1)	23 596	6.0	48.4				
波兰(2)	23 498	5.9	10.4				

（续　表）

国家与ARWU500强高校的数量	论文总数2014	论文年度增长率2005~2014	高等教育毛入学率的变化2005~2014[*2]	国家与ARWU500强高校的数量	论文总数2014	论文年度增长率2005~2014	高等教育毛入学率的变化2005~2014[*2]
		（%）	（%）			（%）	（%）
丹麦(5)	14 820	5.9	6.8	斯洛伐克(0)	3 144	5.4	18.4
爱尔兰(3)	6 576	5.7	18.4	斯洛文尼亚(1)	3 301	5.4	12.8
西班牙(12)	49 247	5.6	20.8	墨西哥(1)	11 147	5.3	6.6
挪威(3)	10 070	5.6	−3.1				

资料来源：UNESCO 2015a；UNESCO 2015b。

*1：此处所列国家2014年发表论文均超过2 500篇

*2：中国台湾地区的数据无法获得；香港特别行政区的科学论文数用了2013年而非2014年的数据。奥地利、哥伦比亚、中国香港特别行政区、伊朗、巴基斯坦、沙特阿拉伯、塞尔维亚、韩国、突尼斯和乌克兰的高等教育毛入学率用了2005~2014年的数据；克罗地亚、荷兰用了2003~2014年的数据。其他采用的都是2004~2013年的数据。

　　表2.2显示,部分国家出现了大众高等教育规模和科研产出的同步快速增长。沙特阿拉伯便是其中之一,该国的科学论文产出每年提高23.3%,而高等教育毛入学率每年提高31.5%,此外,还包括马来西亚、伊朗、哥伦比亚、智利、捷克、克罗地亚、爱尔兰、西班牙和斯洛伐克等国家。在科学论文产出年增长率超过5%的大部分科学系统中,高等教育毛入学率的年增长率都会达到5%,只有埃及、突尼斯和挪威例外。在部分科学论文产出年增长率仅为2%~5%的国家也会看到高等教育毛入学率的显著提升。只有极少数国家既没有科研产出的大幅提升,也没有高等教育参与率的显著增加。在大多数国家,两者的增长趋势都很明显。

　　2005年,共有38个高等教育系统的大学上榜"世界大学学术排名"前500强。到2014年,这一数量已经提升到了44个,表明拥有世界一流大学的国家数量越来越多。2005年未上榜,但2014年上榜的国家包括沙特阿拉伯(4所)、马来西亚(1所)、伊朗(1所)、塞尔维亚(1所)、埃及(1所)和斯洛文尼亚(1所)。中国大陆在"世界大学学术排名"前500强的高校数量从8所增至32所(ARWU 2015)。然而,"世界大学学术排名"只是衡量"世界一流"的一个相对标准,而非绝对标准。该排名呈现的是大学的名次而非产出,即便名次来自产出。由于世界500强高校的总数无法增加，就拥有世界一流大学的国家数量和世界一流大学数量的增加情况而言，使用排名来定义世界一流大学会低估科学的发展以及世界一流大学建设的成果。例如，当新增的世界一流大学和已有的世界一流大学同步发展时，排名并不会呈现什么变化，尽管高校整体的表现大幅提升。

表 2.3　科学论文发表量分别达到 1 200、2 000、5 000 和 10 000 篇的高校数量(2006～2009 至 2010～2013)

高校论文数量	2006～2009	2007～2010	2008～2011	2009～2012	2010～2013
10 000 篇	25	26	31	34	39
5 000 篇	122	128	135	143	154
2 000 篇	381	402	425	452	481
1 200 篇	594	629	657	682	712

资料来源：莱顿大学 2016。

表 2.3 表明，要追踪世界一流研究型大学的数量趋势，有必要评估科研成果的变化。表 2.3 来源于莱顿大学 2011～2015 年期间的年度排名，呈现了每所大学每连续 4 年的论文发表情况。该表显示，在任何一个科研产出层次，高校数量都在增加。如果发表在 Web of Knowledge 汤森路透所收录的英文期刊上的论文数量是衡量世界一流大学的有效指标，那么世界一流大学的数量在不断增加。该表还显示，在高数量科学论文层次的高校比整体高校的增长速度更快。这在论文发表超过 1 万篇以上的高校层次更为明显。这一层次的大学数量在 4 年的时间里从 25 所提升到了 39 所。因此，与世界一流大学数量不断增加的趋势一样，顶尖的世界一流大学也越来越聚焦于科研能力。

高等教育毛入学率超过 50% 的国家与进入"世界大学学术排名"前 500 强的国家之间存在着高度但并不完全的重叠。2015 年，"世界大学学术排名"上共有 37 个这样的系统，具体如下(每一区域都按照高等教育毛入学率从高到低排列)：

■ 欧洲：希腊、芬兰、西班牙、斯洛文尼亚、丹麦、奥地利、挪威、荷兰、俄罗斯、比利时、爱尔兰、波兰、葡萄牙、瑞典、捷克、意大利、德国、法国、瑞士、塞尔维亚、匈牙利；

■ "盎格鲁文化圈"：加拿大、美国、澳大利亚、新西兰和英国；

■ 亚洲：韩国、中国台湾地区、香港特别行政区、日本、新加坡；

■ 中东：土耳其、以色列、伊朗、沙特阿拉伯；

■ 拉丁美洲：阿根廷、智利。

另有 7 个进入世界 500 强，但高等教育毛入学率低于 50％的科学系统，包括：马来西亚、埃及、中国大陆、墨西哥、印度、南非、巴西。因此，大多数拥有世界 500 强世界一流大学的国家也拥有高参与高等教育系统。

然而有趣的是，并非所有的高参与高等教育系统都拥有世界 500 强高校，包括白俄罗斯、冰岛、乌克兰、爱沙尼亚、立陶宛、保加利亚、拉脱维亚、克罗地亚、圣马力诺、阿尔巴尼亚、斯洛伐克、罗马尼亚、帕劳、澳门、蒙古、哈萨克斯坦、泰国、波多黎各、古巴和巴巴多斯。其中有些国家太小，无法支撑一所研究型大学。从这个意义上来看，全球范围内高参与高等教育系统的推出比世界一流大学运动更广泛。而有些国家发展了本土的科研能力，成为在 2014 年发表论文超过 2 500 篇的系统之一（乌克兰、克罗地亚、斯洛伐克、罗马尼亚以及泰国都在表 2.2 中），但还没有高校进入"世界大学学术排名"前 500 强，未来有些国家可能会拥有这样的大学。

四、高等教育大众化的问题

高等教育参与率在世界各地以越来越快的速度增长，而科学系统和世界一流大学也在几乎相同的区域蔓延。参与率的增加最主要是受社会对机会的需求所推动，而科学的推广和世界一流大学的发展主要是由国家对科研能力和世界一流大学的投入所驱动（Hazelkorn 2011）。精英研究型大学和大众高等教育机构的数量、社会角色以及与社会关联的程度都在不断发展。虽然有部分国家被排除在这些长期趋势之外——主要是一些没有充足的经济和政治资源投入到高等教育的国家，有些国家在过去 15 年来都没有扩招，或者没有启动世界一流大学建设计划。但总体而言，这些模式非常清晰。

不太清晰的是世界各地大众高等教育的现状。研究型大学在英文科研产出方面的绩效是明确的（尽管它们专业教育的相对质量很少被评估）。然而，没有类似的指标可以用于比较大众高等教育系统的产出质量。经济合作与发展组织（OECD 2015）提供了有关课程长度、完成率、生均经费、非本国公民学生比例等方面的数据。但没有比较各国在教学质量、职业培训的效果或教师资格等方面的标准数据，也没有汇总有关科研和科研机构的系统层面的数据。

在很多国家,由政府所推动的以科研为导向的精英高等教育的质量成为广泛关注和竞争的焦点,但大众高等教育的质量却很少获得关注,而后者往往是大多数家庭的愿望之所在。大多数情况下,大众高等教育的"质量保障"体系并没有像追踪科研产出那样形成系统的观察、评估和比较。人们看到了相关问题和差距,但并不理解。虽然印度、巴西和菲律宾的大规模低质量的私立高校广为人知,但政府对这些私立高校监管不足。公立大众教育的质量也因国家而异,有时同一国家的不同公立高校存在很大差异。大众高等教育的问题并不限于新兴和低收入系统。富裕国家之间也有可能存在较大的质量差异。此外,一些国家的高等教育参与率严重依赖不同模式的远程和在线教育,但目前还不清楚这些模式的教育质量多大程度上与面对面学习的质量类似。

为何没有形成基于客观基础的、可用于评估一个国家大众高等教育质量的成熟概念框架呢?更不用说建立类似于"世界大学学术排名"、莱顿大学排名和SCImago 排名所采用的科研绩效评估指标那样可以用于跨校比较的指标体系。一种解释是大众高等教育质量的观察、监测和评估非常复杂,特别是针对教学和学生学习效果的评估。参与经合组织的"高等教育学习成果评价项目"(the Assessment of Higher Education Learning Outcomes)的难度便能说明这一点,该项目的目的就是为了比较学生的学习效果。

第二种解释是,在部分国家,包括美国和英国,观察、评估和比较大众高等教育所采取的是另一种路径,而非开发客观的教育质量评估指标。这一路径反映了将高等教育作为消费市场的理念,强调对学生参与度和满意度的主观评价。然而,这些并不能作为比较不同时期、不同地区大众高等教育质量的客观依据,也不能像对研究型大学的声誉调查那样可以提供比较大学科研的准确依据。对大众高等教育基于实质的评估指标是不可或缺的。

第三种解释是,高等教育的政策制定者和社会用户,以及国内和全球的公众,都非常关注世界一流大学的名次和世界一流大学建设(并分享其利益),却并不关心发展世界一流的高等教育系统。倘若将建设世界一流大学体系的目标纳入视野,可能会修正一些有关高等教育比较的结论。

以美国为例,该国拥有世界上最顶尖的高等教育系统,研究型大学的质量位于世界前列。美国高校占据了"世界大学学术排名"前 20 强位置中的 16 个,100强中的 51 个,500 强中的 146 个(29.2％)。而在 2005 年,美国有 53 所高校进入"世界大学学术排名"百强(ARWU 2015),说明尽管世界各国的科研能力自2005 年以来都在不断发展,但美国高校的主导地位并没有什么变化。在 2012

年,被引次数排在各学科前 1％的所有期刊文章中,超过 46.4％是由美国作者发表的,其中绝大多数来自高等教育领域(NSF 2015)。

如前文所述,美国不仅是世界上最早实现高等教育大众化的国家,也是早在 20 世纪 70 年代初期便实现适龄人口高等教育参与率超过 50％的国家。尽管高等教育毛入学率有所波动,但美国一直是世界上国内人口中接受高等教育比例最高的四大领先系统之一。

然而,如果换作是比较学生高等教育的完成率,也即三年及三年以上全日制学位项目的毕业率,美国则并没有那么强大。2012 年,美国的高等教育毛入学率高达 94.8％,但本科学生的毕业率仅为 40.1％(UNESCO 2016)。换言之,被各类高等教育录取的适龄人群中,超过一半没有完成三年或四年制学位。很多被统计进高等教育毛入学率的学生在完成学业之前辍学,或转学到了 2 年制的社区学院。美国大众高等教育的重心过低(bottom heavy),因为有相当比例的学生集中在两年制的学位项目中,而两年制社区学院的文凭在美国劳动力市场上的购买力有限(Roksa et al. 2007；Marginson 2016c)。从公立社区学院到四年制大学的学生转学率也不尽如人意,且无论是社区学院还是四年制大学中,最终成功获得学位的学生比例均较低。

对美国和西北欧国家的高参与高等教育系统进行比较能够带来一定的启示。表 2.4 显示,西北欧国家系统的高等教育毛入学率低于美国——美国允许更多的学生进入高等教育的大门,但表格中大部分欧洲国家的本科毕业率都高于美国。并且,表格中所有欧洲国家的高等教育毛入学率和毕业率之间的差距都比美国小。美国在系统质量指标上(毛入学率)的表现比另一个强(毕业率)。在大多数情况下,与美国相比,西北欧国家可以让更多的学生进入更高层次的学习阶段。这些数据不仅呈现了高等教育参与率的多样性和模糊性的特点,也再一次指出了美国大众高等教育的质量问题。

表 2.4 2012 年美国和部分欧洲国家的高等教育毛入学率与本科毕业率

	高等教育 毛入学率(％)	本科生毕业率 (％)	毛入学率和毕业率 之间的差异(％)
丹麦	79.3	47.5	31.8
芬兰	93.3	51.5	41.8
法国	60.0	39.2	20.8
荷兰	78.5	49.7	28.8

（续　表）

	高等教育 毛入学率（%）	本科生毕业率 （%）	毛入学率和毕业率 之间的差异（%）
挪威	73.3	46.4	26.9
瑞典	69.6	33.8	35.8
瑞士	55.5	49.2	6.3
英国	59.2	47.8	11.4
美国	94.8	40.1	54.7

资料来源：UNESCO 2016。
注：德国的数据无法获得。

此外，美国的学位完成率严重偏向中等收入和高收入家庭。2013 年，美国年收入位于前四分之一的家庭中，77％的子女在 24 岁前获得了学士学位，而年收入位于后四分之一的家庭中，24 岁前毕业的比例仅为 9％，而收入位于倒数第二的四分之一家庭，毕业率则为 17％（The PELL Institute 2015）。绝大多数低收入家庭的学生没有在 24 岁之前顺利毕业。然而，绝大多数来自高收入四分之一家庭的子女在 24 岁之前拿到了学士学位。由此可见，美国大众高等教育的价值是按照社会阶层高度分层的，再次说明了教育参与相关数据的模糊性特点。

美国的公立社区学院因没有充分满足来自贫困家庭学生的需要而遭受越来越多的批评。营利性大学一度被视为是主要的替代性选择。1995～2010 年期间，营利性大学成为美国高等教育增长最快的一部分。这类大学的招生人数从240 363 人增长到最高值 2 018 397 人，增加了 8.4 倍，而高等教育整体的招生人数仅增加了 1.5 倍（NCES 2015）。营利性大学形成了一个针对在职人员的利基市场（niche market），这些人很早就离开了学校或从大学退学，需要通过获得文凭或学位来促进自己的职业发展。同时，营利性的商业模式需要依靠政府的补助。2010 年，由阿波罗集团（Apollo Group）设立的凤凰城大学（the University of Phoenix）从联邦政府获得了 88.7％的收入，其中 85.3％的收入来自学生贷款和佩尔奖学金，3.4％来自军事教育计划（Mettler 2014 pp.168 - 169）。2009 年，营利性大学招收了 10％的大学生，并吸收了 25％的佩尔奖学金（Mettler 2014 p.108），表明它们在弱势学生群体中成功拥有了市场。然而，营利性大学在过去5 年中逐渐失去了阵地，归咎于它们低强度的教学、极低的毕业率、相对较低的毕业生就业率以及毕业生较高的债务等。这再次表明，美国部分大众高等教育机构的质量存在明显的缺陷。

本科毕业率、24 岁前获得学位的社会分层以及营利性大学的问题等，虽然不能充分展现美国大众高等教育的质量，但也能说明一些问题。尽管美国拥有全球最高水平的世界一流大学，但美国的高等教育并不一定是一个世界一流的体系。

五、结论

无论是顶层、中层还是底层的高等教育都在大幅扩张。当前的主要趋势是高等教育的社会参与越来越广泛，越来越多的国家发展了自己的科学系统，且几乎所有这些科学系统的产出都在提升。就高校的科研能力而言，世界一流大学的形成率、数量和产出也都在增加。然而，仅有高等教育参与率不足以说明问题，因为它没有反映质量和入学机会等问题。大众高等教育的质量缺乏确定性的可比数据，然而，有迹象表明，大众高等教育的发展在世界范围内是不均衡的，部分国家存在较大的问题。即便是在拥有强大的世界一流大学和高等教育毛入学率的美国，也有证据表明其大众高等教育存在缺陷。

可以说，世界一流大学运动产生了诸多积极的影响，如促进了政府对基础研究投入的加强，促使了更多国家科技能力的提升，以及形成了一种追求透明性、自我批评和持续改进的大学精神等（Salmi 2009；Hazelkorn 2011）。同样，这种积极的反思在系统层面也很重要。第二三层次的高等教育机构需要得到比目前更多的关注。高等教育系统既需要提供教学和科研的世界一流大学，也需要卓越的教学型大学。然而，关于世界一流大学的讨论一直是片面的。在很多国家，人们关注的重点都是发展世界一流大学，而非提升大众高等教育，似乎两者之间是非此即彼的关系。各类国际比较和全球排名也几乎都将重点放在世界一流大学上。只有 U21 大学联盟排名强调了世界一流大学体系的问题，但该排名也没能根据高校的不同使命区分非世界一流大学。相反，所有的高校都遵循一套评估程序（Williams et al. 2015）。

绝大多数学生就读的是大众高等教育机构。他们没有被世界一流大学录取。如果高等教育为提高生产力、加快科技更新、促进社会沟通和社会包容以及增强民主关系创造了条件（McMahon 2009），那么大众高等教育的质量对所有社会都是重要的。有关世界一流体系的问题也应该被提出来（van der Wende & Zhu 2016）。世界一流大学体系包含各类不同使命的高校，而不仅仅是研究型大学。相关问题还包括体系设计、跨机构合作等。此外，还有待开发好的指标、评价手段和比较工具。

参考文献

[1] Academic Ranking of World Universities (2015). Retrieved from http://www.shanghairanking.com/index.html.

[2] Becker G. (1964). *Human Capital: A Theoretical and Empirical Analysis with Special Reference to Education*. Chicago: University of Chicago Press.

[3] Hazelkorn E. (2011). *Rankings and the Reshaping of Higher Education: The Battle for World-Class Excellence*. Houndmills: Palgrave Macmillan.

[4] Marginson S. (2016a) High participation systems of higher education. *The Journal of Higher Education* 87(2) 243 – 270.

[5] Marginson S. (2016b) The worldwide trend to high participation higher education: Dynamics of social stratification in inclusive systems. *Higher Education*. Published online: DOI 10.1007/s10734 – 016 – 0016 – x.

[6] Marginson S. (2016c). *The Dream is Over: The Crisis of Clark Kerr's California Idea of Higher Education*. Berkeley: University of California Press.

[7] McMahon W. (2009). *Higher Learning Greater Good*. Baltimore: The Johns Hopkins University Press.

[8] Mettler S. (2014). *Degrees of Inequality: How the Politics of Higher Education Sabotaged the American Dream*. New York: Basic Books.

[9] Naidoo R. (2014) Transnational higher education: Global wellbeing or new imperialism? Keynote presentation to *the United Kingdom Forum for International Education Conference*. London: UCL Institute of Education. 24 October.

[10] National Center for Educational Statistics NCES (2015). Total fall enrolment in degree-granting postsecondary institutions by attendance status sex of student and control of institution. Table 303.10. Retrieved from http://nces.ed.gov/programs/digest/d13/tables/dt13_303.10.asp.

[11] National Science Foundation NSF (2014 & 2015). *Science and Engineering Indicators 2014*. Retrieved from http://www.nsf.gov/statistics/seind14/.

[12] OECD (2014 and 2015). *Education at a Glance*. Paris: OECD.

[13] The PELL Institute (2015). Indicators of higher education equity in the United States. Co-published with PennAHEAD Graduate School of Education University of Pennsylvania. Retrieved from http://www.pellinstitute.org/downloads/publications-Indicators_of_Higher_Education_Equity_in_the_US_45_Year_Trend_Report.pdf.

[14] Roksa J. Grodsky E. Arum R. & Gamoran A. (2007). United States: Changes in higher education and social stratification. In Y. Shavit R. Arum and A. Gamoran (Eds.) *Stratification in Higher Education: A Contemporary Study*. Stanford: Stanford University Press.

[15] Salmi J. (2009). *The Challenge of Establishing World-Class Universities*. Washington DC: World Bank Publications.

[16] Schofer E. & Meyer J. (2005). The worldwide expansion of higher education in the twentieth century. *American Sociological Review 70* 898 – 920.

[17] Scimago (2016). *SCImago Journal and country rank*. http:// www.scimagojr.com.

[18] Teichler U. (2009). *Higher Education and the World of Work: Conceptual Frameworks Comparative Perspectives Empirical Findings*. Rotterdam: Sense Publishers.

[19] Trow M. (1974). Problems in the transition from elite to mass higher education. In OECD (ed.) *The General Report on the Conference on the Future Structures of Post-Secondary Education*. Paris: OECD.

[20] United Nations Department of Educational and Social Affairs (UNDESA) (2012). *World Urbanization Prospects: The 2011 Revision*. New York: United Nations.

[21] United Nations Educational Social and Cultural Organization (UNESCO) (2015a). *UNESCO Science Report: Towards 2030*. Paris: UNESCO.

[22] United Nations Educational Social and Cultural Organization (UNESCO) (2015b & 2016). UNESCO Institute for Statistics data on education. Retrieved from http:// data.uis.unesco.org /.

[23] Van der Wende M. & Zhu J. (2016). China: A follower or a leader in global higher education? *Center for Studies in Higher Education Research and Occasional Papers Series* CSHE 1.16. Berkeley: University of California Berkeley.

[24] Williams R Leahy A. de Rassenfosse G. & Jensen P. (2015). *U21 Ranking of National Higher Education Systems*. Melbourne: University of Melbourne.

[25] World Bank. (2015). *Data and Statistics*. Retrieved from http:// data.worldbank.org.

第三章　经济慢速增长时期的
世界一流大学

亚历克斯·厄舍(Alex Usher)[①]

一、引言

　　过去十五年来,"世界一流大学"一词已经主导了高等教育的全球话语。本质上,这一术语指的是高水平的研究型高等教育机构,其中大部分能够获取大量经费,从而能够聘用顶尖人才,或购买最先进的科学设备。然而,过去几年来,全球金融危机和普遍性的公共支出缩减,至少在理论上,使高校的经费状况处于风险之中。本章的目的是考察多个领先工业化国家中世界一流大学财政状况的变化,以确定哪些国家的世界一流大学将会蓬勃发展,而哪些不会。针对各个国家,本文不仅会考察入榜"世界大学学术排名"的高校,也会考察没有入榜的大学,这使我们能够判断这些国家是否在很大程度上将资源集中在世界一流大学。本文的最后还将探讨政府在高等教育拨款方面的政策考量。

二、世界一流大学:历史简述

　　"世界一流大学"一词是中国在制定"985工程"相关政策时所提出的,捕捉了高等教育历史和全球化历程中的乐观阶段。从柏林墙倒塌到20世纪90年代科技热潮,从全球经济增长的较长时期,到之后经济增长的沉寂,一直到全球金融危机的开始,形成了极其有利于高等教育的经济共识。这一共识有三个要点:首先,技术创新是经济增长的核心;其次,技术创新在很大程度上有赖于特定行业的企业的区域聚集;最后,主要的研究型大学,特别是那些以美国模式为基础

---

① 亚历克斯·厄舍,加拿大高等教育战略协会。

的研究型大学,可以作为这些集群的枢纽。

中国实施"985 工程"的主要目标是提升国内产业的"价值链"。作为一个低成本制造业的主要参与者,中国政府试图通过大学来促进技术前沿工业领域的发展。这是中国大学曾发挥的作用:在 20 世纪 70 年代与 80 年代初,当时的领导人邓小平将经济的发展投注在包括清华大学在内的一些精英大学上(Andreas 2009),希望这些大学能够帮助国家促进制造业的发展。但"价值链"一词在中国以外也产生了共鸣。在美国,由硅谷(以斯坦福大学为核心)所创造的地区繁荣和全球影响使全美的政策制定者都敏锐地意识到大学在经济增长中的作用。在欧洲,同样的观点也在 2000 年得到响应,当时欧盟各国通过了"里斯本议程"(Lisbon Agenda),致力于使欧洲发展成为"全球最具创新力的经济体",这也使欧洲高校成为这个雄心勃勃的区域增长战略的核心。与此同时,亚洲的领先经济体(如韩国、香港特别行政区、新加坡和中国台湾地区)也积极拥抱"前沿经济的竞争需要加大科研投资"这一主张。

"世界大学学术排名"的出现在很大程度上有助于政策选择。该排名的出现使各国终于有了一个透明的工具,去评估它们最好的大学与美国研究型大学之间的差距,而后者的成功是前者所渴望效仿的。整体上,没有多少国家会对本国高校的排名名次感到满意。因而拥有一所(或多所)世界一流大学很快便成为一项重要的国家任务。在欧洲,建设世界一流大学主要是为了实现"里斯本议程"以及赶超美国。在亚洲,拥有一所世界一流大学是一国成为主要创新经济体的象征,与此同时也为了推动国家在区域和全球市场中竞争所必需的爆炸式增长。

2004 年,阿特巴赫教授提出了一个著名的论述:"谁都想要世界一流大学,每个国家都觉得不能没有世界一流大学,但没人知道什么是世界一流大学,也没人知道要怎样做才能建设世界一流大学"(Altbach 2004)。几年之后,时任世界银行高等教育主管的贾米尔·萨尔米将建设世界一流大学的"魔法公式"总结为"时间、人才、良好的治理和经费"(Salmi 2009)。一时间,世界各国各地区纷纷将资源投入到世界一流大学的建设项目上。政府或通过个体研究项目,或通过重点建设计划(OECD 2014),或通过两种方式相结合的方式向研究人员提供了大量经费。如在美国,国立卫生研究院(National Institutes of Health)的规模增加了一倍。总之,21 世纪初的十年对于世界上很多地方的大学而言都是非常有利的时期。

随着 2008 年全球金融危机的爆发,高等教育无法再指望大幅增加年度经费。除德国和瑞士以外,几乎所有的经合组织成员国都开始实质性地削减开支。在美国,政府生均经费拨款在 2008～2012 年期间下滑了 28%(尽管招生人数的增长和经费削减的原因各占一半）。在英国，大学的公共财政削减了40％以上（这一点通过学生学费的大幅上涨得以补偿）。在东欧和南欧的大部分国家，政府经费拨款也大幅削减；芬兰尽管在一段时期内克服了这一趋势，但近期宣布将在5年内实质性削减近15％的经费。在经济合作与发展组织（OECD）以外，情况有所不同。在印度、海湾国家以及其他许多国家，高等教育支出增长显著。尽管有些国家的教育预算一直比较有限，但是即使在2014年、2015年经济增长速度减缓或者甚至出现负增长的情况下，中国和海湾地区国家的高等教育支出仍然在增长。

倘若世界一流大学的黄金时代吻合并依赖世界各地公共拨款的增长时期，那么值得一问的是：失去了经费增长的世界一流大学会如何？在这个经费短缺的新时期，我们能期望什么？我们或许能够从美国历史中获得一些启示。美国从1968～1970年代末的这一段时期，有时被称为"停滞的十年"或"失落的十年"。在这一时期内，越南战争造成了持续的联邦预算赤字，加上长期的经济缓慢增长，导致美国高等教育预算的紧缺。与此同时，大学被要求扩招，意味着它们除了预算缩减外还面临着一个新的成本挑战。美国高校通过减少开设的学位项目，特别是研究生层次的学位项目，来应对这一困难（Graham & Diamond 1997；Geiger 2009）。事实上，高校常常不得不在教学功能和科研功能之间进行选择，而后者并非总能胜出。

许多国家发现自己现在处在相同的境况中，不仅预算紧缺，还要面临着教学和科研优先性的艰难选择。除此之外，全球经济似乎已经进入了一段缓慢增长的长期阶段。在21世纪初的十年，全球GDP每年的平均增长率为5％，但估计在可预见的未来将保持在2％～3％的范围内。这一经济前景与之前的增长时期形成鲜明对比，随之而来的人口变化和不断增加的财政赤字也将在未来多年制约高等教育的支出。本文的目的则是为了考察这一时期对世界一流大学的影响。

三、研究方法

在操作层面上，本文将世界一流大学定义为进入"世界大学学术排名"前100名的高校（以下称为ARWU百强高校）。10个国家的高校，包括美国、英国、日本、澳大利亚、瑞士、加拿大、法国、荷兰、德国和瑞典占据了ARWU百强高校前50名中的49个席位，前100名中的91个席位。实际上，这些国家的顶尖高校所发生的事情从定义上而言便是世界一流大学所发生的事情，因此，本文将重点关注这 10 个国家。

本文从国家层面的数据库中收集了有关这 10 个国家高校支出的数据。相比于收入,支出能够更好地衡量财政能力,因为它们更趋连贯,更不容易突然波动,因此是代表高校真实财政能力的更好指标。财务数据以当地货币的实际价值呈现,基准是数据可用的最后一年。由于不同国家对"支出"的定义并没有形成统一的标准,在尽可能的情况下,本文使用现有数据中对"支出"涵盖最广的定义,以减少不同研究方法和不同支出定义所产生的潜在影响。当国家层面的财务数据库不可用时,我们采用高校自身的财务报告。

本文不仅旨在考察高校的总体支出,还会考察生均支出,这是因为通过扩大学生人数所获得的边际收益大部分都用在了培养这些新生上,而非用于提升科研能力方面。因此,也有必要考察招生人数。同样,我们还非常注意这些信息的数据质量。本文还会使用国家层面数据库的学生人数,以考察生均学生的实际支出。学生人数通常(但不总是)按人数来统计。同样,当国家层面的数据库无法提供充分的数据时,我们会采用高校自身的数据进行补充。

各国数据的可获得性有所差别。其中有 5 个国家的国家层面数据和高校数据都很完善,包括美国,英国,加拿大,澳大利亚和瑞典。瑞士政府当局公布全国性数据而不公布高校层面的数据,但高校自身的数据很透明公开,几乎可以收集到所有高校的数据。在日本、荷兰和德国,既有全国性的数据,也有一些不太完整的高校层面的数据(日本高校对其数据相对透明,但并没有在机构网站上妥善存档,这意味着并不是所有的年份数据都可获得;在德国和荷兰的高校中,只有少数高校会公布对当年入学率和财务的简要描述)。在法国,只有国家层面的数据可用,因为高校个体(至少是 ARWU 百强高校)在年度报告中不公布财务状况。总体而言,在本研究所感兴趣的 91 所大学中,能够获得 81 所高校的全部或部分数据。

(一)美国

我们对世界一流大学的考察将始于目前为止产生这类大学最多的国家:美国。美国高等教育的财务危机已被广泛报道且为世界各地所知晓。然而,若只看高等教育整体层面的支出,危机的迹象并不十分明显。图 3.1 呈现了美国四年制大学(公立和私立非营利性大学)从 2000~2001 学年至 2011~2012 学年期间总支出的变化,以 2011 年的美元币值为基准计算。通货膨胀以后,高校支出实际增加了 39%(私立大学增加了 43%,而公立大学提升了 37%),或每年增加大约 3%。

高校维持支出增长的方法之一是通过学生学费获得收入(以及在某些情况下,通过以入学人数为基准的奖学金拨款)。但由于学生既是成本的去向也是收

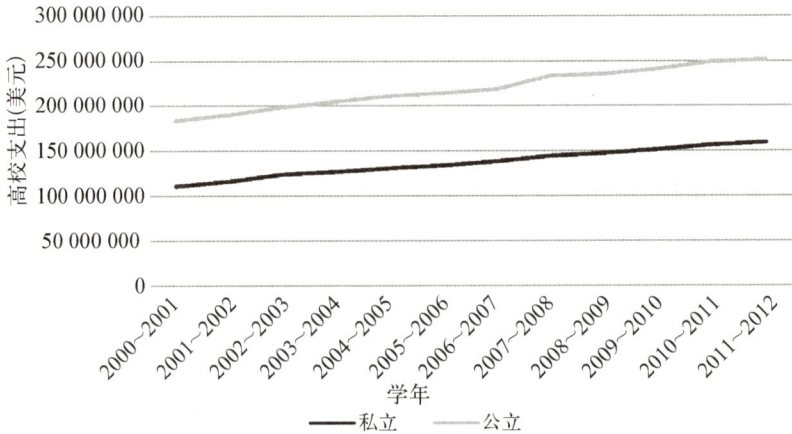

图 3.1　美国四年制大学的实际支出(以 2011 年的美元币值为基础计算)

资料来源：美国教育统计年鉴(NCES Digest of Education Statistics)。

入的来源,因此同时考察美国高校生均支出的变化情况非常重要。如图 3.2 所示,生均支出的情况与总支出有所不同。

图 3.2 显示,美国公立大学和私立大学的实际生均支出(也是收入)的趋势存在显著差异。就私立大学而言,2000~2001 至 2007~2008 学年期间,每年生均支出的增长率大约为 2%,之后实际收入保持稳定。公立大学在过去十年的早期落后于私立大学(2001 年的互联网泡沫导致公共经费下降),但随后赶上私立高校,直到 2007~2008 年,来自公共资源的收入大幅下降,迫使大学削减开支。截至 2011~2012 学年,生均支出仍然低于 2007~2008 年的 4% 左右。

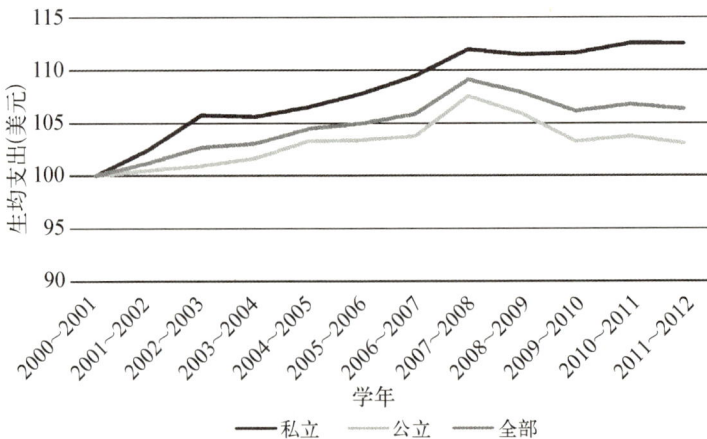

图 3.2　美国 4 年制大学的生均实际支出(2000~2001 至 2011~2012)

资料来源：美国教育统计年鉴(NCES Digest of Education Statistics)。

当同样的分析应用到 ARWU 百强高校时,出现了不同的情况。美国拥有 51 所 ARWU 百强高校,包括 23 所私立大学和 28 所公立大学,这些大学整体的实际支出趋势如图 3.3 所示。参考这些数据很难发现"危机"的所在:如图 3.3 所示,通货膨胀之后的一段时期内,公立大学和私立大学的支出均以每年约 4% 的速度稳定增长。这比 4 年制大学整体的支出增长略高,后者每年的增长率为 3%。

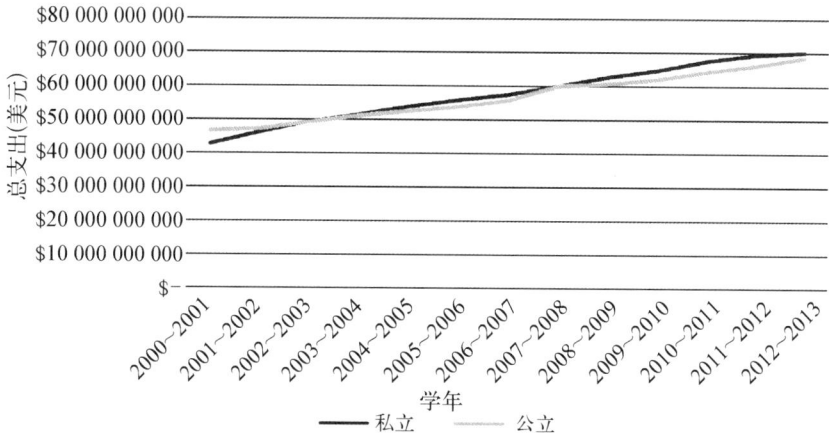

图 3.3 美国 ARWU 百强高校的总实际支出(2000～2001 年至 2012～2013 年,以 2012 年的美元币值为基础计算)

资料来源:综合大学教育数据系统。

如前文所述,在没有考虑学生人数的情况下,我们需要对主要的进步作出谨慎推断。对生均支出进行考察,可以发现,ARWU 百强高校的增长实际大于美国高等教育整体。正如图 3.4 所示,在美国高等教育整体层面,在过去十年的时

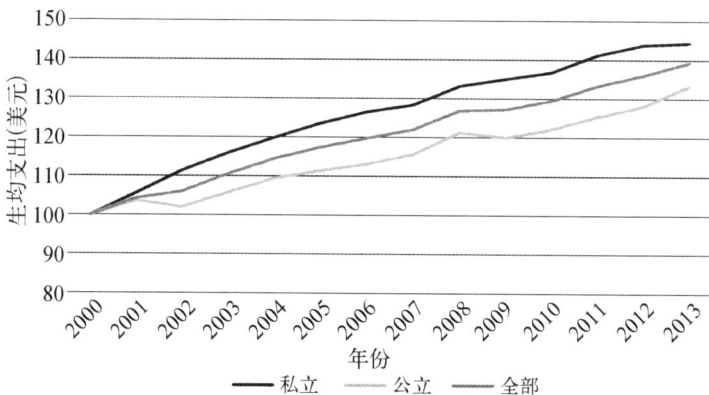

图 3.4 美国百强大学的实际生均支出(2000～2013)

资料来源:综合大学教育数据系统。

间里生均支出仅增长了大约6％，而ARWU百强高校的增长幅度超过其6倍，在同一时期接近40％。在整个时期内，私立研究型大学的表现略好，但这主要是因为经济泡沫时期的不同表现。而从2008年以来，公立大学的表现更胜一等。

（二）英国

英国共有9所大学进入了ARWU排名的前100名：牛津大学（the University of Oxford）、剑桥大学（the University of Cambridge）、伦敦帝国学院（Imperial College）、伦敦国王学院（King's College of London）、曼彻斯特大学（the University of Manchester）、爱丁堡大学（the University of Edinburg）、华威大学（the University of Warwick）、布里斯托尔大学（the University of Bristol）以及伦敦大学学院（University College London）。对于一个高等教育公共投入极少的国家而言（如我们所见），这是一个显著的成就。

英国在高等教育政策方面也保持着持续而活跃的对话。通过新闻，人们会认为英国的高等教育系统一直处在财政危机之中。事实上，英国近年来在高等教育拨款方面进行了重大变革。最高学费从每年的3 000英镑增长至9 000英镑，而几乎所有的大学都利用了这一次机会将学费提升至最高（或接近最高）。而与此同时，从公共渠道所获得的经费显著下降，下降幅度近50％。

然而，学费变化和拨款减少的程度不同。如图3.5所示，英国高校在过去几年来表现良好，在2006～2007年至2013～2014年期间的收入实际增长了15％，而9所ARWU百强高校则增长得更多——7年期间增长了25％。这与美国百强高校自2006年以来的增长情况极为相似，后者每年增长3.5％左右。

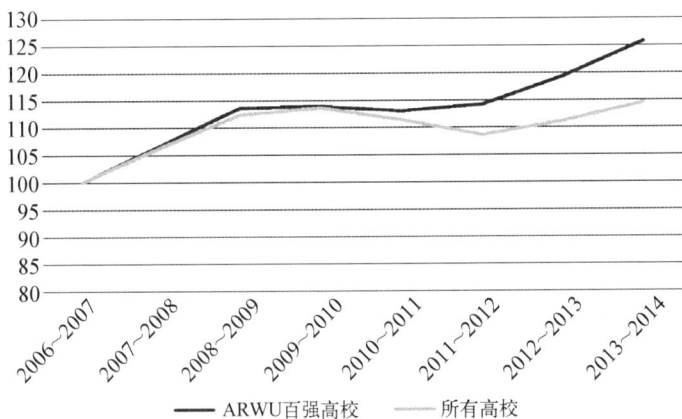

图3.5　英国高校支出的实际变化

资料来源：英国高等教育统计局（UK Higher Education Statistics Agency）。

也就是说,如果高校大量扩大招生,支出的净增长可能并不意味着什么。但到2013～2014 年期间,学生人数并没有多大的增加,事实上,学费在 2012 年甚至还有小幅下降(Orr, Wespel & Usher 2014)。然而,学生人数的下降主要发生在 ARWU 百强高校之外的大学。因而,非 ARWU 百强高校的生均支出比整体支出的表现更好,而 ARWU 百强高校亦是如此。英国高校生均支出实际变化如图 3.6 所示。

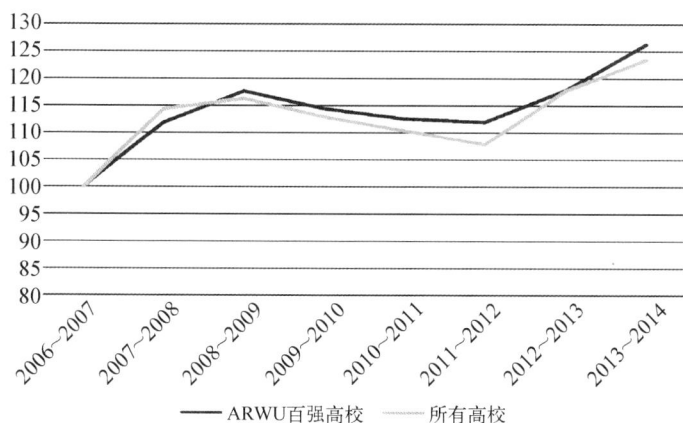

图 3.6 英国高校生均支出的实际变化(2006～2007 至 2013～2014)

资料来源：英国高等教育统计局。

(三) 澳大利亚

澳大利亚有 4 所 ARWU 百强高校,即墨尔本大学(the University of Melbourne)、澳大利亚国立大学(Australia National University)、昆士兰大学(the University of Queensland)以及西澳大利亚大学(the University of Western Australia)。遗憾的是,只能获得这些高校 2008 年以后的财务数据①。澳大利亚的基本数据显示,ARWU 百强高校的支出增长反而不及其他高校(如图 3.7 所示)。在某种程度上,这与澳洲政府奇怪的财政支出统计方式有关。ARWU 百强高校的一次性经费下降主要是因为莫纳什大学(the University of Monash)和澳大利亚国立大学在 2008 年的时候资产减值转销(也被统计为支出)所致,导致当年支出虚高,从而造成了一个异常高的基准。但即便抛开这些,在减值转销后的 4 年里,4 所 ARWU 百强高校也仅仅勉强恢复到了 2008 年基准的水平,它们整体收入的增长也不如其他大学那么快,即便将最高点考虑进去。

----

① 教育部网站告知访客可以应要求获得更早的数据,但我们所发送的获得更早数据的请求并未获得答复。

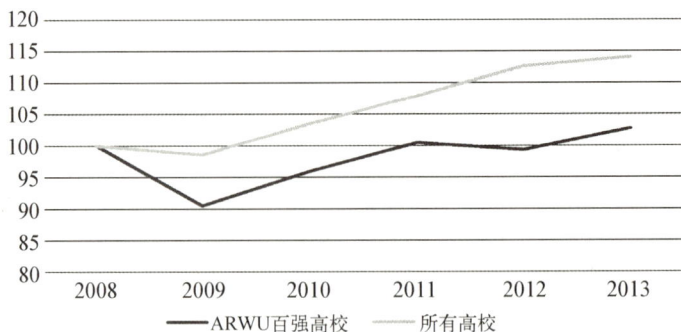

图 3.7　澳大利亚高校支出的实际变化（从 2008 年开始）

资料来源：澳大利亚教育和培训部（Department of Education and Training）。

　　如果将过去几年内大量学生入学高等教育系统的情况考虑进去，澳大利亚 ARWU 百强高校的数据看起来更糟。自 2008 年以来，澳大利亚高校的在校生人数增长了 20％。从生均情况来看，ARWU 百强高校的生均支出在 2008～2013 年期间增长了 15％。同样，这一数据可能因为 2008 年的高基准而有所夸大，但毫无疑问，澳大利亚的趋势与大多数国家存在较大的差异，ARWU 百强高校的生均支出甚至还不断下降。澳大利亚高校生均支出实际变化如图 3.8 所示。

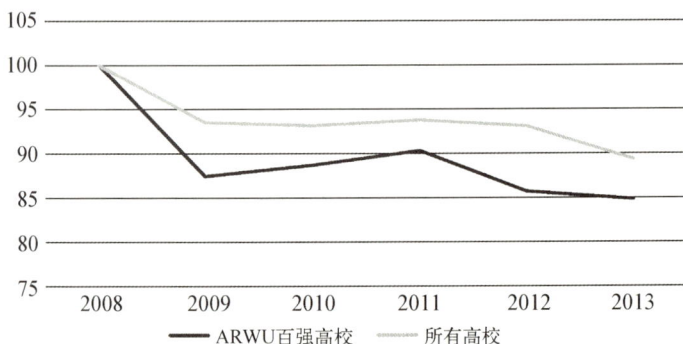

图 3.8　澳大利亚高校生均支出的实际变化（从 2008 年开始）

资料来源：澳大利亚教育和培训部。

（四）加拿大

　　加拿大有 4 所高校进入 ARWU 百强。其中 2 所，多伦多大学（the University of Toronto）和不列颠哥伦比亚大学（the University of British Columbia）都是规模较大的大学（多伦多大学，大约有 8 万名学生，是 ARWU 百强高校中规模最大的大学，而不列颠哥伦比亚大学的学生人数落后不多，约 6 万名学生）。另外 2 所大学，麦吉尔大学（McGill University）和麦克马斯特大学（McMaster University），与其他百强高校中的多数大学一样,学生人数分别约为 4 万名和 3 万名。这 4 所大学的经费合计占加拿大高等教育总支出的四分之一。

2008 年以前,加拿大高校经费支出的实际增长速度比任何其他经合组织成员国都快,每年接近 6％,ARWU 百强高校则达到了 7％。然而,金融危机的爆发意味着收入增长的大幅减缓,从而也导致支出增长的下降。起初,高校支出的下降源于投资组合的重大损失,而随着财务流程的改善,高校又面临着省政府大量削减高校的运行经费。

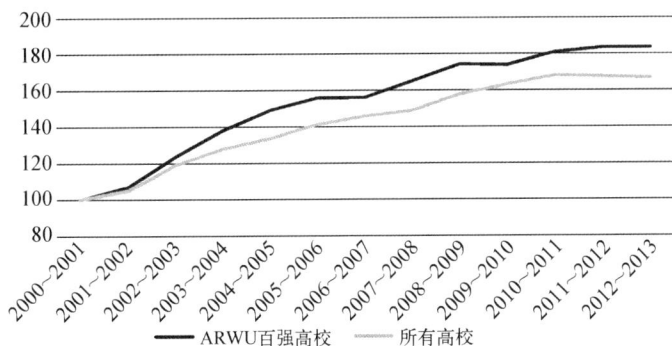

图 3.9　加拿大高校支出的实际变化(2000～2001 至 2012～2013)

资料来源:加拿大统计局(Statistics Canada)/加拿大大学管理人员协会大学财务信息调查(CAUBO Financial Information of Universities and College Survey)。

倘若以生均为基础来考察数据,可以客观清楚地发现支出的增加主要与扩招有关。如果考虑招生增长,则加拿大的高等教育支出自 2000～2001 学年以来的实际增长只有 8％,而非 68％。或许更重要的是,自全球金融危机开始以来,

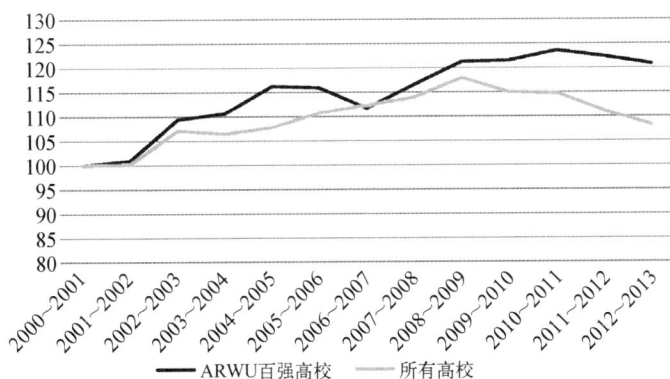

图 3.10　加拿大高校生均支出的实际变化(自 2000～2001 年以来)

资料来源:加拿大统计局/加拿大大学管理人员协会大学财务信息调查以及中学后教育学生信息系统。

加拿大高等教育整体的生均支出不断下降。ARWU 百强高校的表现稍好些,从 2008 年以来的支出或多或少保持稳定。

(五) 瑞典

瑞典在很多方面都与世界趋势相反。最为显著的是,瑞典从全球金融危机开始便持续提高高等教育的支出。而在 2007 年之前的几年里,高等教育拨款的增长维持在一般水平,金融危机之后反而不断增加。2007~2008 至 2013~2014 年期间,高等教育整体的支出增加了 23%(也即每年大约提升 3.5%)。

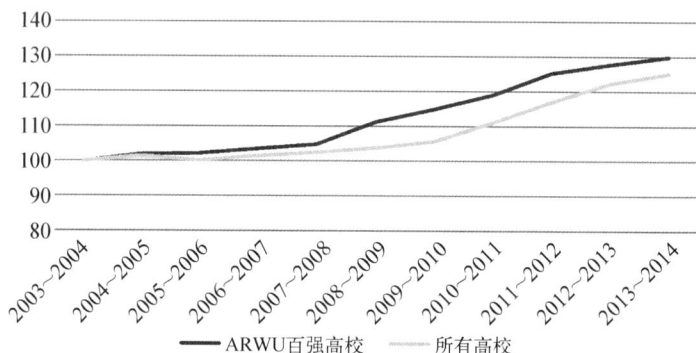

图 3.11　瑞典高校支出的实际变化(2003~2004 至 2013~2014 年)

资料来源:瑞典高校以及瑞典高校的年度报告(2005~2014)。

然而,如果从生均的层面考察经费拨款则会发现完全不同的状况。在瑞典的 3 所 ARWU 百强高校中,即卡罗琳学院(Karolinska Institute)、乌普萨拉大学(Uppsala University)和斯德哥尔摩大学(Stockholm University),招生人数在 2007~2008 至 2013~2014 年期间增长了三分之一。其他瑞典高校则采取了不同的策略:学生人数自 2007~2008 年以来保持不变,事实上从 2010 至 2011 年的高峰以来还减少了 10%。由于学生人数的这些变化,ARWU 百强高校自全球金融危机开始以来,生均支出一直不如非 ARWU 百强高校。瑞典高校生均支出实际变化如图 3.12 所示。

(六) 瑞士

瑞士有 3 所大学进入了 ARWU 百强,即苏黎世联邦理工学院(ETH Zurich)、苏黎世大学(the University of Zurich)和巴塞尔大学(the University of Basel)。有关高校招生和财务方面的数据均无法通过国家层面的数据库获得,而总支出数据也仅覆盖了 2007~2012 年。然而,高校自身一般通过年度报告能

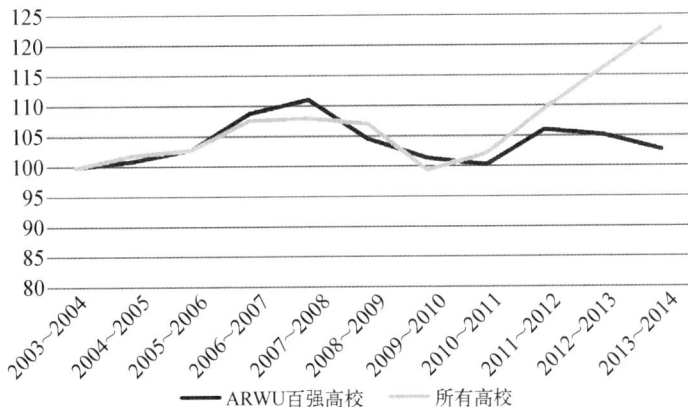

图 3.12　瑞典高校生均支出的实际变化(2003~2004 至 2013~2014)

资料来源：瑞典高校 & 高校年度报告(2005~2014)。

够提供非常完善的数据,因而至少可以获得 3 所 ARWU 百强高校的数据,并对它们自 2005 年以来的活动形成非常清晰的了解。

要在可比较的时间范围内获得可比较的数据具有一定的难度,这也使得图 3.13 不太一样：数据开始于 2007 年,是可获得数据的第一年。该图显示,就支出的瑞士法郎而言,ARWU 百强高校自金融危机开始以来不断增加经费拨款(从 2008 年以来增长了 25%),但并不比非 ARWU 百强高校更多。

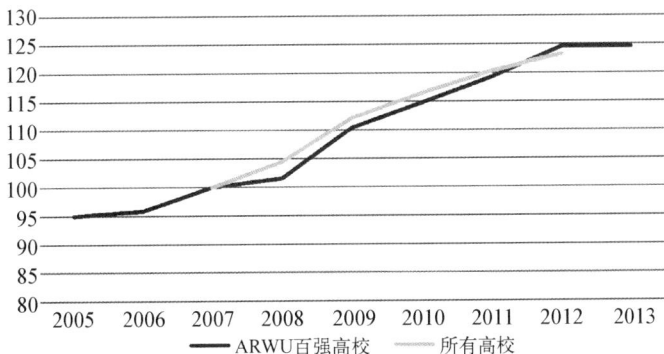

图 3.13　瑞士高校支出的实际变化
(2005~2013 年,从 2007 年开始)

资料来源：瑞士联邦统计局(Swiss Federal Statistical Office);苏黎世联邦理工、苏黎世大学以及巴塞尔大学年度报告。

当考虑学生人数时,情况有所不同。自 2008 年以来,3 所 ARWU 百强高校的招生人数增长了 11%,也就意味着自金融危机以来,生均支出仅增加了 7%。然而,从整体层面来看,入学人数增长近 25%。因此,如果考察生均支出,ARWU 百强高校比瑞士的其他同行做得更好。瑞士高校生均支出的实际变化如图 3.14 所示。

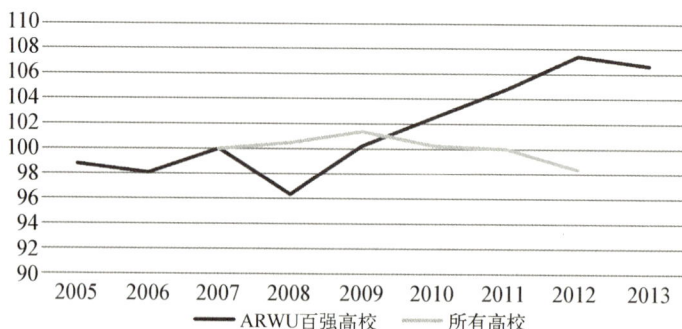

图 3.14 瑞士高校生均支出的实际变化
(2005～2013 年，数据从 2007 年开始)

资料来源：瑞士联邦统计局(Swiss Federal Statistical Office)；苏黎世联邦理工、苏黎世大学以及巴塞尔大学年度报告。

(七) 荷兰

荷兰仅有 14 所大学，但有 4 所进入了 ARWU 百强，即乌得勒支大学 (Utrecht University)、阿姆斯特丹大学(the University of Amsterdam)、格罗宁根大学(the University of Groningen)和莱顿大学(Leiden University)。遗憾的是，难以获得荷兰具体高校的数据，不仅中央统计局不提供高校层面的数据，4 所高校中也只有格罗宁大学提供充足的公开数据可供考察财务和学生方面的时间序列变化。然而，由于 4 所大学的支出占全国高等教育支出的 45%，4 所大学的支出变化趋势不太可能异于全国趋势(如图 3.15 所示)。

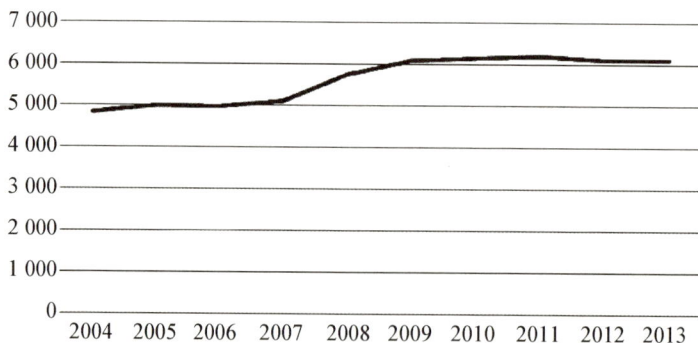

图 3.15 荷兰高校的总支出
(2004～2013 年，以 2013 年欧元的币值为基准计算，单位：百万欧元)

资料来源：荷兰教育、文化与科技部(Ministry of Education, Culture and Science)。

从本质上说,图3.15显示,除了2008年、2009年两年期间的一次大幅增长以外,荷兰高校的开支在过去十年的大部分时间里相对稳定。在此期间,学生人数不断扩大:2004~2013年期间,高等教育机构(仅包括大学,不包括高等专科学院)的招生人数大约增长了30%,而增长主要集中在2010年之前。其结果是,当考察生均情况时,荷兰高校的支出在开始的一段时期内下降(由于学生人数上升,但支出保持不变),而后上升(学生人数继续上升,但支出增长得更快),之后又再次下降(学生人数上升但支出并没有增长)。到2013年,生均支出的水平再次恢复到十年前的水平。2004~2013年荷兰高校实际生均支出变化如图3.16所示。

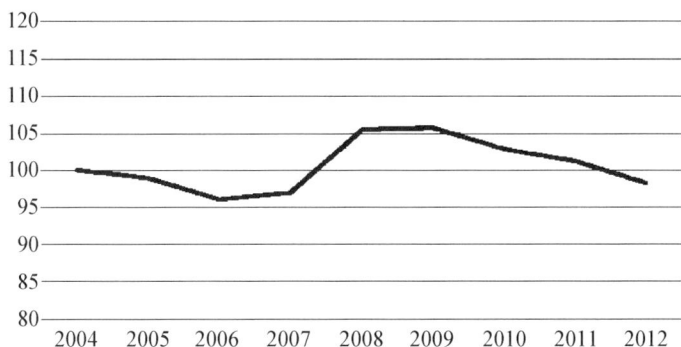

图3.16　荷兰高校的实际生均支出(2004~2013)

资料来源:荷兰教育、文化与科技部。

我们无法确定ARWU百强高校的情况,但图3.17呈现了格罗宁根大学生均支出的变化。该图显示了有所不同的模式,收入在2008年以前持续下降,之后有小幅上涨。整体上,罗宁根大学在过去十年来的表现似乎不及荷兰高校的平均水平。

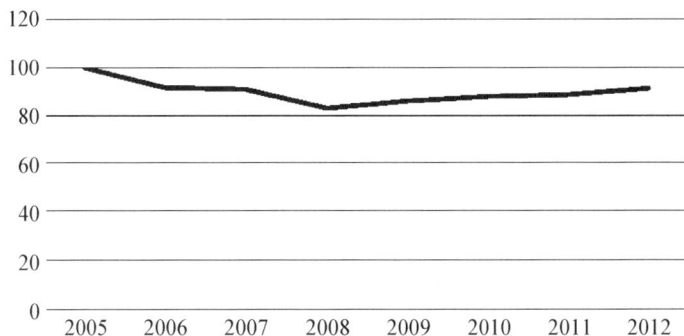

图3.17　格罗宁大学的生均支出(2005~2012)

资料来源:格罗宁大学年度报告。

（八）德国

德国有 4 所大学进入了 ARWU 百强,即弗莱堡大学(the University of Freiburg)、海德堡大学(Heidleberg University)、慕尼黑大学(the University of Munich)和慕尼黑工业大学(the Technical University of Munich)。在这些高校中,只有 2 所大学在网站上公布了有关学生和财务方面的历史数据,其中仅有 1 所提供了 2010 年之前的系列数据。因此,图 3.18 只展示了德国高校整体的数据。很明显,德国高校在过去十年来的收入增长非常显著,截至 2013 年提升了 88%。支出数据所显示的全球金融危机前后一些明显的波动,似乎受 2009 年德国联邦和各州共同拟定的高校公约的影响(Garnder 2009)。该公约的一些经费似乎被提前开支了,因此导致了 2010 年拨款的下降,但之后经费有所恢复。

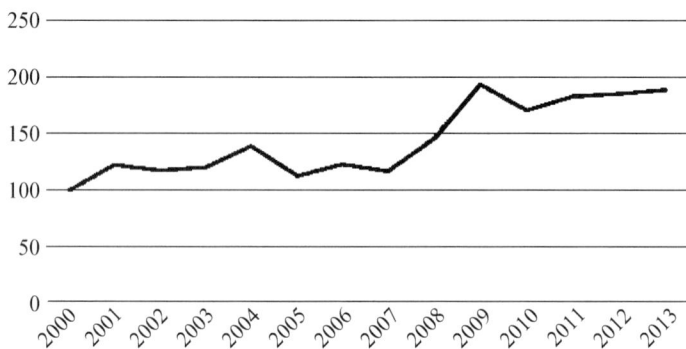

图 3.18　德国高校总支出
(2000～2013 年,以 2013 年的欧元币值为基准计算,单位：百万欧元)

资料来源：德国联邦统计局(Statistiches Besamt)。

对于可以获得若干年数据的 2 所 ARWU 百强高校而言,如图 3.19 所示,尽管经费拨款有所提升,但不如其他高校那么显著。在 2006～2010 年期间,这些高校的总支出增长了 30%,而德国高校整体支出的增长为 39%。自 2010 年以来,高校整体的经费提升了 8%,而 2 所百强高校的增幅为 7%。

然而,值得回顾的是,2009 年公约的颁布主要是为了扩大高等教育的入学机会。因此,学生人数近年来大幅增加,使生均支出的增长看起来不那么令人眼前一亮。从 2009 年开始,所有高校的生均经费都在持续下降,但这与经费提前分配也有很大的关系。实际上,生均支出回归到了 2008 年金融危机开始时的水平。如图 3.20 所示,在这段时期内,学生人数的增长消耗了公约的全部经费。

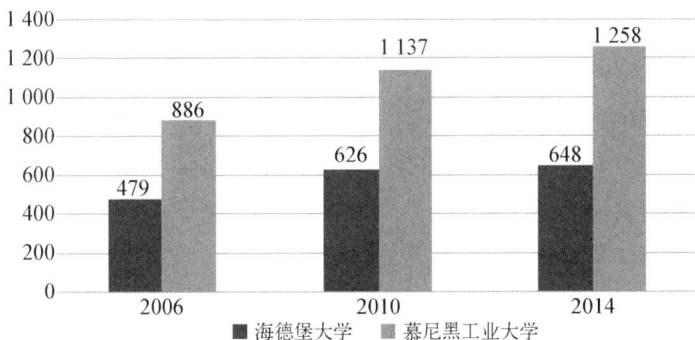

图 3.19　海德堡大学和慕尼黑工业大学的总支出

（2006～2014 年的若干年份，以 2014 年的欧元币值为基准计算，单位：百万欧元）

资料来源：海德堡大学年报；慕尼黑工业大学"事实与数据"。

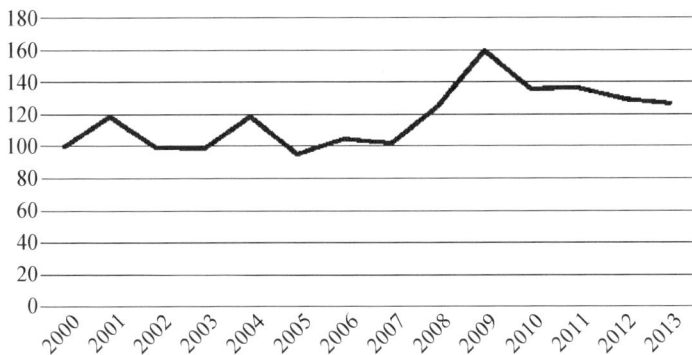

图 3.20　德国高校的实际生均支出（2004～2013）

资料来源：德国联邦统计局。

　　而 2 所 ARWU 百强高校，很难达到一致的模式。两所学校均获得了大量的经费，但海德堡大学在扩大招生方面远不及慕尼黑工业大学。其结果是，两所大学的生均支出朝截然不同的方向发展：2006 年之后，海德堡大学的经费提升了 26％，而慕尼黑工业大学则下降了 15％。然而，如图 3.21 所示，两所大学的生均支出在 2010～2014 年期间均有所下降，海德堡大学的下降幅度低于全国平均水平，而慕尼黑工业大学则显著高于全国平均水平。

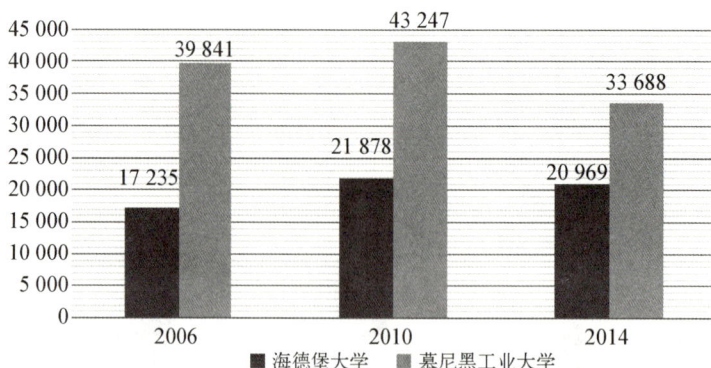

图 3.21　慕尼黑工业大学和海德堡大学的实际生均支出
（2010～2014 年，以 2014 年的欧元币值为基础计算）

资料来源：海德堡大学年报；慕尼黑工业大学"事实与数据"。

（九）日本

日本也有 4 所 ARWU 百强高校（东京大学、京都大学、名古屋大学和大阪大学）。国家层面关于高校招生和公共拨款的数据可以通过日本教育、文化、体育与科技部（Ministry of Education Culture Sports Science and Technology）获得。总经费（而非支出）可以通过经合组织关于教育机构公共/私人支出的公开数据推算得出。

日本对高校的政策近年来没有太大的变化。如图 3.22 所示，日本对高校的经费拨款也在相对较窄的范围内波动。2011～2012 年度的拨款比 2008 年金融危机开始时仅高出大约 4％。

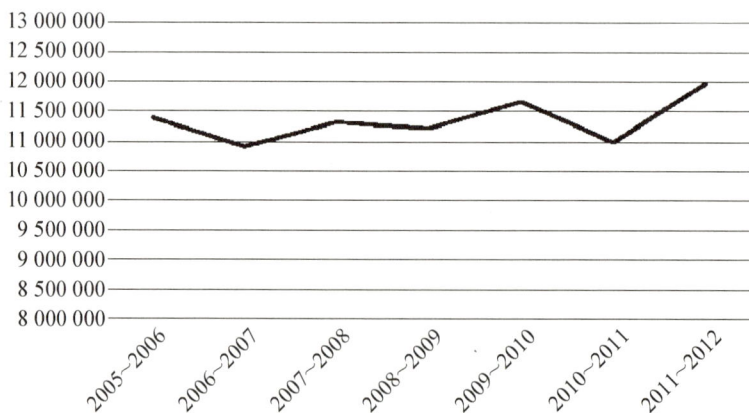

图 3.22　日本高校的总收入
（2005～2006 至 2011～2012 学年，以 2011 年的日元币值为基础计算）

资料来源：日本教育、文化、体育与科技部；经合组织教育概况。

由于日本年轻人口的规模略有下降,即便高等教育参与率增长也意味着学生人数的停滞不前。因此,如图 3.23 所示,生均经费支出的变化模式与图 3.22 所示的高校整体收入的模式几乎一致。

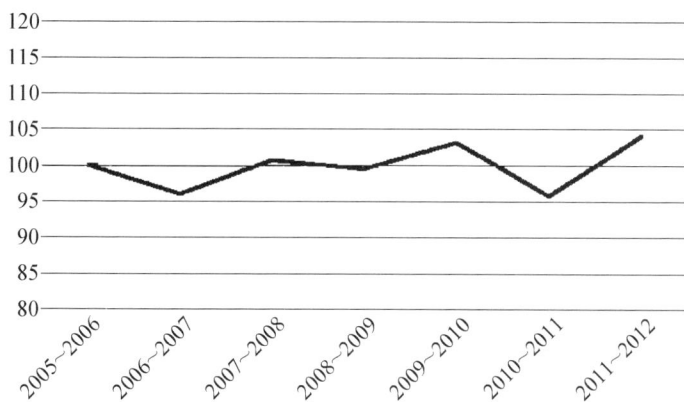

图 3.23 日本高校的实际生均支出(2005~2006 至 2011~2012)
资料来源:日本教育、文化、体育与科技部;经合组织教育概况。

日本高校的数据是不完整的。国家层面没有关于具体高校收入或支出的数据(至少没有用英语呈现的数据)。然而,一些高校的部分数据可用。京都大学 2005 年以来财务和招生方面的信息都很完整,而名古屋大学和东京大学只能获得部分年份的部分数据(大阪大学没有任何数据可用)。这 3 所大学公布了 2006 年的学生人数以及 2005 年的财务数据,据此可以作出一些关于学生生均支出的大致推断(见表 3.1)。

表 3.1 日本 ARWU 百强高校的财务和入学率数据

	学生人数 2006	学生人数 2011	支出 2005	支出 2011	生均支出的变化 2005~2011
东京大学	29 000	28 798	222 451	235 816	7%
京都大学	22 698	22 819	135 269	153 879	13%
名古屋大学	15 893	16 597	105 363	93 541	− 15%
总数	67 591	68 214	463 083	483 236	3%

资料来源:东京大学、京都大学和名古屋大学的年度报告。

（十）法国

　　法国高校的财务数据很难获得。法国 4 所 ARWU 百强高校，即巴黎第六大学(Pierre and Marie Curie University)、巴黎第十一大学(the University of Paris-Sud)、巴黎高等师范学院(L'Ecole Normale Superieur)以及斯特拉斯堡大学(the University of Strasbour)，仅公布当年的年度财务报告或学生人数。因而，我们只能考察法国国家层面的数据。由于法国采取绩效拨款的方式，因此顶尖高校很可能比高校平均水平更好，只是无法依据公开数据说明具体情况。

　　图 3.23 呈现了法国在 2005～2006 至 2013～2014 年期间的高等教育公共支出。根据法国政府提交给经合组织的数据，公共经费占法国高等教育整体收入的 80％～85％左右，因此，实际支出可能比这里所呈现的数据更高。尽管如此，由于通过第三方渠道所获得的经费近年来没有太多的变化，我们可以将图 3.24 作为高校预算变化的一般模式。如图所示，金融危机之前的几年，法国高校支出增长了 10％以上，而金融危机之后则下降了 8％左右。

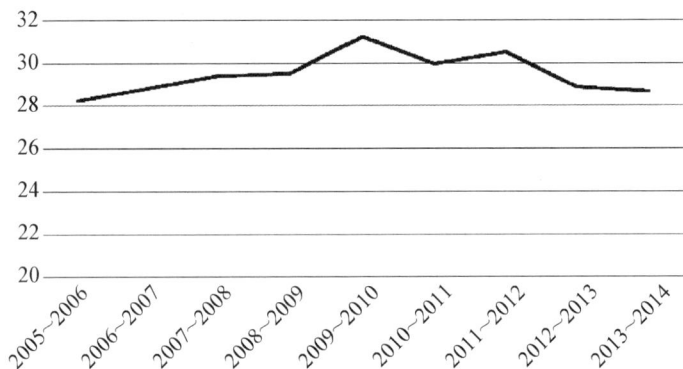

图 3.24　法国高等教育的公共经费
(2005～2006 年至 2013～2014 年，以 2013 年的欧元币值为基准计算，单位：十亿欧元)

资料来源：法国教育部统计(Reperes et references statistiques)(2008～2015)。

　　法国高校入学率的增长就算不是缓慢，也只能算是稳定。从金融危机爆发以来，入学率仅上升了 3％。因此，当呈现生均支出数据时，经费拨款下降的影响是显而易见的，如图 3.25 所示。

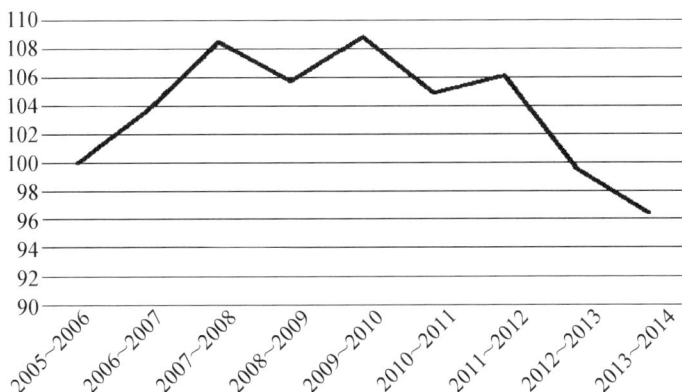

图 3.25 法国高等的生均支出
(2005~2006 年至 2011~2012 年,以 2013 年的欧元币值为基础计
算,单位:十亿欧元)

资料来源:法国教育部统计(2008~2015)。

四、数据总结

我们可以通过回答几个简单的问题来对以上数据进行总结:

首先,当前的高等教育支出是普遍高于还是低于全球金融危机之前?根据本文所考察的 10 个国家,答案无疑是肯定的,大部分国家的支出都有所提高,即便是在通货膨胀之后。但这些国家的高校所招收的学生人数也相应增加。如果同时考虑通货膨胀和学生人数,只有英国、瑞典和德国的情况比 6 年前更好。在日本、荷兰和瑞士,重新计算过币值的生均支出均比较稳定;在加拿大、法国、美国和澳大利亚,高等教育整体的支出自 2008 年以后均有下降。

其次,ARWU 百强高校是否与其他高校享有同样的待遇?在多个国家,由于数据的可获得性问题,我们无法得出结论。在日本和英国,ARWU 百强高校和非百强高校所得到的待遇似乎相同。但在瑞典和澳大利亚,非 ARWU 百强高校的生均收入比 ARWU 百强高校更好。而在瑞士、加拿大和美国——特别是美国的私立大学,ARWU 百强高校似乎比其他大学的表现要好得多。

最后,自全球金融危机以来,ARWU 百强高校的经费是否有所改善?我们所见的 ARWU 百强高校生均支出增长显著的 3 个国家分别是美国——生均经费自 2008 年以来提高了 10%~12%;英国——生均经费提升 8%~10%;以及瑞士——生均经费提升约 7%。在加拿大、瑞典和日本,证据表明 ARWU 百强高校的生均支出相对稳定,增长率在 3% 左右浮动。在荷兰和法国,我们认为

ARWU 百强高校遵循国内的一般模式。在德国,结果似乎是混合的:有些高校遵循一般模式,有些则不是,取决于招生规模的大小。只有在澳大利亚,ARWU 百强高校的支出明显更低,生均经费下降了 15％左右。

图 3.26 呈现了自 2008 年以来,各国高等教育生均支出的实际变化,包括 ARWU 百强高校和非 ARWU 百强高校。

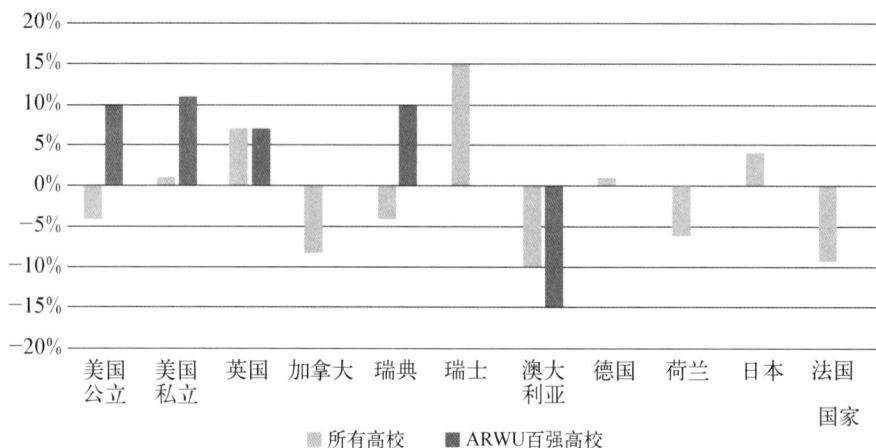

图 3.26   各国生均经费拨款的实际变化(2008 年至今)

五、结论

谈及世界一流大学在全球金融危机之后的命运,可以得出几点结论。政策条件(特别是有关学生人数的增长率)发挥了很大的作用:一般而言,在学生人数大幅增长的国家,高校最多能够保持收支平衡。因此,政策选择非常重要。当然,美国和英国的高校为应对政府经费削减而采取的提高学费的举措也使得它们能够维持财务增长的轨迹。

这对世界一流大学的未来意味着什么呢? 值得注意的是,尽管资金是一个重要的因素,但大学的成功并不完全依赖于此。无疑,资金似乎并不会对 ARWU 排名产生实际的短期影响:如果会的话,澳大利亚高校的表现会比现在糟糕得多。显而易见的是,机构战略、招聘实践以及管理水平同样至关重要。不过,我们目前还很难评估高校这些方面的特征。

同样明显的是,充裕的经费会使高校更容易应对很多挑战。如果目前的趋势持续下去,美国的私立大学更可能保持它们在国际排名上的领先地位,甚至可能还会扩大它们的优势。美国的顶尖公立大学,以及英国和瑞士的高校也会比其他国家的高校更容易应对目前的形势。

在其他国家,经费的增加似乎往往伴随着招收新的学生。也就意味着,高校如果想要获得更多的经费以加强科研首先必须招收更多的学生,并且主要是本科生。政府可能认为通过这种方式为高校提供了很好的筹码,但坦率地说,这一方式并不总有效用。因为通过扩大招生所得的大部分资金往往都花在了学生培养上,很少有"结余"能够用于追求科研卓越。因此,政府如果想要在高校中发展几所世界一流大学,就必须找到其他增收的办法,并要减少通过扩大招生来增加财政收入的做法。可能的途径包括加强对学费的管控、增加竞争性卓越项目,或采用其他的一些措施。

筹集更多经费以追求世界一流大学地位的另一办法是提升高校的效率,并将经费重新投入在科研活动上。澳大利亚的 ARWU 百强高校在过去几年里一直采用该举措,世界各国政府也可能希望了解这些高校获得成功的方法。鉴于目前许多政府依然面临整体性财政困难,这可能是高校追求世界一流的一种更有效的方式,而非继续等待公共经费的投入。

正如欧内斯特·卢瑟福(Ernest Rutherford)曾说过的名言:"先生们,我们已经花光了钱。现在是应该开始思考的时候了。"

参考文献

[1]　Altbach P. (2004 January-February). The costs and benefits of world-class universities. Academe.

[2]　Andreas J. (2009). Rise of the red engineers. Palo Alto CA: Stanford University Press.

[3]　Garnder M. (2009 September 20). Germany: Record funding for higher education. University World News, (81). Retrieved from http://www.universityworldnews.com /article.php? story=20090618200051988

[4]　Geiger R. (2009). Research & relevant knowledge. New Brunswick NJ: Transaction Publishers.

[5]　Graham H. D. & Diamond N. (1997). Rise of the American research university: Elites and challengers.

[6]　Baltimore CA: Johns Hopkins University Press.

[7]　OECD. (2014). Promoting research excellence: New approached to funding. Paris: OECD.

[8]　Orr D. Wespel J. & Usher A. (2014). Do changes in cost-sharing have an impact on the behaviour of students and higher education institutions? Luxembourg: Publications Office of the European Union.

[9]　Salmi J. (2009). The challenge of establishing world-class universities. Washington DC: World Bank.

第四章　大学在社会中的作用：
前方的挑战

贝恩德·胡博(Bernd Huber)①

一、引言：现代大学制度

(一) 大学系统的大规模扩张

过去 50～70 年里,世界各地的高等教育系统和大学都经历了大规模的扩张,预计未来还将进一步增长。"二战"前,大约有 15 万名学生在法国、德国和英国的大学求学(Hobsbawm 2013)。此后,学生人数急剧增长,到 2013 年,仅大伦敦地区的学生人数就达到了 37 万。这种增长并不限于欧洲,在世界各地都能观察到。根据一份关于 20 世纪高等教育扩张的研究,全球大学生人数已经从 1900 年的 50 万增长到 2000 年的 1 亿(Schofer & Meyer 2005)。这一增长在未来的几十年内还将加快。最新的预测表明,到 2035 年,将有超过 5.2 亿的学生接受高等教育(Calderon 2012)。

快速增长的不仅仅只有学生人数。目前,世界各地大约有 1.9 万所高等教育机构(Siwinski 2015),这些高校的学术声誉、科研强度、科研与教学的质量存在很大的差异。就论文发表量而言,人们也能观察到科研活动的显著增加。在 20 世纪 50 年代,每年在科学、工程和社会科学类期刊上发表的论文数量为 5 万篇,2008 年增长到 80 万篇(Jones 2010),而到了 2013 年,这一数量达到了 140 万篇(《经济学人》2013 年 10 月 19 日第 23 页)。

学生人数和科研产出的快速增长引发了各种问题,当然也导致了教学质量和科研质量的相关问题。

---

①　贝恩德·胡博,德国慕尼黑大学。

(二) 现代大学制度的主要特征

考察不同国家和不同学术背景下大学的组织方式可以发现，现代大学制度有几个典型特征。

现代大学制度的特征之一是享有一定程度的学术自由，学者们可以决定自己的研究主题以及课程的教学内容(Huber 2016)。其次，大学往往享有部分自主权，这样它们可以在诸如招聘、课程以及其他各类事情上拥有一定的自由裁量权。第三个共同特征是大学科研经费拨款以同行评议为基础。最后，在大多数国家，大学之间会为学生、教师和经费展开某种形式的竞争。

当然，不同国家和高校之间存在很大的不同。举例而言，即便在同一个国家，公立高校和私立高校之间也存在显著差异。上述特征刻画的是全球的当代大学，而未来的大学系统又会有哪些特征和问题呢？ 在下文中，作者将对大学在高等教育和科学研究方面面临的一些挑战进行讨论。

二、未来的挑战

(一) 高等教育的角度

1. 大学毕业生的工资溢价(College Wage Premium)

学生上大学的动机各不相同。一个重要的考虑因素是高等教育所带来的经济回报。在经济学中，高等教育的潜在收益通常用所谓的"大学毕业生的工资溢价"来讨论。这种溢价本质上是比较大学毕业生(如本科毕业生)与无学士学位者收入之间的差别。

一个有意思的问题是：大学毕业生的工资溢价未来会如何发展？ 对过去所发生的事情进行回顾有助于回答这一问题。在下面的阐释中，研究者将参考美国的情况，但据研究者所知，类似的情况也适用于其他国家。

如图 4.1 所示，在 2009 年，本科及以上学历拥有者的收入比无大学学历者高约 80%。值得注意的是，大学毕业生的工资溢价从 20 世纪 70 年代末的40%，大幅提升到了 20 世纪 90 年代初的 70%。而在这之后，增长速度大幅放缓(James 2012)。

为了更好地了解大学毕业生工资溢价的动态，本研究考察了其在更长的时间内的变化情况。戈尔丁与卡茨(Goldin & Katz 2007) 的一项研究统计了美国从 1915~2005 年期间大学毕业生和高中毕业生的工资溢价情况(如图 4.1)。在

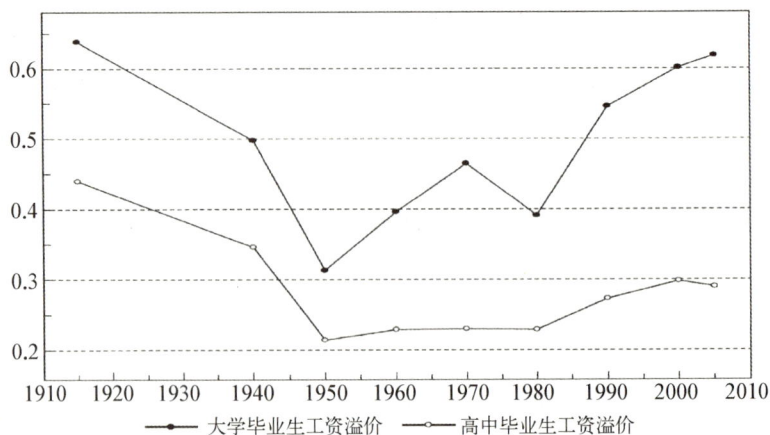

图 4.1　1915～2005 年大学毕业生和高中毕业生的工资溢价

资料来源：Goldin & Katz(2007)，获得了作者的许可。

20 世纪初,大学毕业生的工资溢价与当前一样高,但到 20 世纪 50 年代之际经历了直线下降。之后虽然有一些变化,但大致保持在中等水平,直到 20 世纪 80 年代再次迅速上升。在 20 世纪 70 年代至 2005 年的这段时期内,戈尔丁与卡茨(Goldin & Katz 2007)的发现与詹姆士(James 2012)的观察非常相似。

我们应该如何解释大学毕业生工资溢价这种随时间而变化的情况呢? 戈尔丁与卡茨(Goldin & Katz 2007)基于科技发展、劳动需求、劳动供给以及学生的教育选择之间复杂的相互作用做出了一种解释。例如,20 世纪 80 年代以后大学毕业生工资溢价的增长可以归因于由技术变革而导致的对技术人员需求的增加,以及 20 世纪 70 年代至 20 世纪 90 年代相对较少的实际接受高等教育的学生人数。

可能有充分的理由相信,大学毕业生的工资溢价在未来将维持在较高水平,或者至少不会显著下降。然而,戈尔丁与卡茨(Goldin & Katz 2007)所呈现的历史经验表明,在更长的时期内,溢价会有相当惊人的变化。最近的一些实证研究对此也有所警示。例如,有证据表明,大学毕业生的工资溢价自 2000 年左右便已开始下降,而导致下降的一个可能因素是高等教育参与率的增加。随着越来越多的年轻人上大学,技术劳动力相对于非技术劳动力的供给增加,这种标准劳动力的供需变化会压低大学毕业生的工资溢价。由劳伦斯·萨默斯(Larry Summers)领导的一组科学家所开展的最新研究显示,这种效应会引发工资溢价的显著下降(Hershbein et al. 2015)。抛开这些警示,还是有理由相信,大学毕业生的工资溢价至少在可预见的未来内将维持在较高水平。

2. 学科和学历的作用

另一个有意思的问题是，不同学科大学毕业生的工资溢价是否不同？事实表明，不同学科领域的毕业生工资溢价的差异确实非常大。例如，社会工作和艺术等领域不会产生很高的工资溢价，而最高的工资溢价可以在工程领域获得。这种溢价差距非常显著，范围在40％～125％(James 2012)。这表明，对学科的选择会影响一个人所获得的工资溢价。此外，人们还可能会看到，技能的溢价不仅因学科而不同，在同一学科也会因人而异。同样是获得了经济学位的毕业生，有人可能在金融行业中谋得高薪职位，也有人可能会失业。

此外，工资溢价也取决于学生所获得的学历水平。与高中学历相比，很多学科的高级学位(研究生层次)会产生超过200％的高溢价(James 2012)。除此之外，研究生的工资溢价至少从1980年代初便开始不断增长(Lindley & Machin 2014)。研究生学历的这种高(经济)回报对大学，特别是研究型大学而言，是一个有利的消息。

3. 高等教育的成本上升

即使大学工资溢价的未来发展是乐观的，但还是有一个不利因素：高等教育的高成本，特别是在美国，在其他国家也是如此。在美国，持续上涨的学费使得越来越多的美国年轻人毕业后身负重债。最近的一项分析显示，在2015年，美国已经产生了高达1.3万亿的巨额债务(Kolet 2012)。倘若不同学科和个人的工资溢价发生显著变化，那么对学生而言，上大学将带来巨大的财政风险。目前多位学者对此问题进行过讨论(例如，Habibi 2015；Abel & Deitz 2014)，更充分的信息以及某种针对高等教育财政风险的保险制度或许能够缓解这一问题。

4. 在线学习

在线学习在很多方面对高校构成了挑战。虽然仅仅出现了短短几年的时间，在线学习已经实现了多方位的发展(大规模的网络公开课、小型的个性化在线课程、"翻转课堂"以及其他各种形式的课程)，并且招生人数和课程数量都增长迅速。在2014年，美国有10％的学生完全采用网络课程进行学习，另有15％的学生在学习过程中参加了部分在线课程(Deming et al. 2015)。这只是在线学习快速扩张的一个案例，而关于未来我们是否会用"点击鼠标"来代替现有的学习模式仍有待讨论(Guttenplan 2012)。换言之，大学所面临的问题是，它们"住宿式"学习的"传统模式"是否仍然有效，或者在线学习是否可能取而代之。这与无处不在的削减成本或"减缓成本增长的速度"的任务是紧密相关的(Deming et al. 2015)。高校所面临的一个关键问题是在线学习未来是会补充还是替代"住宿式"学习。如果只是补充,传统的大学校园将从在线学习中获益。然而,如果在线学习开始替代"住宿式"学习,大学将面临重大的转型。这一变革的结果很难预测,但显然会以重要的方式影响着大学的未来。

(二)科研活动

1. 有问题的科研质量

近年来科研产量的显著增长也导致了人们对科研质量的批评。例如,《经济学人》(Economist 2013)在其题为"实验室里的问题"(Trouble at the lab)一文中指出,"在所有已发表的生物医学发现中,至少有四分之三都难以进行重复性验证",并引用证据说明已发表的论文存在严重的数据错误。尽管学术界已经采取了一些措施来应对这一问题,如设立项目资助研究者对已有研究成果进行重复性研究,以及提高科研数据的可获得性(例如,The Economist 2013),但有关科研质量的持续争议表明还需进一步改善科研质量。

目前,所有针对科学研究的批评都涉及一个共同议题,也即要求在经费拨款和科学发表过程中实施同行评议程序。过去三年来,有关如何改革同行评议程序的讨论越来越多,很多不同的新方法都被讨论过,如对参与同行评议的学者进行奖励等(例如 Matthews 2016)。

不管考虑采取何种举措——无论是改革已经长期存在的评估程序还是设立新的评估程序,重要的是要明白,近期所提出的对科研质量的批评可能会严重影响大学和非大学科研之间的信任。因此,这在未来仍然是一个关键议题。

2. 科研程序的变化

同样,科研程序也面临各种问题。人们发现学术人员越来越专业化,这种现象被称为"通才已死"(Jones 2005)。大学和其他科研机构的学者也日益面临着所谓的"知识负担"。在过去几十年里,知识的积累如此庞大,以至于现在的科研人员不得不投入大量的时间来学习和适应本领域的前沿知识(在这个意义上成为知识负担)。其结果是,学术人员只有在职业生涯相对较晚的时期才能实现高产和创新,这也引发了各种问题,如关于学术职业生涯的规划(Jones 2010)。

此外,目前已经非常普遍的是以大型团队的形式共同开展科研和发表论文,尤其是在科学领域。但这引发了一个问题,例如,给研究者个人授予科研奖项是否依然合适,或者说是否应该转变成授予研究团队科研奖励的模式(Azoulay & Graff-Zivin 2012)。

3. 科研所带来的收益

科研通常被认为是创新和经济增长的关键动力之一。有大量令人印象深刻的证据表明,基础研究带来了很高的收益,而且未来也将如此。例如,据估算,基础研究支出的社会回报率大概为 20%(Goodridge et al. 2015)。公众也殷切期待着大学的基础研究能够有助于解决能源、气候、卫生等领域的一些所谓的"重大挑战"。

不过,也有人对科研的收益持怀疑态度。高登(Gordon 2012)认为,我们在过去所看到的很多科技的发展都是 19 世纪的一些基础发明所带来的一次性影响。根据高登的发现,很多发达国家未来的经济增长都不太乐观,更加确定的是,不能对大学科研的收益抱有太高的期待。不仅在美国,也包括在其他国家,大学科研的作用和收益一直是广受争论的话题(Dirks 2015;Crow & Dabars 2015)。

这场争论所涉及的一个关键问题是经费拨款所采用的指标是否合理。相较于很少或几乎没有直接收益的基础研究或"蓝天研究"①(blue-sky research)而言,公众和政策制定者们往往更青睐于能够带来直接经济效益的应用研究,旨在解决所谓的重大挑战的科技政策便是这样的例子。然而,许多关键的创新很显然是基于基础研究的成果和启示。例如,在 1960 年代所发明的氢微波激射器,对卫星全球定位系统的发展而言至关重要(Karagianis 2014),该技术目前普遍用于日常生活设备,如智能手机、汽车导航系统和数码相机。因此,强调基础研究在创新和发展中的关键作用依然至关重要。由于大部分基础研究都在大学中展开,因此基础研究将成为大学未来最重要的任务之一(Huber 2016)。

三、综合性大学的角色

事实上,根据"世界大学学术排名"的排名结果来看,最好的大学都是综合性大学(ARWU 2015),这类大学覆盖广泛的学科领域,包括艺术与人文科学、社会科学、自然科学、医学以及工程学。虽然也有一些例外,如英国伦敦政治经济学院(London School of Economics)或瑞典卡罗林斯卡学院(Karolinska Institute),但许多成功的大学都扩展了自己的学科领域,如上海交通大学。对于这一观察结果,研究者的疑问是：为什么是综合性大学?

这一问题的答案并不那么显而易见。因为根据先前的经验,人们可能会认为学术机构会从高度专业化中受益：大学能够通过集中发展少数学科领域而获得益处。这也是许多企业的成功战略：它们聚焦于自身的核心业务并排除不必

---

① 指毫无经济价值的研究。

要的活动。为什么大学的发展路径却截然相反？

最常听到的说法是，综合性大学可以为跨学科研究提供更好的条件。但在很多方面，这似乎并不能很好地解释综合性大学的成功。除了少数例外，大部分学科领域，如人文科学和自然科学之间的交叉甚少。例如，在一个学科高度分化的综合性大学中，我们很难看到一个伦理学的研究人员与一个神经科学的研究人员进行交流。

大学的教育功能或许能够提供更有力的解释。如果一所大学想要吸引最好的学生，它必须提供广泛的学术科目来满足学生多样化的知识与学术兴趣，并允许他们根据不同的就业市场前景来选择专业。同样，综合性大学可以被理解是一种允许大学快速适应科学最新进展的组合战略。

另一种可能的解释可以从综合性大学的内部竞争机制来考虑。在一所综合性大学内，不同的系所和学科要为稀有的资源展开竞争。如果经费分配是基于学术绩效和学术表现，那么这种竞争可以促进不同系所和学科绩效的全面提升。

以上理由都难以充分解释综合性大学的发展现象，关于综合性大学的发展模式为何与企业及其他机构的发展模式完全相反依然是一个令人着迷的难题。

综合性大学在未来会面临特殊挑战吗？当然，所有的综合性高校都将面临来自高度专业化的教育机构的潜在威胁。由于综合性大学通常专注于科研，它们不得不与教学型大学、学院以及其他教学机构展开竞争。最后，综合性大学未来还将受到前文所讨论的在线学习的影响。回顾过去几百年的历史，综合性大学似乎都能够成功地适应快速变化的环境，这使我们有理由对综合性大学的未来充满信心。

参考文献

［1］ Academic Ranking of World Universities (2015). Retrieved from http://www.shanghairanking.com/de/ARWU2015.html.

［2］ Abel J. R. & Deitz R. (2014). Do the benefits of college still outweigh the costs? *Current Issues in Economics and Finance 20*(3). Federal Reserve Bank of New York.

［3］ Azoulay P. & Graff-Zivin J. (2012). The production of scientific ideas *NBER Reporter 2012/3*. Retrieved from http://pazoulay.scipts.mit.edu/docs/nber_reporter.pdf.

［4］ Calderon A. (2012). Massification continues to transform higher education. *University World News*. Retrieved from http://www.universityworldnews.com/article.php?story=20120831155341147. September 2.

［5］ Crow M. M. & Dabars W. B. (2015). *Designing the New American University*. Baltimore: Johns Hopkins University Press.

[6] Deming D. J. Goldin C. Katz L. & Yuchtman N. (2015). Can online learning bend the higher education cost curve? *American Economic Review: Papers & Proceedings* *105*(5) 496 - 501.

[7] Dirks N. (2015 May 1). Rebirth of the Research University. *Chronicle of Higher Education*. *61*(33) B6 - B9.

[8] Goldin C. & Katz L. F. (2007). The race between education and technology: The evolution of U. S. educational wage differential 1890 to 2005. *NBER Working Paper Series Number 12984*. Retrieved from http://www.nber.org/papers/w12984.

[9] Goodridge P. Haskel J. Hughes A. & Wallis G. (2015). The contribution of public and private R&D to UK productivity growth. *Discussion Paper 2015 / 3* Imperial College London Business School. Retrieved from https://spiral.imperial.ac.uk/handle/10044/1/21171.

[10] Gordon R J. (2012). Is U. S. economic growth over? Faltering innovation confronts the six headwinds. *NBER Working Paper 18315*. Retrieved from http://www.nber.org/papers/w1831.

[11] Guttenplan D. D. (2012). Building schools out of clicks not bricks. *The New York Times Online*. Retrieved from http://www.nytimes.com/2012/04/23/world/europe/building-schools-out-of-clicks-not-bricks.html? r=0.

[12] Habibi N. (2015). Focus on college affordability obscures real problem: we're overeducated. *The conversation*. Retrieved from http://theconversation.com/focus-on-college-affordability-obscures-real-problem-were-overeducated - 51101 December 2.

[13] Hershbein B. Kearney M.S. & Summers L.H. (2015). Increasing education: What it will and will not do for earnings and earnings inequality. Retrieved from http://www.brookings.edu/blogs/up-front/posts/2015/03/31 - what-increasing-education-will-and-wont-do-for-earnings-inequality-hershbein-kearney-summers.

[14] Hobsbawm E. J. (2013). *Fractured Times: Culture and Society in the Twentieth Century*. New York: New Press.

[15] Huber B. (2016). The future of universities: Academic freedom the autonomy of universities and competition in Academia revisited. In L. E. Weber & J. J. Duderstadt (Eds.) *University Priorities and Constraints*. Paris: Economica Ltd..

[16] James J. (2012). The college wage premium. *Economic Commentary*. Retrieved from https://www.clevelandfed.org/Newsroom%20and%20Events/Publications/Economic%20Commentary/2012/ec%20201210%20the%20college%20wage%20premium.

[17] Jones B. (2005). The burden of knowledge and the "death of the renaissance man": Is innovation getting harder. *NBER Working Paper Series Number 11360*. Retrieved

from http：// www.nber.org / papers / w11360.

[18] Jones B. (2010). As acience evolves how can science policy? *NBER Working Paper Series Number 16002*. Retrieved from http：// www.nber.org / papers / w16002.

[19] Karagianis L. (2014). The brilliance of basic research. Retrieved from http：// spectrum.mit.edu / articles / the-brilliance-of-basic-research /.

[20] Kolet I. (2012). College Tuition's 1,120 Percent Increase. Bloomberg. Retrieved from http：// www.bloomberg.com / bw / articles / 2012 - 08 - 23 / college-tuitions - 1 - 120 -percent-increase.

[21] Lindley J. & Machin S. (2013). The rising postgraduate wage premium. Retrieved from http：// personal.lse.ac.uk / machin / pdf / jl％20sm％20pg.pdf.

[22] Matthews D. (2016). Should academics be paid for peer review?. *Times Higher Education News*. Retrieved from https：// www.timeshighereducation.com / news / should-academics-be-paid-for-peer-review.

[23] Schofer E. & Meyer J.W. (2005). The Worldwide Expansion of Higher Education in the Twentieth Century. *American Sociological Review*. 70(6) 898 - 920.

[24] Siwinski W. (2015). The era of rankings by subject is coming. *University World News*. Retrieved from http：// www.universityworldnews.com / article.php? story＝20150803133240109.

[25] Trouble at the Lab. (2013). *The Economist* 21 - 24.

第二部分

国 家 反 应

第五章　通过国际化推动大学治理改革：日本政府和顶尖大学所面临的挑战[①]

米泽彰纯、新见有纪子[②]

一、引言

　　世界一流的科研和教育被认为是参与全球知识社会的重要途径。建设世界一流大学或全球研究型大学已经成为各类新兴经济体中政府和顶尖高校(大多数是旗舰高校)的追求(Salmi 2009；Altbach & Salmi 2011；Shin & Kehm 2013)，尤其是在东亚国家，政府普遍采取了强有力的干预措施(Altbach & Balán 2007；Marginson et al. 2011)。这些国家之所以选择这种途径，部分是为了保持和提高本国顶尖高校的地位，同时利用有限的公共财政资源扩大高等教育系统。日本也不例外，自"二战"以来，日本高校一直享有充分的学术自由，教授作为学术事务的自主决策者也备受尊重(Yonezawa 2014)。2004 年，日本全国性和地方性公立高校的法人化一定程度上扩大了高校的办学自主权(Kaneko 2009)。然而，政府在分配公共经费和限定物理条件(physical conditions)方面依然拥有很大的影响力，如限定公立和私立高校的教师和学生数量。

　　虽然难以对世界一流大学的定义达成共识，但萨尔米(Salmi 2009)提出了可以用于描绘世界一流大学特征的三组关键要素：资源丰富、人才汇聚和高水平管理。为了给有限公共财政资源系统(但高等教育的参与需求很高)内的世界一流大学提供丰富的资源，许多政府对高等教育机构进行了分层或分类。例如，美国的加利福尼亚州通过《加州高等教育总体规划》(*the California Master Plan*)形成了一个分层的三级高等教育系统，包括加州大学、加州州立大学和加

①　本文发表于 *Higher Education*，70(2)：173～186(2015)。
②　米泽彰纯，日本东北大学；新见有纪子，日本一桥大学。

州社区学院（Douglass 2000）。这种将部分高校划为旗舰大学的分类做法在一些亚洲国家也能看到，如菲律宾（菲律宾大学）和越南（越南国立大学）。另一种常见的做法是建立一个双轨系统——明确区分大学和非大学高等教育机构，例如新加坡的技术学校。然而，日本在"二战"以后便取消了类似"帝国大学"这样的官方分类，并通过高等教育改革将技术学院升级为大学，从而废除了双轨体系（Amano 1998）。当前，在缺乏持续性评估，而新自由主义和新公共管理理念盛行的情况下，要设立多层的或双轨式的体系非常困难。例如，英国在 1992 年废止了双轨体系，并引入了基于绩效的经费拨款方式，特别是科研经费拨款方面（Kyvik 2004；Willmott 2003）。

在此情况下，"重点建设计划"，即根据绩效评估遴选具有国际竞争力的科研单位，在全世界非常普遍。在 20 世纪 90 年代，东亚的一些国家，特别是韩国和中国便试图通过财政投入来实现将本国顶尖高校升级为世界一流大学的目标，这一做法甚至早于 2000 年以来世界大学排名的广泛使用（Moon & Kim 2001；Huang 2005）。

在人才汇聚方面，大部分东亚的高等教育系统通过全国入学考试和分层的高等教育系统，形成了一套有效的筛选机制来招收顶尖高校的本国人才。此外，新加坡和香港通过全球性的学术网络和雄厚的政府经费投入吸引了全世界的人才，战略性地建设世界一流大学（Altbach & Salmi 2011）。

萨尔米（Salmi 2009）强调要认真考察"有效治理"的内涵，如支持性的管理框架、办学自主权、学术自由、领导团队、战略愿景以及卓越文化等。鉴于不同高等教育系统的社会背景非常复杂且多样化，它们并不一定共享相同的学术和思想价值。然而，日本的顶尖大学自"二战"以后基本上都享有学术自由、卓越文化、支持性的管理框架以及基于民主的教授自治。与此同时，所有的国立大学和大多数地方公立大学在 2004 年以后都成为公共法人团体，实行自我管理，因此这些高校能够制定战略愿景并形成强有力的管理团队（Kaneko 2009）。

这种追求世界一流地位的趋势主要出现在新兴经济体，但也刺激了学术传统悠久的国家采取积极的变革，如德国和日本（Hazelkorn 2011）。这两个国家都实施了所谓"重点建设计划"，对有国际竞争力的研究单位或高校进行专项投资，这一做法部分借鉴了其他国家的早期模式，如韩国的"21 世纪智慧韩国工程"、"世界一流大学项目"（World-Class University Project）以及中国的"211 工程"和"985 工程"（Yonezawa 2003；Hur & Bessey 2013）。

在日本，这些重点建设计划最初是以集中经费投入的形式开展的，包括 2002～2009 年的"21 世纪卓越中心计划"（Twenty-First Century Centres of

Excellence)和 2007～2014 年的"全球卓越中心计划"(Global Centres of Excellence)。这些计划对具有国际竞争力的科研单位进行为期 5 年的资助,以提高它们的科研表现并培养下一代科研人员。此外,还有旨在支持研究生院和科研院所成为世界一流的各类经费项目,如"世界顶级国际研究中心计划",这是一个资源更集中、覆盖时间更长(10 年)的经费资助计划,仅针对极少数高校(自 2007 年以来只有 9 所高校入选)(Yonezawa & Hou 2014)。然而,考虑到国家总预算的制约——一个面临人口老龄化的成熟经济体,日本不能再指望像新兴经济体那样会有科技投入的大幅提升了。

除了直接对科研进行投资以外,日本政府还极力推动其顶尖高校的国际化,一来为了延揽世界顶尖人才,二来也为了将日本高校的治理和管理结构变成具有国际竞争力的体系。即使是日本的顶尖高校,其国际化程度也明显偏低(Newby et al. 2009),这被认为是日本学者与全球网络建立联系的致命障碍(Huang 2009)。与此同时,成熟经济体在发展世界一流科研和教学方面的做法与新兴经济体完全不同,后者对顶尖大学的财政投入增长迅速。

在本文中,作者探讨了日本政府和顶尖高校在促进大学国际化过程中所面临的挑战。首先,作者通过对日本高等教育的历史背景进行回顾,发现它不仅是亚洲早期的领跑者,还增强了民族认同并加强了全球化趋势。其次,作者考察了一系列有关科研和国际化的政府资助项目,特别关注这些项目对治理改革的作用。最后,作者反思认为,世界一流大学建设不仅仅意味着财政的集中投入,还要求政府和高校在全球背景下对高等教育治理进行综合改革。作者还指出了日本顶尖研究型大学在维持和提升国际形象时所面临的主要挑战,并对其他东亚经济体以及面临人口挑战的成熟经济体提出了一些建议。

二、历史背景

日本率先在亚洲建立了高度发达的高等教育系统。20 世纪末,根据当时《亚洲周刊》(Asiaweek)所发布的亚洲大学排名,日本顶尖高校的科研表现在亚洲广受认可(Yonezawa 2013)。然而,日本顶尖高校在学术表现上所获得的良好国际声誉,并不像新加坡和香港那样是通过将本国体系融入全球体系或英语体系才得以实现的;相反,日本基于民族语言和民族文化对本国高等教育系统实行强有力的保护。

通过社会发展方面的计划,如科研、教育和科技来保护民族认同在日本并不是新现象。早在 16、17 世纪,当东亚面临着西方殖民主义(葡萄牙和西班牙)第一次浪潮的威胁时,中国、韩国和日本等东亚国家都选择限制和控制贸易以及减少与其他西方国家的社会文化交往来保护国内社会。在日本,除了中国这个强大的邻居之外,只有荷兰被选为其贸易伙伴,并且只开放了一个通商口岸和贸易区(长崎),直到1854年,日本政府才重新对美国开放,之后也通过签订贸易协定对其他西方势力开放。

与此同时,日本政府在19世纪中叶开始将学生和代表团派往西方国家学习它们现代的高等教育模式。之后,日本在19世纪后半叶建立了第一所现代大学——东京大学,此外还设立了大量其他西式的高等教育机构(Kaneko 2004)。在这些大学和高等教育机构中,政府最初将管理体系的设计和教学委托给从欧洲和北美聘请来的外国专家。然而,这些专家很快被在西方国家和本国培养的日本学者所取代(Institute for International Cooperation 2003)。此后,即便是在日本顶尖高校,绝大多数科研人员都是在日本国内用日文接受的教育(Yonezawa et al. 2013；Huang et al. 2014)。自1945年日本"二战"战败以后,日本顶尖的科研人员都获得了去美国和欧洲留学的机会,这在东亚或东南亚国家也很普遍。然而,这些受过西方国家培训的日本科研人员对本国科研体系的影响,要远远小于他们对其他东亚新兴工业国家的影响。

在此背景下,日本高等教育的国际化被理解为是一种"双竞技场"模式(Teichler 1999),也即同时追求将本国体系输出国外以及调整本国体系以适应世界。时至今日,日本高校的科研和教学风格中还是能普遍感受到一种强烈的民族化特征,如科学、技术、工程和数学领域(STEM)都强调实验,而人文和社会科学领域则强调通过对话来发展学术研究。主要因为地缘政治环境的影响,日本在教育和科研活动中民族性的力量一直很强。从第二次世界大战结束以来,日本是唯一一个将日语作为官方语言的国家。此外,一个相对较大的人口规模(2014年为1.27亿人口)和一个强大的经济体(国内生产总值世界第三)保护着绝大多数的本国高校教师和学生免于直接参与全球竞争。

然而,到了21世纪初,日本要在快速全球化的科研和高等教育共同体中保持卓越的或有竞争力的地位,显然面临困难。种种迹象表明,日本顶尖高校在科研和教育方面的竞争力正在减弱。具体而言,东京大学在QS世界大学排名上的名次从2008年的第19位下降到2014年的第31位。而进入QS排名全球200强的日本高校数量保持相对稳定:从2008年的9所到2014年的10所。然而,其他亚洲国家进入世界200强的高校数量从2008年的29所提升到2014年的36所。汤森路透(Adams et al. 2010)关于日本科研表现的一份报告显示,若以被引次数来反映论文发表质量,日本的论文质量呈现出上升趋势,但是其总体发表量在萎缩。尽管日本与英国、法国和德国的国际合作论文数的增长趋势没有显著不同，但与这些国家相比，日本在国际合作论文数的增长方面明显落后(Saka & Kuwahara 2013)。在招生方面，中国和韩国在招收亚洲、非洲、欧洲和美洲学生时成为日本的竞争对手。另一方面，日本出国留学的学生数量从 2004 年的 82 945 人下降到 2011 年的 57 501 人(MEXT 2014)。

总之，随着全球化的发展，日本高校强烈的民族性已经成为一项弱势。日本学生、学者以及高等教育系统平庸的国际形象，被认为是日本在全球知识经济中可持续发展的一个主要障碍。

三、"卓越中心计划"

在此背景下，日本政府和高校采取了哪些措施来提高本国高等教育的国际形象呢？直到 1990 年代末，日本的国际化政策主要集中在招收国际留学生方面，这主要是为了实现在 1983 年所制定的到 20 世纪末招收 10 万名国际留学生的目标。当时，日本经济体在亚洲经济体中享有很高的地位，而高等教育国际化的主要作用被视为是向全世界传播日本先进的科学技术以及成功的社会经济发展模式。当时日本高校的内部制度和教育内容获得了外界的积极肯定，并没有受到全球化所带来的实质性挑战。

然而，20 世纪 90 年代，中国台湾、新加坡和韩国等东亚新兴工业经济体的出现，以及它们在全球化环境下建设世界一流大学的积极努力，毫无疑问刺激了日本的高校和政府。2001 年，日本教育部长远山敦子公布了一项政策方针，将从 99 所国立大学、72 所地方公立大学以及 478 所私立大学中，选择性地建设大约 30 所世界一流大学。为了实现该目标，日本政府于 2002 年启动了一项财政支持项目——"21 世纪卓越中心计划"。共有 274 个具有国际竞争力的研究中心入选该项目，每个研究中心可以获得为期 5 年、每年 1 亿～5 亿日元的财政资助。2007 年，"全球卓越中心计划"延续了"21 世纪卓越中心计划"：该财政支持项目主要集中在少数研究中心(140 个研究中心每年获得 5 千万～3 亿日元)，并对青年科研人员和国际学术网络进行资助。

除了这些"卓越中心计划"以外，日本政府还启动了"世界顶级国际研究中心计划"，旨在更长的时期内更加集中性地资助世界一流的研究。这一计划开始于 2007 年，最初仅遴选了 5 个研究中心，另外 4 个研究中心是在 2012 年确定的。在该计划中，大学被要求引进世界顶尖的科研人员，并使用英语作为官方语言。

这两个"卓越中心计划"和"世界顶级国际研究中心计划"等计划的模式是仿照

了韩("BK21 计划")和中国("211 工程"和"985 工程")早期的计划,后来被称为"重点建设计划",并逐渐成为一种国际政策趋势(Hazelkorn 2011;Yonezawa & Hou 2014)。表 5.1 列出了至少有 5 个研究中心入选重点建设计划的日本高校。由该表可以看出,这些计划主要对少数高校进行重点科研投入。然而,这些顶尖大学,特别是国立大学从政府年度运行经费中所获得的财政支持逐渐减少,尤其是自 2004 年国立大学法人化以后减少得更为明显。日本顶尖高校通过校企合作等方式努力创收,总体收入有所增加,但增加的幅度不及其他东亚竞争国家那样显著。莫曼(Mohrman 2014)对美国、日本和中国顶尖高校的经费资源进行对比研究发现,在科研经费方面,中国的竞争对手已经赶上了日本的顶尖高校。

表 5.1　获得资助开展世界一流研究的高校(5 个或 5 个以上的研究中心)

年度预算(日元)	21 世纪卓越中心计划 2002~2008 1 亿~5 亿 各高校受资助的项目数	全球卓越中心计划 2007~2013 0.50 亿~3 亿 各高校受资助的项目数	世界顶级国际研究中心计划 2007~2021 7 亿~14 亿 年份
前帝国大学			
东京大学	28	18	2007
京都大学	23	13	2007
大阪大学	15	12	2007
东北大学	13	12	2007
名古屋大学	14	7	2012
北海道大学	12	7	
九州大学	8	5	2010
国立大学			
东京工业大学	12	9	2012
神户大学	7	3	
千叶大学	4	2	
一桥大学	4	2	
广岛大学	5	0	

（续 表）

年度预算（日元）	21世纪卓越中心计划 2002～2008 1亿～5亿	全球卓越中心计划 2007～2013 0.50亿～3亿	世界顶级国际研究中心计划 2007～2021 7亿～14亿
	各高校受资助的项目数	各高校受资助的项目数	年份
筑波大学	4	1	2012
熊本大学	2	3	
私立大学			
庆应义塾大学	12	7	
早稻田大学	9	8	
立命馆大学	4	3	

四、"大学国际战略本部强化事业"

除了这些对科研进行经费投入的项目以外，日本政府还实施了一项旨在鼓励高校进行国际化改革的支持项目。从2005年到2009年，政府实施了"大学国际战略本部强化事业"（Strategic Fund for Establishing International Headquarters in Universities）（Ota 2014）。如表5.2所示，共有19所大学和一个高校合作科研机构入选该计划，包括7所前帝国大学、8所其他的国立大学、1所地方公立大学和3所私立大学。

表5.2 获得国际化资助的高校——成为世界一流

年度预算（日元）	大学国际战略本部强化事业 2005～2009 1千万～4千万	30万留学生计划 2009～2014 2亿～4亿	顶尖全球大学计划 2014～2023 5亿（A类）
前帝国大学			
北海道大学	√		√
东北大学	√	√	√
东京大学	√	√	√

（续　表）

年度预算（日元）	大学国际战略本部强化事业	30万留学生计划	顶尖全球大学计划
	2005～2009 1千万～4千万	2009～2014 2亿～4亿	2014～2023 5亿（A类）
名古屋大学	√	√	√
京都大学	√	√	√
大阪大学	√	√	√
九州大学	√	√	√
国立大学			
筑波大学		√	√
广岛大学	√		√
东京工业大学	√		√
东京外国语大学	√		
东京医科牙科大学			√
一桥大学	√		
新潟大学	√		
神户大学	√		
鸟取大学	√		
长崎大学	√		
地方公立大学			
会津大学	√		
私立大学			
庆应义塾大学	√	√	√
早稻田大学	√	√	√
明治大学		√	
上智大学		√	
同志社大学		√	
立命馆大学		√	
东海大学	√		

入选高校每年能获得 1 千万～4 千万日元的资助。基于这样的经费拨款，政府试图在 9 个方面改善大学的国际化战略，包括：① 改革组织结构和管理以适应国际化；② 制定目标、行动方案和评估体系；③ 吸引外部资金用于国际教育和科研；④ 参与和利用跨境校际合作与联盟；⑤ 通过具体的跨国研究项目拓展国际活动；⑥ 培训和招募负责国际项目的行政人员；⑦ 改善对国际科研人员的服务和支持；⑧ 为年轻的日本科研人员增加海外学习和研究的机会；⑨ 建立和经营海外基地(Ota 2014)。

通过"大学国际战略本部强化事业计划"，日本的顶尖大学开始更认真地思考高等教育国际化方面的战略规划和管理。该计划是所有国立大学和地方公立大学在 2004 年实现法人化之后实施的，作为实行新公共管理政策的一部分。因此，该计划有助于日本顶尖高校更有战略性地提升国际竞争力。然而，在这方面，战略规划和评估都是通过院校研究的方式定性式地展开。此外，"大学国际战略本部强化事业计划"还采用了各类指标对日本高校的国际化情况展开了大规模调查。尽管该指标体系的构建并非为了直接评估高校，但这项调查有助于政府了解高等教育机构的国际化表现(Tokunaga & Momii 2011)。

五、日市"30 万留学生计划"

到 21 世纪第一个十年的中期，日本从长期的经济萧条中实现了小规模的经济复苏。与此同时，中国、韩国和东盟国家等东亚邻国的经济和外交形象不断提升，使日本感到必须要重新考虑其外交战略。2007 年，日本政府发布《亚洲门户构想》(*Asian Gateway Initiative*)报告，强调日本应该占据"亚洲门户"的位置，以鼓励与主要西方世界开展更广泛的联系。该报告还指出，卓越研究和招收大量国际学生对于提升日本高等教育的国际形象非常重要。随着该报告的发布，日本政府宣布了一项计划，即到 2020 年招收 30 万名国际留学生，此目标超过了2008 年留学生人数(123 829)的两倍。与此同时，为了提升日本顶尖大学的国际形象以及在世界大学排名上的名次，政府计划遴选 30 所高校重点建设成为具有全球竞争力的大学。

在此政策下，日本于 2008 年启动"30 万留学生计划"，2009 年有 13 所高校入选。基于明确的遴选标准，入选的大学大多是规模大且科研能力强的高校：每年授予的研究生学位不少于 340 个，获得的政府科研项目不少于 130 个，至少从 4 个国家招收 300 名以上的国际学生，至少让 50 名学生出国交流，聘用至少45 名国际教师，必须加入大学国际联盟，计划招收 20% 以上的国际学生，到

2020 年国际学生总数超过 2 599 人,计划到 2020 年聘用 10％的国际教师。这些标准显然与当时 QS／THE 世界大学排名所采用的指标相关。

此外,申请这一项目的高校还需要递交国际化计划,分别设置至少一个全英文教学的本科和硕士学位项目。在当时,还没有一所日本国立大学开设过全英文教学的本科学位课程。这些高校还需要在海外设立招生办公室,并允许为其他日本高校所用——以充当日本学生服务机构的角色。

由表 5.2 可知,共有 7 所国立大学(其中有 6 所是前帝国大学)和 6 所私立大学入选“30 万留学生计划”。然而,与此前“重点建设计划”不同,该计划的经费并不用于资助科研活动。该计划为期 5 年的经费资助旨在鼓励高校的国际化,高校可以制定自己的目标,比如增设用英文授课的本科生和研究生学位项目、提高国际学生和教师的数量等。为实现这些目标,高校公布了各类改革计划,而计划执行的过程则主要通过中期和最终评估进行监管。与此同时,入选高校与其他成员高校及政府会定期举行会议,并在许多场合开展合作,如在海外共同举办大学展览会或研讨会等。

日本政府的原计划是遴选大约 30 所高校进行重点资助。然而,第一轮只确定了 13 所高校,主要因为受到了财政预算的限制。而第二轮高校选拔根本没有启动,主要因为从 2009 年 12 月开始,日本民主党所领导的新政府取代了由自由民主党所领导的长期执政政府。新政府将高等教育入学公平以及不同类型高校的国际合作确定为优先事项,而没有将资源集中在少数高校。

尽管如此,“30 万留学生计划”和“全球卓越研究中心计划”都按照计划持续到了最后一年。2009 年,11 所顶尖研究型大学(9 所国立大学:北海道大学、东北大学、筑波大学、东京大学、东京工业大学、名古屋大学、大阪大学、九州大学;2 所私立大学:早稻田大学和庆应义塾大学)成立了一个大学联盟——“RU11 联盟”(Research University 11)。这些进入世界大学排名前 200 名的高校,开始定期举行高层领导会议,并通过联盟发布由成员高校的校长所共同签署的临时政策提案。

六、全球人力资源和战略网络

除招收国际留学生以外,增加日本学生和年轻人的国际经验也成为一个重要议题。如前文所述,日本在二战以后的经济发展在很大程度上是通过强大的民族融合所实现的,与其他亚洲国家相反,日本没有形成通过出国留学促进职业发展的传统。尽管从 21 世纪初开始,日本出国留学人员的数量不断增加,但他们中的大多数人都会回归日本,因此,"人才外流"现象对这个国家而言从来都不是一个重要的政治议题。

由民主党所领导的日本政府曾表达了到 2020 年选派 30 万名日本学生出国留学的想法(日本首相及其内阁 2010),而在自由民主党重新掌权以后,最终设定了到 2020 年选派 12 万名日本学生出国留学的官方目标。为了推进高校的留学活动,日本政府于 2012 年实施了"全球化人才育成推进事业计划"(Project for Promotion of Global Human Resource Development)。政府遴选了 11 所大学在全校层面推动全球化人才发展(A 类)以及 31 所大学将推动全球人才发展项目作为大学课程的一部分(B 类)。在 A 类中,入选的高校包括 2 所前帝国大学(北海道大学和东北大学)、2 所国立大学(千叶大学和御茶水女子大学),1 所地方公立大学(国际教养大学)和 6 所私立大学(国际基督教大学、中央大学、早稻田大学、同志社大学、关西学院大学和立命馆亚洲太平洋大学)。另一所前帝国大学——九州大学,入选了 B 类。然而,这一选拔结果并完全匹配这些高校在科研表现方面的国际声誉。

除上述计划以外,日本政府还于 2011 年启动了一项为期 5 年的经费资助项目——"重塑日本"(Re-inventing Japan),该项目旨在将日本年轻人培养成全球化的人才,并且提升日本高校开展国际活动的能力。2011 年,该项目作为"亚洲大学生集体行动交流计划"(Collective Action for Mobility Programme of University Students,简称"亚洲校园")的一个核心项目所展开。"亚洲校园"计划由中、日、韩三国政府主导实施,旨在促进中日韩大学在学生交流和质量保障方面开展合作。同年,三个国家的大学被要求提交联合学位项目学生交流计划,之后由中日韩共同组成的联合委员会对这些计划进行遴选。同时,日本与美国、欧洲以及澳大利亚高校进行联合办学的提案也通过日本的遴选程序获得了资助。第二年,该项目分别制定了在 2012 年、2013 年与东盟国家,2014 年与俄罗斯和印度建立学生交流伙伴关系的具体目标。

这些旨在促进学生国际交流的项目并不一定与建设世界一流大学的理念相关。尽管如此,顶尖大学往往能够入选,反映了它们强大的国际化实力,这种实力不仅体现在学术活动方面,也体现在精心写作申请书方面。

七、提升研究型大学的国际竞争力

2012 年日本自由民主党重新执政以后,总的政策方向是重点提升高等教育机构的国际竞争力。现任首相安倍晋三在 2013 年 1 月给国会的第一份声明中指出,日本高校是国家实力的象征。在他的倡议下,日本政府制定了使10所大学进入世界大学排名前100名的官方政策目标(Education Rebuilding Council 2013)。

当前,亚太地区其他顶尖高校科研表现的快速提升,被认为对日本顶尖大学维持自身地位构成了威胁。这一问题也引发了政策制定者们的密切关注,政府近年来不断加强提升日本高校世界一流地位的战略政策。

日本政府实施了两个关键计划来提升日本研究型大学的全球竞争力,并且通过治理和管理改革实现财政预算分流。第一个计划是"研究型大学强化促进事业"(Promoting the Enhancement of Research Universities)。该计划作为科技推广预算的一部分,启动于2013年,其目标是对22所入选高校进行为期10年的资助。年度经费分为三部分:① 4所前帝国大学(东北大学、东京大学、名古屋大学,京都大学)获得4亿日元资助;② 2所前帝国大学(大阪大学和九州大学)获得3亿日元资助;③ 其他高校共获得2亿日元的资助,包括2所综合性国立大学(筑波大学和广岛大学),4所科技领域的国立大学(东京医科齿科大学、电子通信大学、东京工业大学和奈良先端科学技术大学),1所私立大学(早稻田大学),3个高校合作科研机构,以及入选的其他高校包括一所前帝国大学(北海道大学)和1所私立大学(庆应义塾大学)。这些经费并不直接用于科研活动,而主要用于改善这些大学和合作研究机构的科研战略与管理。

第二个项目是"超级国际化大学计划"(Top Global University Project),启动于2014年,也是一个为期10年的资助项目。该项目属于高等教育政策预算的一部分,旨在提升高校的国际声誉和竞争力。该项目提供两类经费,也即A类(重点资助目标进入世界大学排名前100名的顶尖高校,帮助其实现世界一流的科研和教学,每所高校每年获得5亿日元)和B类(能够在全球化过程中引领日本社会的高校,每所高校每年获得2亿～3亿日元)。如表5.2所示,A类项目共有13所高校入选:7所前帝国大学、2所综合性国立大学(筑波大学和广岛大学),2所科技领域的国立大学(东京医科齿科大学和东京工业大学)以及2所私立大学(庆应义塾大学和早稻田大学)。在B类项目中,共有24所高校入选,包括10所国立大学、2所地方公立大学和12所私立大学。

A类项目旨在促进日本高校在世界大学排名中获得更高的名次。这些大学需要提交提升排名的具体计划,通过使用各种外部公开数据进行说明,如引用率、国际合作论文、国际合作科研项目以及委托研究项目等。此外,这些大学还需要对自身的优势和弱势领域进行自我评估,并提交改善整体科研表现的战略规划。A类和B类高校都需要提交与国际化以及高校改革直接相关的非常详细的数据以及主要的量化目标。所涉及的指标数据包括国际多样性和性别多样性、学生流动和交流、支持学生流动的体系、外语授课的课程和学位项目、日语教育、符合国际标准的教育项目的课程管理和质量保障、灵活的学术日历、国际学生招生和校友网络、国际宿舍、用外语提供的信息、人事政策和大学治理改革、教学和学习的改善、入学考试改革以及信息公开等。除最终评估之外，政府还计划先后在第 3 年和第 7 年对这个为期 10 年的项目开展阶段性评估。在此过程中，大学需要报告并评估自身实现目标计划的情况，大多聚焦于量化目标上。原则上，入选高校可以根据它们的战略规划自主设定成就目标。然而，为了更有可能被选中，高校不得不设定能够迎合中央政府意愿的成就目标。

　　总之，"研究型大学强化促进事业"和"超级国际化大学计划"都不直接资助科研活动，但它们通过大学治理和管理改革提升了大学的国际竞争力。整体而言，以上计划的资助经费额度与受资助研究型大学的总收入相比只是极小的一部分。之后，每所入选大学的管理和整体改革方案都会通过网站对外公布，并由政府严格监管，政府也会在遴选、阶段性考核以及最终考核中给出建议并提出要求。

八、总结

　　通过对上述各项政策举措和预算计划的分析，可以得出以下结论：世界一流大学建设不仅仅意味着财政的集中投入，还要求政府和高校在全球背景下对高等教育治理进行综合改革。然而，全球化背景本身并不一定是由大学自主界定的，而是由政府的政策力量所确定，至少在日本是这样。

　　与此同时，各类资助计划的入选高校名单存在大量重叠。其结果是，日本的顶尖高校（以前帝国大学和历史悠久的著名私立大学为代表）通过成功入选这些计划，开展卓越科研和大学管理改革而加强了自身能力。另一方面，在过去10～20 年来，拥有良好国际声誉的顶尖大学与其他处在中低端水平范围内的高校之间的差距越来越大。后者可能能够满足更多国内学生和劳动力市场的需求，但却没有获得充足的经费以实现国际化。

　　日本顶尖研究型大学在维持和提升国际形象方面仍然面临着两大挑战。首先，目前还不清楚的是，本文所提到的政府通过国际化过程所主导的高校治理改革，是否真正促进了日本顶尖大学国际形象和竞争力的提升。日本高校在科研、教学，甚至是国际化改革等方面仍然严重依赖国内资源。这一在市场机制下（往往刺激高校参与国际学术资源竞争）的弱点可能会限制这些高校进一步提升国际竞争力。

　　其次,国家必须推动更大范围内教育和科研机构的国际化,并通过国际化增强教育系统和日本整体社会的国内竞争。日本政府正在设立一个内阁委员会以振兴整个教育系统。然而,在追求国际声誉和保护民族认同之间,在偏向效率的政府政策和学术自治的分权特征之间,矛盾越来越明显。本文基于对日本的分析所得出的发现和启示明确呼吁人们对东亚高等教育的历史背景、当前状况和大学治理的未来进行更具反思性的考察。

参考文献

[1]　Adams J. King C. Miyairi N. & Pendrebury D. (2010). *Global Research Report*. Leeds：Thomson Reuters.

[2]　Altbach P. G. & Bala'n J. (2007). *World Class Worldwide: Transforming Research Universities in Asia and Latin America*. Baltimore：Johns Hopkins University Press.

[3]　Altbach P. G. & Salmi J. (2011). *The Road to Academic Excellence: The Making of World-Class Research Universities*. Washington DC：World Bank.

[4]　Amano I. (1998). Postwar Japanese education：A history of reform and counter reform. In E. R. Beauchamp (Ed.) *Education and Schooling in Japan since 1945* 152 - 166. New York：Garland.

[5]　Douglass J. A. (2000). *The California Idea and American Higher Education: 1850 to the 1960 Master Plan*. Redwood City：Stanford University Press.

[6]　Education Rebuilding Council (2013). *University Education and Global Human Resource Development for the Future (Third Proposal)*. Tokyo：Prime Minister of Japan and His Cabinet.

[7]　Hazelkorn E. (2011). *Rankings and the Reshaping of Higher Education: The Battle for World-Class Excellence*. Basingstoke：Palgrave Macmillan.

[8]　Huang F. (2005). Qualitative enhancement and quantitative growth：Changes and trends of China's higher education. *Higher Education Policy* 18(2) 117 - 130.

[9]　Huang F. (2009). The internationalization of the academic profession in Japan：A quantitative perspective. *Journal of Studies in International Education* 13(2) 143 - 158.

[10]　Huang F. Finkelstein M. & Rostan M. (2014). *The Internationalization of the Academy: Changes Realities and Prospects*. Dordrecht：Springer.

[11]　Hur J. & Bessey D. (2013). A comparison of higher education reform in South Korea and Germany. *Asia Pacific Education Review* 14(2) 113 - 123.

[12]　Institute for International Cooperation Japan International Cooperation Agency (2003).

The History of Japan's Educational Development: What Implications can be drawn for Developing Countries Today. Tokyo: Institute for International Cooperation Japan International Cooperation Agency.

[13] Kaneko M. (2004). Japanese higher education: Contemporary reform and the influence of tradition. In P. G. Altbach & T. Umakishi (Eds.) *Asian Universities: Historical Perspectives and Contemporary Challenges* 115 – 143. Baltimore: Johns Hopkins University Press.

[14] Kaneko M. (2009). Incorporation of national universities in Japan design implementation and consequences. *Asia Pacific Education Review* 10(1) 59 – 67.

[15] Kyvik S. (2004). Structural changes in higher education systems in Western Europe. *Higher Education in Europe* 29(3) 393 – 409.

[16] Marginson S. Kaur S. & Sawir E. (2011). *Higher Education in the Asia-Pacific: Strategic Responses to Globalization*. Dordrecht: Springer.

[17] MEXT. (2014). Nihon jin no ryugaku jokyo (Study abroad by Japanese). Tokyo: MEXT. [in Japanese]. Retrieved on December 25 2014 from http:// www.mext.go.jp / a_menu / koutou / ryugaku /__icsFiles / afieldfile / 2014 / 04 / 07 / 1345878_01.pdf.

[18] Mohrman K. (2014). Global competition among research universities. In Y. Cheng Q. Wang & N. Liu (Eds.) *How World-Class Universities Affect Global Higher Education* 177 – 191. Rotterdam: Sense Publishers.

[19] Moon M. & Kim K. S. (2001). A case of Korean higher education reform: The Brain Korea 21 Project. *Asia Pacific Education Review* 2(2) 96 – 105.

[20] Newby H. Weko T. Breneman D. Johanneson T. & Maassen P. (2009). *OECD Reviews of Tertiary Education: Japan*. Paris: OECD.

[21] Ota H. (2014). Japanese universities' strategic approach to internationalization: Accomplishments and challenges. In A. Yonezawa Y. Kitamura A. Meerman & K. Kuroda (Eds.). *Emerging International Dimensions in East Asian Higher Education* 227 – 252. Dordrecht: Springer.

[22] Prime Minister of Japan and His Cabinet. (2010). *On the New Growth Strategy*. Tokyo: Prime Minister of Japan and His Cabinet. Retrieved on December 25 2014 from http:// www.meti.go.jp / english / policy / economy / growth / report20100618.pdf.

[23] Prime Minister of Japan and His Cabinet. (2013). *Japan's Revitalization Strategy: Japan is Back*. Tokyo: Prime Minister of Japan and His Cabinet. Retrieved on December 25 2014 from http:// www.kantei.go.jp / jp / singi / keizaisaisei / pdf / en_saikou_jpn_hon.pdf.

[24] Saka A. & Kuwahara T. (2013). Kagaku kenkyu no benchmarking 2012 (Benchmarking scientific research 2012). Tokyo: National Institute of Science and

Technology Policy (NISTEP) [in Japanese].

[25] Salmi J. (2009). *The Challenge of Establishing World-Class Universities*. Washington DC: World Bank.

[26] Shin J. & Kehm B. M. (2013). *Institutionalization of World-Class University in Global Competition*. Dordrecht: Springer.

[27] Teichler U. (1999). Internationalisation as a Challenge for Higher Education in Europe. *Tertiary Education and Management* 5(1) 5 – 23.

[28] Tokunaga T. & Momii K. (2011). *Global jinzai ikusei no tameno daigaku hyoka shihyo* (Assessment Indicators For Global Human Resource Development). Tokyo: Kyodo Press [in Japanese].

[29] Willmott H. (2003). Commercializing higher education in the UK: The state industry and peer review. *Studies in Higher Education* 28(2) 129 – 141.

[30] Yonezawa A. (2003). Making "world-class universities": Japan's experiment. *Higher Education Management and Policy* 15 9 – 24.

[31] Yonezawa A. (2013). Rankings and information on Japanese universities. In P. T. M. Marope P. J. Wells & E. Hazelkorn (Eds.) *Rankings and Accountability in Higher Education* 171 – 185. Paris: UNESCO.

[32] Yonezawa A. (2014). Academic profession and university governance participation in Japan: Focusing on the role of kyoju-kai. *Educational Studies in Japan* 8 19 – 31.

[33] Yonezawa A. & Hou A. Y. C. (2014). Continuity and transformation. In Y. Cheng Q. Wang & N. Liu (Eds.) *How World-Class Universities Affect Global Higher Education* 85 – 101. Rotterdam: Sense Publishers.

[34] Yonezawa A. Ishida K. & Horta H. (2013). The long-term internationalization of higher education in Japan. In K. Mok & K. Yu (Eds.) *Internationalization of Higher Education in East Asia: Trends of Student Mobility and Impact on Education Governance* 179 – 191. Abingdon: Routledge.

第六章　全球化视角下的中国高等教育："世界一流"运动的领跑者或是追随者

马瑞克·范德文德(Marijk van der Wende)、朱佳斌[①]

一、引言

　　越来越多的学术文献对中国高等教育在过去几十年来所取得的引人瞩目的发展规模和发展速度进行了描述。已有的分析通常认为这种发展是对全球化的回应。中国想要成为一个具有全球竞争力的经济体,这一愿望促使其实施了一系列的政策,通过扩大招生、提升学位标准和教学质量、加大对一系列重点高校的研发投入,最终设立了一个旨在提升高校全球声誉的分层系统,其中世界一流大学位于该系统的顶层。这些政策被认为是借鉴了西方大学(主要指美国)的成功模式和有效实践,但与此同时,中国也很注重在借鉴过程中"创造性地改编"并形成"中国特色"。然而,时至今日,已经不能仅仅将中国视为是一个追随者了,还应该考察其成为高等教育领导者的(潜在)作用。

　　本研究的数据主要通过广泛的案例研究和一系列的国际会议、圆桌会议和专家访谈收集而来。最终有30名利益相关者代表在中国大陆和香港地区接受了研究者的半结构化访谈,包括中国学者(C‐ACAD)、国际学者(I‐ACAD)、中国高校和政府的管理人员(C‐ADMIN)、中国合作高校的国际方管理者(I‐ADMIN)以及活跃在中国的国际商业人士(I‐BUS)等。

二、概念框架：全球化和高等教育国际化

　　高等教育机构越来越广泛地涉及以及参与全球化,但与此同时又深深地扎

————————————
①　马瑞克·范德文德,荷兰乌特勒支大学;朱佳斌,上海交通大学。

根于本土。自 19 世纪以来，民族国家在现代大学的发展中发挥着至关重要的作用，因为后者能为重要的国家职能承担培养人才的任务。各国一直努力对大学加以保护，从而使其能够服务本国社会和经济发展的需要。高等教育国际化的发展往往紧随着重大的政治和经济发展，如战后重建，"去殖民化"，柏林墙的倒塌以及欧洲、亚太和拉丁美洲的区域一体化等。自 20 世纪末开始，高等教育的国际化一直紧随全球化的发展，在放松管制、自由化和私有化等主要趋势下迈向具有全球竞争力的知识经济。政府为了促进国内经济增长和应对全球竞争，不断增强高等教育在人力资本发展过程中的作用(Van der Wende 2001；2010)。

全球化的特征是世界范围内社会关系的强化(Giddens 2000)，是全球关联性影响的扩展、增强、加快和加大(Held et al. 1999)，不能简单地认为是国际化的一种更高形式。而国际化在字面意义上指的是国与国之间的交往或机构之间的跨境联系。国际化继续将民族国家视为经济、社会和文化系统的边界。与之相反，全球化强调不同经济与社会体系之间的融合和相互依存，更希冀打破国家管理体系之间的界限。国家体系是会像全球化所倡议的那样进一步整合，还是会随着国际化的发展而加强联合，被视为是这两个概念之间的核心区别。

相较而言，国际化的过程更易受政府控制，而全球化所产生的影响和环境是动态变化的，任何国家或机构都无法免受这种全球性的影响(Marginson & Van der Wende 2009)。因此，高等教育国际化可被视为是对全球化的一种反应，可定义为使高等教育机构更有效地应对社会、文化、经济和劳动力市场全球化而采取的任何系统且持续的努力(Van der Wende 1997)。

国际化和全球化这两个概念之间的关系既不是线性的，也不是重叠的，而是处于不同维度之中。事实上，可以以辩证的视角看待二者的关系，因为"虽然并非所有的大学都是国际化的，但几乎所有的大学都卷入了同一全球化进程之中——要么作为被动的客体、甚至是受害者，要么作为积极的主体或行动者"(Scott 1998 p.122)。本文将从辩证的视角考察中国同时作为全球化的客体与主体，以及高等教育的追随者与(潜在)全球领导者的角色。

多位学者(Douglass 2012；Kirby 2014；Rhoads, Wang, Shi & Chang 2014)参与了此次有关中国高等教育快速扩张的讨论，并对目前正在发生的状况表达了关注。鉴于评估高校全球地位的标准还相对较新，且中国还没有高校达到世界一流大学的水平，要考察中国在高等教育领域的(潜在)全球领导地位还为时尚早。此外，中国高等教育领域的变革非常缓慢。受访的国际商业人士认为，高等教育似乎是中国面向全球化和实行改革最慢的领域。

这种综合且多视角的方法对于分析中国在全球高等教育中的作用非常关

键,并且得到了中国学者的鼓励,如沈大伟(2013)强调,过去 30 年来,观察者看到了世界是如何影响中国的,而现在有必要了解中国是如何在广泛的维度影响着世界。正如华志坚(Wasserstrom 2014)指出,"在中国和全球化之间,我们不应该选择性地认为中国被国际力量所改造或者中国改造着全球结构。相反,我们应该同时考虑所有的视角"。

本文的分析可能会对前文所讨论的整合与联合的范式产生新的启发。无论如何,我们应该认真考虑中国高校对全球化前所未有的参与、学生和教师积极的国际流动以及政府对高等教育领域强有力的干预等,后者已经被大量其他国家所效仿。

三、中国高等教育应对全球化的发展

中国高等教育系统在过去几十年里以前所未有以及无可比拟的规模与速度发展,如今已成为世界上最大的高等教育系统。中国高校虽然建立在学术卓越的悠久传统之上,但遭受了 1950 年代的院系调整(或苏联化)以及 1960 年代"文化大革命"的破坏,最终在满目疮痍中重新起航了。自 1978 年开始,在邓小平对外开放的政策下,中国高等教育的规模开始逐步发展,而从 1990 年代开始,发展速度不断加快(Shen & Jiang 2013)。

数量上的扩张主要体现在 18～22 岁年轻人的高等教育毛入学率上,从 1995 年的 7.2％增长至 2010 年的 26.5％,并计划到 2020 年提升至 40％。2014 年,中国的高等教育毛入学率已经达到了 37.5％,共计 3 560 万全日制在校生,其中包括 31.2 万全日制在校博士生,中国 2 824 所高校共计毕业 660 万名学生(MoE 2015a)。质量的提升则是通过旨在建设卓越中心和世界一流大学的大型国家项目来实现的,包括"211 工程"和"985 工程",之后是《国家中长期教育改革和发展规划纲要(2010～2020 年)》(教育部 2010)以及最新的"世界一流 2.0"计划(又称"双一流计划")(中华人民共和国国务院 2015)。此外,中国的科研投入持续增长,目前拥有世界第二大研发预算(自 2013 年以来),而就购买力评价而言,中国已经成为全球最大的经济体(Stiglitz 2015)。然而,中国所发布的最新白皮书显示,中国科研成果的学术影响还无法匹配其科研产出的增长,因而需要提高质量以支持中国迈向可持续知识经济的目标(Nature 2015)。

与其他很多国家一样,国际化一直是中国高等教育发展战略的一个重要组成部分,学生流动是其主要特征。中国的出国留学人数比任何其他国家都多。根据国际组织的统计数据,中国在 2013 年的出国留学生人数达 712 157 人,而同年来华留学生只有 96 409 人(UNESCO 2015)。中国教育部的数据则相对较为平衡：2014 年共有 459 800 名中国学生出国留学，而来华留学的国际学生人数为 377 054 人(IIE 2015)。中国的目标是吸引中国留学生归国，鼓励在海外的华人为中国的学术研究作出贡献以及通过中外合作促进国外高校(主要是盎格鲁-撒克逊大学)在中国设立分校，后者被认为是一个比出国留学更能负担得起的选择。访谈资料显示，中国代表大多对目前高校的国际化实践抱乐观态度，而受访的国际商业人士则更关心中国高校国际化的深度和进度，对国际化的形式并不太关注。一位受访者指出，"中国高校的全球化还处在起步阶段。科研合作与合作办学都还是结构上的。内容上要实现全球化还有很长的路要走……目前，这一过程依然在进行中，结构性问题是最容易解决的部分"。

中国的高等教育依然是一项重要的国家事务。教育有为政府服务的悠久历史，直至今日仍然肩负着一个重要的国家使命："教育是民族复兴的基石……中国的战略目标是到 2020 年实现教育现代化，塑造一个学习型社会，把中国变成一个人力资源强国"(教育部 2010)。与很多国家一样，中国高等教育的人力资本议程在全球化的背景下日益成为经济发展的驱动因素：发展本国实力(人才)的目的是为了在全球知识经济下促进经济增长和提升国家竞争力。中国对全球化的回应包括了将国际化战略作为增强自身在"质"和"量"两方面能力的一种途径，而不是将国际化本身作为目标。

然而，中国高等教育系统的快速发展也面临着大量具体的挑战和问题，包括政府在该领域所制定的，特别是与国际化相关的一些自相矛盾的政策。中国在参与国际事务方面的历史、地理和文化复杂性以及国家对此的管理框架，对于理解中国的全球作用与作为高等教育全球领导者的(潜在)角色非常关键。

有大量中国和国际学者对中国高等教育系统的非凡增长进行过研究和批判性讨论(Altbach 2009；Rhoads, Wang, Shi & Chang 2014；Douglass 2012；Jiang 2012&2015；Kirby 2014；Postiglione 2015；Shen & Jiang 2013；Marginson 2011)，最常涉及的议题是在数量快速增长的同时提高质量的必要性。2010 年的"规划纲要"指出，中国高等教育未来十年发展的核心任务是提升大学的教学、科研、服务以及基础设施的质量(教育部 2010)。显然，中国所面临的挑战是提升高校的质量文化，在以绩效为基础的人力资源管理基础上建立系统的评估、评价与自我改进体系，包括提供教师发展机会以及透明的晋升与终身教职考核程序。受访的利益相关者一致认为，中国很有必要提升高等教育质量。大量顶尖学生依然选择出国留学，也证实了他们认为中国高等教育的质量和竞争力相对落后的看法。受访者认为仅仅建设世界一流大学是不够的，还必须大力改善地方院校和职业院校的质量。而最新的国际或地方性举措,如设立上海纽约大学、清华大学苏世民书院或上海科技大学①,估计难以对整个体系产生影响。此外,政府不应只关注科研,还应尽量改善教学,将备受诟病的死记硬背的学习方式转变为鼓励互动学习过程以及注重批判性思维和创造力发展的更富创新性的方式。

第二个关注的议题是伴随着招生人数增长的高毕业生失业率(2013 年达17.6％)。从一个发展中国家向经济强国过渡的过程中,尽管中国的劳动力市场拥有强劲的动力,但技能的供应难以匹配市场需求。在访谈中,中国管理人员秉持着实用主义的观点,坚信"中国高校乃至世界高校的核心使命是服务经济发展的需要"。而学者们的观点则有所不同:部分学者认为高校应该引入更多的通识课程,以培养更多全面发展、适应能力强且符合创新型经济的人才(Cao 2010);另一些学者则认为,新成立的倾向于博雅教育的本科院校应该转变成德国式的应用技术大学,以服务于当前制造业推动的经济增长(Jiang 2015)。此外,受访者还指出了大学合并的问题,强调不是每所大学都应该发展成为大型综合性大学,相反,应该进一步鼓励多元化。遗憾的是,在当前,"每所高校都想变成清华或北大"(C - ADMIN)。"中国需要建设一个世界一流的体系,而不是只有少数几所位于顶尖的世界一流大学,而其余高校都表现平庸甚至很差"。此外,中国学者还指出:"中国或许能够产生进入世界排名前 100 强的世界一流大学,但就组织文化、人力资源和财政资源而言,它们不是真正的世界一流大学。"(C - ACAD)

第三个关注的领域是伴随着高等教育的扩张,不公平现象日益突出,体现在来自农村地区的学生数量的下降以及学费的上涨,这尤其对私立学校中来自社会底层家庭的学生不利。此外,随着收入差距的拉大,民族多样性和少数民族问题可能会进一步加剧。然而,不同受访者对该问题表达了不同的看法。中国的管理者主要强调"211 工程"和"985 工程"的成就,认为这是在有限的资源下发展高等教育唯一可行的办法。而中国学者则指出,这些做法已经加剧了中国沿海和内陆地区之间以及不同民族之间地区发展的不平衡。在他们看来,高等教育应该更为均衡地发展,"与其以牺牲其他高校为代价建设少数世界一流大学,中国作为一个社会主义国家,应该以更公平的方式建立一个世界一流大学体系"。

第四个也可能是讨论得最为深入的问题是,中国高校教师有限的学术自由

---

① 这些新举措的共同特点是规模小、强调研究型大学类型的学术卓越;有些是私下项目,如纽约大学与华东师范大学在上海合办的分校、清华大学新建的寄宿制的苏世民学院;有些是政府举措,如由上海市政府与中国科学院合办的上海科技大学。

与参与大学治理的机会、双轨制的高校管理结构以及有限的办学自主权。访谈资料显示，部分政策制定者意识到建设世界一流大学需要赋予高校更大的办学自主权，但也有不少政策制定者认为中国高校在目前的体制下也能建成世界一流大学，并援引中国高校整体在"世界大学学术排名"上名次的大幅提升作为证据。目前，清华、北大以及上海的高校正在进行一系列的综合改革试验，包括人事制度方面的改革（Liu 2015）。但自主权的增加能否减少中央政府在高校招聘和任命党委书记过程中的影响还有待观察（Huang 2015）。这些改革在正式实施之前还需进行多年的试验（Jiang 2015），此外，这些措施因为没有考虑不同的高校类型和使命而遭到了质疑（Hu & Qin 2015）。中国受访者认为："北大和清华的新实践将影响教育部的政策制定，并可能成为其他高校所要遵循的标准。"（C-ADMIN）他们还认为，政府的反腐败运动所带来的压力越来越大，在一个信任度较低的环境中，高校作为公共预算的受益者的问责意识也越来越强。他们证实了中国高校目前缺乏有效治理模式的有关知识，中国需要对相关的国际最佳实践进行研究。

在学术自由问题上受访的外国学者普遍认为学术自由、教师参与高校治理以及机构自治是学术卓越的必要条件。也有人认为学术自由的内涵在中国与西方存在明显的差别（Marginson 2015；Postiglione 2015）。访谈表明，中国学者对此的态度非常务实，倾向于认为高校行政化、缺乏透明性、学术造假、学术腐败以及论资排辈是更大的问题。更重要的是，在他们看来，学术自由的程度似乎与学科相关，例如，与人文学科的教师相比，工程学科教师所感受到的学术自由更充分。原因很明显，"中国政府希望学生学会以中国的方式看待世界，所以历史非常重要"（C-ACAD）。这不是中国特有的现象，历史阅读和教学在很多国家都因政府的倾向而有失偏颇。可以更普遍地认为，这些问题大部分都不特殊，"虽然中国高校在排名上的扩张和崛起很难为其他国家所企及。然而，中国在入学、公平和治理方面的问题却是全世界所共有的"（Kirby 2014 p.155）。

在全球化背景下中国的高等教育政策也反映出一些矛盾或悖论。首先，政府在加快扶植创新型经济增长模式的同时，在高校办学自主权、学术自由、现代化教学等方面的改革却迟滞不前。例如，教育部最新发布文件，在高校职能上又强加了为政府宣传的职能，这与总理期待的关于高校在创新创业方面的职能形成鲜明的对比（新华网 2015）。在访谈中，大部分利益相关者都认为中国想要发展创新驱动型经济和升级制造技术，需要更多更高素质的人才，然而中国目前的高等教育系统尚难以满足这类人才的培养需求。受访的国际商务人士指出，中国的大学毕业生往往需要额外的在职培训，特别是软技能（如创新性思维和批判性思维)的培训。中国受访者也大都担心本国高校在培养创新性人才方面不如其他竞争国家,因此建议它们多开展创新性的活动并加强与企业的联系。

国际专家认为,政府强调高校要为提升国家综合实力开展教育以及为集体利益培养人才的实用型主张,不符合国际上以及中国顶尖大学所倡导的旨在将学生个体培养成为批判性的思考者和积极公民的博雅教育理念(Kirby 2014)。基于儒家价值的传统死记硬背式的学习方式,也会阻碍培养学生的批判性思维、创造力以及寻找新的解决方案的能力(Douglas 2012)。虽然一些人认为,我们不能带有刻板印象地认为中国的课堂和科学就一定普遍或本质上缺乏批判性思维或创造力,或归咎于考试制度(Marginson 2015;Postiglione 2015)。然而,受访者一致认为中国高等教育系统必须引入更多的博雅教育和科学思维模式,才能更好地培养学生的创造力和批判性思维。国际受访者强调,要使创意和创新蓬勃发展,忠于真理和自由探索是必不可少的条件。

四、中国在全球高等教育领域的新角色

中国显然是全球化的赢家之一。然而,尽管中国可能被视为一个新的领导者,但它仍然是一个发展中国家,仍有向西方学习的需要,或者说仍是一个追随者。中国将自身的崛起首先归功于现代化(Daly 2015),尽管这种现代化是以非常不均衡和不全面的方式进行的(Wang 2015)。其次,这种崛起源于实现"中国梦","中国梦"不同于"美国梦",不是关于个人自由的理想(Ljunggren 2015),也不是为了成为世界第一(Stiglitz 2015a)。

中国还没有形成对全球化的统一认识。沈大伟(Shambaugh 2013)分析了中国对全球认同的变化,从否认自己是世界大国,坚持作为一个发展中的社会主义国家的身份,逐渐转变为认可自己是一个区域大国以及新兴世界大国。此后,中国重点关注自己要发展成什么样的大国,以及承担何种全球角色与责任。而王宁(2015)在这方面批判性地指出,中国应该重新考虑其将世界一分为二的认知,如"发展中国家"和"发达国家",或者西方国家与东方国家。相反,中国应该作为两者之间的桥梁。

我们的访谈发现,这种认知在高等教育领域也存在很大的差异,且将中国视为高等教育全球领导者的观点还非常新颖。然而,所有的受访者一致认为中国不能单纯地复制其他国家的高等教育系统,因为"中国是如此的不同,它的文化是独一无二的"。他们同时还指出,"中国并不想当领导者,因为这不符合中国的哲学,但是如果你做得好,其他人会追随"(C - ADMIN)。大多数受访的中国管

理人员认为中国解决自身问题的经验，也可以为其他国家提供一些启示，但其他利益相关团体不以为然。

中国成为全球高等教育领导者的能力以及其全球代理的作用和影响，都与中国在全球新秩序中所扮演的角色相关，如对全球公共利益的贡献和它的"软实力"。"代理"可以理解为是一个参与者促进社会变革的能力，这种变革一定程度上控制着社会关系、资源、知识架构（knowledge of schemas）以及将它们应用到新环境的能力（Sewell 1992）。

佩里（Perry 2014）指出，事实上，中国目前正在努力解决的许多问题都具有全球性，因此，中国的公共政策超越了区域利益和区域重要性。这无疑能够说明中国高等教育的政策影响，以下将对此进行更深入的阐述。

受访者认为这一套思路很新颖，因为传统上人们一直认为中国只是一个追随者。受访者认为，中国高等教育的吸引力也许在很大程度上是受到了中国经济的巨大发展所鼓舞，而非基于全球共享的价值观，而中国在教育领域的全球领导地位是因中学教育所肯定，而非高等教育。例如，中国在国际学生能力评估（Program for International Student Assessment，简称 PISA）中取得了卓越的成绩，其中上海的科学、技术、工程和数学（统称 STEM 学科）名列全球第一。中国的中学教育引领了 PISA 排名从而成为其他国家学习的典范，美国和英国派来越来越多的数学教师代表团前来访问，学习中国同行的经验。与此同时，中国的中学教育领导者受邀去往西方国家介绍他们的教师培训和招聘项目。黛利（Daly 2015）认为，在中学教育层面上，中国和西方国家有相互学习的空间，因为中国想要摆脱应试教育的桎梏，而美国则因其 PISA 分数的急剧下降，倾向于以更多测验和家庭作业为导向的教育模式。在这个层面上，全球化能够作为互相学习的双向渠道。

尽管将中国视为全球高等教育领导者的时机似乎还不成熟，但大多数受访者认为，与改革开放前 30 年的情况不同，当时中国大多是向西方高等教育学习，而今中国在全球化过程中扮演着更加积极的角色。中国已经采取了一系列的行动来扩大自身在全球层面的影响力，不仅实施一些拥有国际视野的小型项目，如清华大学的"苏世民书院"和北京大学的"燕京大学堂"，还积极进行全球推广，如清华大学与华盛顿大学合办全球创新学院，厦门大学在印度尼西亚创办新校区以及中国在伦敦、孟买和南非建立新的商学院等。然而，为了获得更持续的全球影响力，中国还在积极提升大学的世界排名，许多受访者对此悖论进行评论，认为这种实用主义既可能推动也可能阻碍中国高等教育系统以及其全球代理的发展。一方面，它可以通过借鉴全球高等教育的最佳实践来促进中国高等教育的快速发展,另一方面,它也可能会阻碍学者实现学术卓越,"中国的大学和教师对追求学术卓越并不感兴趣,因为它们太专注于经费奖励和声誉了"(I‑BUS)。"要使科研从优秀发展到卓越,必须要对高校进行系统的变革以形成卓越的科研文化。这就会涉及教师评价、奖励和资助结构"(C‑ADMIN)。事实上,大多数受访者表达了一种强烈的观点,认为学者要实现科研卓越,必须从外在动机(指标、经费和发表)转向内在动机(对知识的好奇心)。受访者还一致认为大学的管理,特别是人力资源管理,应该转变为更自主的模式。在他们看来,中国的高等教育需要减少政府干预、建立鼓励良性竞争的市场化制度以及合理的绩效评价体系。第一份关于中国科研表现的综合性国际报告(Nature 2015)也对中国的经费拨款、科学研究和科技共享以及教师培训和聘用做了类似的建议,以提升科学产出的质量与影响。

受访者将中国学者视为全球学术共同体的一部分,他们通过知识生产和扩大教育机会,同样积极为全球公共产品(global public goods)作出贡献。他们还指出,最近成立的联合国教科文组织研究中心(设在清华大学)展示了中国在创造全球公共产品中所发挥的作用。"全球公共产品"具有非竞争性和/或非排他性等显著特征,覆盖全球层面广泛的人群,对大多数国家产生影响(Kaul, Grunberg & Stern 1999 pp.2‑3;Marginson 2015)。同时,他们指出,由于组织和制度缺陷,中国知识生产的质量和原创性还很落后。众所周知,中国互联网主权政策限制了知识的自由流动,制约了中国贡献、参与以及受益于作为全球公共产品的知识和学习。在我们的访谈中,中国学者比管理人员更加关心这一点,前者不得不使用数码转换设备才能获取谷歌学术,而后者则否认任何形式的互联网封锁,除了可能会传播"激进信息"的网站以外(C‑ADMIN)。

"软实力"是指通过吸引和感染,而非胁迫、动用武力或金钱收买(硬实力)来达己所愿的能力(Nye 2004)。换句话说,通过吸引而非胁迫或收买的方式来获得你想要的东西,这常见于中国作为世界大国新角色的相关讨论(Shambaugh 2013)。中国"软实力"的例子可见于其外部输出,如孔子学院、中央电视台英语频道以及最新启动的"新丝绸之路"或"一带一路"政策,后者给予了高等教育与周边区域合作与走向欧洲的机会。然而,有受访者指出中国"软实力"的发展存在局限性,"软实力"应该由公民社会而非政府推动(Nye 2015)。大多数受访者认为高等教育可以成为"软实力"发展的途径,因为它不属于政府组织,受到的政府干预也是有限的。他们还意识到,中国预计会通过世界公民教育将年轻人培养成思想开放的全球公民,从而承担维持全球稳定的责任。

中国在高等教育领域的全球代理和影响中,或许最显著也是最意想不到的代表是"世界大学学术排名"和"世界一流大学"的概念。中国通过"985 工程"(1998)建设世界一流大学的决定以及对世界一流大学特征的相关探究,催生了第一个,也是迄今为止最有影响力的国际大学排名:由上海交通大学于 2003 年所发布的"世界大学学术排名",又称"上海排名"。该排名的初衷是为了分析世界一流大学的特征以帮助中国政府制定建设世界一流大学的政策,从而支持中国朝着创新型国家发展,但并没有直接面向全球或其他的外部动机。然而,该排名却迅速成为中国所展开的最具全球影响力的高等教育项目。

经过十余年的时间,可以得出的结论是"世界大学学术排名"的影响非常广泛且具有变革性,成为比较全球高校科研表现最为客观的标准。它通过确定全球高校的名次以及塑造世界一流大学的全球模式,开启了高等教育领域前所未有的全球竞争。然而讽刺的是,或者说再次自相矛盾的是,"世界大学学术排名"本身(再次)证实了央格鲁-撒克逊综合性研究型大学作为全球模式的主导地位,使后者成为中国建设世界一流大学的榜样,相反,该排名并没有向世界推出具有中国特色的大学模式。排名表明,中国高校似乎在努力追赶,而非远离西方模式或全球模式。中国目前已经有 44 所大学进入了该排名的全球 500 强,尽管这些高校离顶尖高校仍有距离,但它们都在崛起,其中有 5 所高校进入了全球 200强,清华和北大离世界百强的差距也越来越近,它们在科学、技术、工程和数学学科领域的名次已经进入了世界百强(ARWU 2015)。

"世界大学学术排名"的影响催生了多个其他世界大学排名的产生以及随之而来的世界一流大学运动,并被世界各地的高等教育学者分析和讨论。相关研究指出,在世界大学排名的影响下,全球高等教育竞争必然会进一步加剧,从而改变全球高等教育的面貌(Marginson & Van der Wende 2007&2009)。科研导向的排名指标会对系统的多样性产生强制性影响,因而需要采用多维度的评价方法(Van der Wende & Westerheijden 2009;Van der Wende 2011;Van Vught, Westerheijden & Ziegele 2012)。此外,高校不均衡的政策也会影响学校的(教学)使命和声誉,并影响国家政策(Hazelkorn 2007&2011)。与此同时,有学者认为世界一流大学的相关运动不仅有助于发展中国家的发展(Salmi 2009;Altbach & Salmi 2011),有益于系统层面的改革和追求卓越,也会促进大量国家增加对高等教育和科研的额外投入(Cheng, Wang & Liu 2014)。所有受访者似乎都认可国际大学排名的重要性,一些中国管理者自豪地表示,中国政府所实施的世界一流大学建设举措被全球 30 多个国家所效仿。

中国学者认为,中国高校要进一步建设世界一流大学就必须获得更多的自主权。一些管理者建议中国政府要开放"综合改革"试验,而其他管理者则认为中国高校在目前的管理体制下也能取得进一步的成功。我们对访谈数据的综合分析表明，在当前的管理体制下，科学、技术、工程和数学领域比人文社会科学领域更有可能成功，但在现有体制下，中国的世界一流大学要成为真正的综合性大学仍存在难度，此外，其跨学科领域的潜力也很难实现。

五、中国在全球高等教育中的角色：追随者与新兴的领导者

在本文中，我们试图考察中国在高等教育领域作为追随者和（潜在）全球领导者的角色与地位。我们认为从这两个视角看待中国高等教育的发展是合适的，正如斯科特（Scott）在文章中指出，大学既可能是全球化的客体，也可能是其主体（或关键的行动者），并且赞同沈大伟（Shambaugh 2013）和华志坚（Wasserstrom 2014）的视角，他们都认为中国既被国际化力量所改造，同时也改造着全球结构。

中国高等教育的重心似乎转移了，或者是扩大和多样化了。自1980年代改革开放以来，中国的高等教育就以追随者和学习者的身份，强烈地向西方靠拢，包括美国和欧洲。随着重获自信和地缘政治抱负，中国开始承担作为高等教育领导者的新角色，并且成为发展中国家和周边国家的榜样。

这种多元化似乎与中国的新经济政策同步，后者致力于平衡高端的研发密集型知识行业与大型制造业的创新，同时解决巨大的区域不平等。一个更加多元化的高等教育系统能够支持这一点：一方面，世界一流大学将继续与西方的顶尖同行机构合作；另一方面，德国式的高等专科学校可能成为第二级应用技术大学的模板。

中国主要因为中学教育，特别是在科学、技术、工程与数学学科所取得的突出成就而在教育领域重获了自信。但现在认为中国的高等教育是全球领导者似乎还为时过早，因为它的领导力才刚刚显现，且仍然是局部性的，大多面向区域。正如受访者所确认的那样，中国高等教育依然面临着巨大挑战，包括科研内部的卓越文化依然薄弱、教学方法和课程改革不力以及难以吸引和保留全球顶尖人才等。与此同时，中国高等教育通过"世界大学学术排名"和随后的世界一流大学运动获得了"全球代理"角色这一点无可否认。然而，目前它们只是促进了全球竞争，中国及其高校自身都要加入，但没有向世界其他地区推行中国模式。

中国预期会形成研究型大学的"新兴全球模式"（Emerging Global Model），中国高校将面临与工厂、银行以及其他国有企业所面临的相同的变革力量，即应对一套新的西方准则，包括强调经济效率、私有化、个人自主性以及全球化

（Mohrman 2008）。但也有人对此产生怀疑，如马金森（Marginson 2015）认为中国传统与西方科学和现代化之间碰撞的结果可能既不是西式教育的输入，也并非旧传统的重塑。在他看来，这可能会产生一种新的混合模式，一种"后儒学模式"，尽管这种混合模式似乎充满内在矛盾。原北京大学党委书记朱善璐最新的声明表示，世界一流大学不仅体现在教学和科研水平上一流，更体现在文化一流、校风一流、精神内涵一流。他还引述了习近平主席的话，后者强调："办好中国的世界一流大学，必须有中国特色……世界上不会有第二个哈佛、牛津、斯坦福、麻省理工、剑桥，但会有第一个北大、清华、浙大、复旦、南大等中国著名学府"（人民网 2015 年 2 月 3 日）。

至于这些具有中国特色的世界一流大学是否能够成为全球领导者，目前尚无定论。西方学者（Kirby 2014）认为，若不能获得更大的自主权、减少科层制以及享有更多的学术自由，中国高校就难以成为领导者（Douglass 2012），因为科技和经济的现代化不可能脱离产生这种创新的政治和社会制度（Daly 2015）。而马金森认为："尽管高等教育主要是为了培养个人的能力和对知识的批判性思考，但这并不意味着必须要在西方自由主义的政治体系下才能实现，也不意味着一个领域的全球模仿和政策借鉴必须要应用到另一个领域"（Marginson 2015 p.12）。中国是否会像它在经济领域所做的那样，形成另一种高等教育模式？如若如此，正如受访者（C‑ACAD）所指出的那样，一个真正的中国模式应该以更公平的方式建设多元化的世界一流大学体系，而不是以牺牲其他高校为代价来建设少数世界一流大学。我们承认，环境因素和条件对于理解发展模式和全球领导地位至关重要，不同区域和不同时期的情况也不一定相同。但世界各地都有高等教育入学、公平和治理等方面的问题，各国之间应该加强相互学习。然而，要实现这一点，还有很多观念上的挑战需要被克服。关于什么是"中国特色"依然有很多尚未解决的疑问，例如意识形态（中共领导下的社会主义）、政治（服从中央的决定）、"中国梦"如何与"全球化的愿景和致力于解决本土问题"相结合。另外，"中国特色"是否是指中国高校独特的二元治理结构呢？答案可能也不尽然。因为正如一位中国学者所指出，这种治理结构很可能导致中国高校缺乏办学自主权和创新性。

尽管中国想要在周边地区获得领导地位，但它依然是美国和欧洲人才的重要来源基地（或目标）（Van der Wende 2015）。近年来，美国和欧洲之间的平衡可能会被打破，因为"新丝绸之路"鼓励欧洲大量参与到中国大型的欧亚基础设施建设、投资和贸易当中。

这也预示着中国的高等教育领域正变得越来越复杂，需要更进一步的战略管理,而不能仅将高校作为政府的政策工具。世界一流大学所涉及的全球领域以及所面临的广泛而复杂的挑战与机遇,已经超出了政府自上而下的行政化管理所能处理的范围。中国新的治理模式必须允许这些高校抓住自己的机遇,同时也要引导整个国家建立一个世界一流大学体系,即一个服务于不同需求的多元化的高等教育系统。在此系统中,每一所大学都有强烈的使命和高质量的表现。此外,这样的系统还要给予学生足够的机会在能够系统内转学。

参考文献

[1] Abrami, R., Kirby, W., & McFarlan, F.W. (2014). *Can China Lead? Reaching the Limits of Power and Growth*. Harvard: Harvard Business Review Press.

[2] Academic Ranking of World University (2016). Retrieved on January 10 from http://www.shanghairanking.com / ARWU2015.html.

[3] Altbach, P. (2009). China and India: A steep climb to world-class universities. In J. Douglass, et al. (Eds.), *Globalization's Muse: Universities and Higher Education Systems in a Changing World*. CA: Berkeley Public Policy Press.

[4] Altbach, P., & Salmi, J. (Eds.). (2011). *The Road to Academic Excellence: Emerging Research Universities in Developing and Transition Countries*. Washington, DC: The World Bank.

[5] Bell, D.A. (2015, April 17). Teaching "Western values" in China. *New York Times*. Retrieved on Jan 10 from http:// www. nytimes. com / 2015 / 04 / 17 / opinion / teaching-western-values-in-china.html? _r=0.

[6] Camicia S. P., & Zhu, J. (2011). Citizenship education under discourses of nationalism, globalization, and cosmopolitalism: Illustrations from China and the United States. *Frontiers of Education in China*, 6(4), 602 – 620.

[7] Cao, L. (2010). Redefining "liberal education" in the Chinese university. In B. de Bary (Ed.), *Universities in Translation: The Mental Labor of Globalization*. Hong Kong: Hong Kong University Press.

[8] Cheng, Y., Wang, Q., & Liu, N.C. (2014). *How World-Class Universities Affect Global Higher Education*. Rotterdam: Sense Publishers.

[9] Daly, R. (2015). Keynote lecture at the China Education Symposium 2015 Conference. Harvard University, Graduate School of Education, 4 May.

[10] Douglass, J. A. (2012). China's futurisms: Research universities as leaders or followers? *Social Research*, 79(3), 639 – 668.

[11] Giddens, A. (2000). *The Third Way and its Critics*. Cambridge: Polity Press.

[12] Hazelkorn, E. (2007). The impact of league tables and ranking systems on higher

education decision-making. *Higher Education Management and Policy*, 19(2), 87 - 110.

[13] Hazelkorn, E. (2011). *Rankings and the Reshaping of Higher Education: The Battle for World-Class Excellence*. London: Palgrave Macmillan.

[14] Held, D., McGrew, A., Goldblatt, D., & Perraton, J. (1999). *Global Transformations: Politics, Economics and Culture*. Cambridge: Polity Press.

[15] Hu, J., & Qin, J. (2015, April 03). Who is the gatekeeper of Chinese academic power? *University World News*. Retrieved from http://www.universityworldnews.com/article.php? story=20150330041254595.

[16] Huang, F. (2015). Who leads China's leading universities? *Studies in Higher Education*, 1 - 18.

[17] IIE. (2015). *Project Atlas*. Retrieved on Jan 10 2016 from http://www.iie.org/Services/Project-Atlas/China/International-Students-In-China.

[18] Jiang, K. (2012). Improving quality: Core mission for developing higher education in the National Medium- and Long- Term Education Reform and Development Guideline (2010 - 2020). *Chinese Education and Society*, 45(3), 73 - 88.

[19] Jiang, K. (2015). The top 5 challenges and opportunities facing Chinese higher education [PowerPoint slides]. Boston College.

[20] Jiang, K., & Xu, Y. (2014). Paradoxes of civic and political education in China's higher education institutions. In Kennedy, K. J., Fairbrother, G., & Zhao, Z. Z. (Eds.), *Citizenship Education in China: Preparing Citizens for the "Chinese Century"*. New York: Routlegde.

[21] Kirby, W. C. (2014). The Chinese century? The challenges of higher education. *Daedalus*, 143(2), 145 - 156.

[22] Kirby, W.C., & van der Wende, M. (Eds.) (2016). New directions in liberal arts and science education in Asia. Special Issue of the *International Journal of Chinese Education*, 5(1).

[23] Levin, D. (2015, February 9). China tells schools to suppress Western ideas, with one big exception. *New York Times*. Retrieved from http://www.nytimes.com/2015/02/10/world/asia/china-tells-schools-to-suppress-western-ideas-with-one-big-exception.html.

[24] Liu, X. L. (2015). The implementation of comprehensive reform undertaken by Tsinghua, Peking Universities and Shanghai (two university and one city). *Eastday*. Retrieved from http://sh.eastday.com/m/20150827/u1ai8856720.html.

[25] Ljunggren, B. (2015). The Chinese dream of great renewal: Challenges for China and the world. *Critical Issues Confronting China* Seminar Series. Harvard University Asia Center and the Fairbank Center for Chinese Studies. Retrieved on April 22 from

http://asiacenter.harvard.edu / files / asia-center / files / ljunggren_4 - 22 - 2015.pdf.

[26] Marginson, S. (2011). Higher education in East Asia and Singapore: Rise of the Confucian model. *Higher Education*, 61(5), 587 - 611.

[27] Marginson, S. (2015). The Mission of public higher education: Clark Kerr and the Californian legacy. (Draft)

[28] Marginson, S., & van der Wende, M. (2007). To rank or to be ranked: The impact of global rankings in higher education. *Journal on Studies in International Education*, 11(3 - 4), 306 - 330.

[29] Marginson, S., & van der Wende, M. (2009). The new global landscape of nations and institutions. In *Higher Education to 2030*. Paris: OECD.

[30] Ministry of Education of the People's Republic of China(2010). China's 2010 National Plan for Medium and Long Term Educational Reform and Development. Retrieved on December 10, 2015 from http:// www.moe.edu.cn / publicfiles / business / htmlfiles / moe / moe_838 / 201008 / 93704.html.

[31] Ministry of Education of the People's Republic of China, 2015a. Statistics of Education in China. Retrieved on 10 January 2016 from http:// www.moe.gov.cn / jyb_sjzl / s5990 / 201511 / t20151125_220958.html.

[32] Ministry of Education of the People's Republic of China. (2015b). Retrieved from http://www.moe.gov.cn / jyb_xwfb / gzdt_gzdt / s5987 / 201510 / t20151013_213006. html.

[33] Mohrman, K. (2008). The emerging global model with Chinese characteristics. Higher Education Policy, 21(1), 29 - 48.

[34] Nature Publishing Group. Turning Point: Chinese Science in Transition. Retrieved on Jan 10 2015 from http:// www.nature.com / press_releases / turning_point.pdf.

[35] Nye, J. S. (2004). *Soft Power: The Means to Success in World Politics*. New York: Public Affairs.

[36] Nye, J. S. (2015). *Is the American Century Over?* Lecture in the program on US-Japan relations in the Weatherhead Center for International Affairs, Harvard University. April 7, 2015.

[37] Osnos, E. (2015, April 06). Born red: How Xi Jinping, an unremarkable provincial administrator, became China's most authoritarian leader since Mao. *The New Yorker*. Retrieved on Jan 10 2016 from http:// www.newyorker.com / magazine / 2015 / 04 / 06 / born-red.

[38] Perry, E. J. (2014). Growing pains: Challenges for a rising China. *Daedalus*, 143(2), 5 - 13.

[39] Postiglione, G. A. (2015). *Education and Social Change in China: Inequality in a*

Market Economy. London: Routledge.

［40］ Rhoads, R. A., Wang, X., Shi, X., & Chang, Y. (2014). *China's Rising Research Universities: A New Era of Global Ambition*. Maryland: Johns Hopkins University Press.

［41］ Salmi, J. (2009). *The Challenge of Establishing World-Class Universities*. Washington, DC: World Bank.

［42］ Scott, P. (1998). Massification, internationalization ands globalization. In P. Scott (Ed.), *The Globalization of Higher Education*. Buckingham: Open University Press.

［43］ Sewell Jr, W.H. (1992). A theory of structure: Duality, agency, and transformation. *American journal of sociology*, 98(1), 1 - 29.

［44］ Shambaugh, D. (2013). *China Goes Global: The Partial Power*. Oxford: Oxford University Press.

［45］ Sharma, Y. (2013, August 30). Crackdown on academics in ideology campaign. *University World News*. Retrieved from http: // www. universityworldnews. com / article.php? story=20130830113023776.

［46］ Sharma, Y. (2015, July, 2). New law could hit research collaboration, exchanges. *University World News*. Retrieved from http: // www. universityworldnews. com / article.php? story=20150702182048499.

［47］ Shen, W., & Jiang, K. (2013). Higher education in China. In Joshi, K. M., & Paivandi, S. (Eds.) *Higher Education Across Nations*. New Dehli: B.R. Publishing Corporation.

［48］ Stiglitz, J. (2015, January 24). China has overtaken the U.S as the world's largest economy. *Vanity Fair*. Retrieved from http: // www. vanityfair. com / news / 2015 / 01 /china-worlds-largest-economy.

［49］ Stiglitz, J.E. (2015). Joseph E. Stiglitz discusses "The Great Divide: Unequal Societies and What We Can Do About Them". Harvard University, 21 April 2015.

［50］ State Council of People's Republic of China. (2015). Retrieved on Jan 20 2016 from http: // www.gov.cn / zhengce / content / 2015 - 11 / 05 / content_10269.htm.

［51］ UNESCO. (2015). Global flow of tertiary-level students. Retrieved on 10 Jan 2015 from http: // www.uis.unesco.org / Education / Pages / international-student-flow-viz. aspx.

［52］ Van Vught, F. A., Westerheijden, D. F., & Ziegele, F. (2012). Introduction: Towards a new ranking approach in higher education and research. In van Vught, F.A. and Ziegele, F. (Eds.) *Multidimensional Ranking: The Design and Development of U-Multirank*. The Netherlands: Springer.

［53］ Wang, J. (2015). *One World One Dream? China and International Order*. Lecture at the Fairbank Center for Chinese Studies, Harvard University, 1 April 2015.

[54] Wang, N. (2015). Rediscovering China: Interdisciplinary perspectives introduction. *European Review*, 23, 173 – 179.

[55] Wasserstrom, J. (2014). China and globalization. *Daedalus*, 143(2), 157 – 169.

[56] Wende, M. C. van der. (1997). Missing links: The relationship between national policies for internationalization and those for higher education in general. In T. Kalvemark, & M. van der Wende (Eds.), *National Policies for the Internationalization of Higher Education in Europe*. Stockholm: National Agency for Higher Education.

[57] Wende, M.C. van der. (2001). Internationalization policies: About new trends and contrasting paradigms. *Higher Education Policy*, 14(3), 249 – 259.

[58] Wende, M.C. van der. (2010). Internationalization of higher education. In P. Peterson, E. Baker, & B. McGaw (Eds.), *International Encyclopedia of Education*. Oxford: Elsevier.

[59] Wende, M.C. van der (2011). Towards a European approach to ranking. In N. C. Liu, Q, Wang, & Y, Cheng (Eds.), *Paths to a world-class university: Lessons from practices and experiences* (pp.125 – 139). Rotterdam: Sense Publishers.

[60] Wende, M. C. van der. (2015). International academic mobility: Towards a concentration of the minds in Europe. *European Review*, 23(S1), S70 – S88.

[61] Wende, M. C. van der., & D. F. Westerheijden. (2009). Rankings and classifications: The need for a multidimensional approach. In F. A. van Vught (Ed). *Mapping the higher education landscape: Towards a European classification of higher education* (pp.71 – 87). Springer Netherlands.

[62] Xinhua News (2015, October 19). Premier urges more support for innovation, entrepreneurship. Retrieved on Jan 10 2016 from http:// news. xinhuanet.com /.

[63] Yeung, L. (2015, February 06). Campus crackdown on "Western values". *University World News*. Retrieved on Jan 10 2016 from http:// www.universityworldnews.com / article.php? story=20150206084252332.

[64] Zhu, S. (2015). Use nurturing and promoting the core values of socialism to show the way: firmly grasp the university propaganda and ideology work under new circumstances. *People*. Retrieved on February 3 from http:// edu.people.com.cn / n / 2015 / 0203 / c1053 - 26497898.html.

第七章　追求民族复兴和全球影响力的研究型大学：中国寻求更平衡的发展模式[①]

白杰瑞(Gerard A. Postiglione)[②]

一、平衡教学和科研工作的数量与质量

在实施经济改革和对外开放 35 年以后,中国发现自己逐渐成为世界最大的经济体(Jacques 2009；Beardson 2013；Telegraph 2014)。为了保持经济增长的速度,高等教育越来越被期望在中国的崛起中发挥更强有力的作用(Postiglione 2011a)。中国已经拥有了全球最大的高等教育系统,其科研发表量也已超过了除美国以外的任何国家(University World News 2007；Guardian 2011；Royal Society 2011)。此外,中国最大城市的中学生在国际学生数学和科学成绩评估(International Student Assessment of mathematics and science achievement)中的表现超过了 60 个国家的对手(OECD 2013),表明中国的大学有良好的生源基础。然而,中国依然在寻找一个能够平衡科研和教学质量与数量的研究型大学模式(Liu 2010；Kirby 2014)。本文认为,这样的模式有赖于加强国际化、界定国家教育主权以及扩大高校办学自主权。为了说明这一点,本文对中国大陆和香港地区的研究型大学系统在相关领域的发展,特别是涉及科研和教学的管理方面进行了深入的考察。

二、是否存在一个独特的中国模式

除了追求在国际化指标上的脱颖而出,民族复兴与恢复世界领先地位也是

[①]　本文最初发表在 *Higher Education*, 70(2)：235 – 250 (August 2015)。
[②]　白杰瑞,中国香港大学。

中国的一项长期奋斗目标。中国一直以来都在努力学习如何有效地借鉴和改造，而并非全盘照抄国外先进的高等教育系统，以避免抵消了本国传统文化的影响。中国一直对如何使用本土理念和原则引导大学教育充满兴趣。人们常常颂扬古典时期的学者，如孔子、孟子、孙子、墨子以及后来的王阳明和朱熹等。在近代，胡适广为人知，而其他人，如蔡元培、梁漱溟、叶阳初、梅贻琦、蒋百灵、严复、陶行知和潘光旦也依然拥有很大的影响力（Yang 2003；Hayhoe 1996）。教育领导者，如北京大学早期的校长蔡元培，非常了解德国、法国和英国的高等教育传统，一直致力于将这些理念与中国的儒家精神和历史传统融合起来。整体上，国内学者一直忧虑中国的大学教育没有充分受到中国传统文化的熏陶（Yang 2013）。

　　出于这个原因，中国在世界舞台上的新角色伴随着一个很大的疑虑，即什么样的原则和理念可以促进研究型大学达到质量和数量的恰当平衡。一位香港学者的问题呼应了这一点："亚洲是重复西方主导的当代高等教育模式，还是能够对高等教育有更批判性的理解与实践，以及对大学作为高深学问场所的角色进行文化和认识论层面的反思？"（Cheung 2012 p.186）。

　　很多人认为中国打造了一种独特的经济发展模式（Ramo 2004；Huang 2011；Williamson 2012）。但与单纯追求财政收益的经济组织不同，研究型大学的成功是通过知识的创造与传播，而非财富的积累来衡量的。马金森（Marginson 2011）认为中国高校有自己的模式，其特征包括强大的单一民族国家、普及化的高等教育倾向、鼓励竞争和家庭投入的国家统考以及政府对科研投入的决心等。然而，阿特巴赫（Altbach 2011）认为中国目前还没有，也不会在短期内形成一个能够挑战国际现状的高校模式。

　　根植于中国学术的传统大学模式——书院，历史比西方四所神圣的古老大学还早，即意大利博洛尼亚大学（Bologna University）、英国牛津大学、剑桥大学以及法国索邦神学院（Paris-Sorbonne University）（Hayhoe 1996）。然而，要使当代大学传承这样一种神圣的传统，在中国来说可能极其困难和复杂。虽然并不清楚这种传统如何能够有助于提升高校的全球竞争力，但它无疑可以活跃高校的学术氛围，特别是联系到从哈佛等其他海外高校借鉴和调整通识课程的改革尝试来看。虽然这可能是一种一厢情愿的想法，但正如美国哈佛大学教授（Vogel 2003）所观察的那样："中国的对外开放和高等教育改革所带来的学术活力，可能会像西方文艺复兴那样广泛而深远。"

　　时至今日，中国还没有形成一种能够挑战西方模式的独特大学模式。上海交通大学所发布的"世界大学学术排名"在国际上越来越流行，表明了中国高校一心打算迈向而非远离西方模式，以期匹及西方的科技优势。

三、向大众化高等教育过渡以及建设研究型大学

始于 1979 年的经济改革开放使中国的高等教育得以恢复，知识分子获得平反，"文革"前在上学的"知青"也开始返回城市。高考得以恢复，学术标准也得以加强。到 1985 年，全国共有 1 016 所高等院校，而大约只有 2％的 18～22 岁适龄人群上了大学。此外，出国留学的去向也发生了变化，欧洲和北美等资本主义国家成了备受青睐的留学目的地。

（一）各类高等教育的扩招

1985～1998 年期间，教育部升格为教育委员会，大学在课程、人事和招生等事务上也被授予了一些自主权。到 20 世纪 90 年代末，经济全球化使中国走上了史无前例的高校扩招之路。到 20 世纪末，中国政府有关知识型经济的论述预示着从精英教育转向大众教育的决心。1995 年，仅有 4％的 18～22 岁适龄人口上大学，但到了 2005 年，这一比例超过了 20％（NCEDR 2000～2009）。

20 世纪 90 年代末的亚洲金融危机促成了中国的这场高等教育快速扩招，作为延缓中学毕业生进入劳动力市场的一种方法，同时也是刺激经济发展的一种手段——每个家庭都心甘情愿打开自己的银行账户，用于支付大学学费和相关费用。到 2010 年，18～22 岁的人口中有 30％（大约有 300 万学生）就读于 2 263 所高等院校，其中包括 1 079 所大学和 1 184 所高等职业专科学院（Cheng et al. 2011）。中国最大的城市拥有超过 60％的高等教育毛入学率（Shen 2003）。在 2010～2020 年期间，高等教育毛入学率将超过 40％，而 2021～2050 年期间，至少会达到 50％。

（二）研究型大学的改革

研究型大学最大胆的改革尝试是所谓的北大人事改革（Rosen 2004 & 2005）。这一关于教师聘任制度的改革，引发了校内外的强烈抵制情绪，成为一个颇具争议的社会议题。北大人事改革要求在教师招聘过程中引入外部竞争机制，并对学术人员实施"末位淘汰"。在 1990 年代中期，香港大学教职员工的薪酬据说是北京大学的 99 倍。然而，从 1982～2000 年期间，后者的薪酬增长了 101％。因此，为了保持学术质量，大学教师的工资收入快速增长。据说国内大学教师的平均工资比其他行业都高。然而，2010 年中国学术职业的收入依然是

"金砖四国"中最低的。

1998 年，为了纪念北京大学建校 100 周年，江泽民主席在人民大会堂向观众致辞(作者当时也在场)，提出了建设世界一流大学的期望。此后，政府通过实施"211 工程"和"985 工程"，为具有高学术潜力的顶尖高校提供重要的经费支持(Zhou 2006 pp.36 - 46)。人们开始大量关注顶尖高校的国际排名以及如何建设和保持世界一流大学等问题。在"211"和"985"工程下，政府不断加大对精英大学的投入，以建设具有国际竞争力的大学。"211 工程"为入选的 112 所高校提供了额外的经费资助，以促进国家经济发展，而"985 工程"则致力于将 39 所顶尖高校转变成世界一流大学。

北京的北京大学和清华大学，上海的复旦大学和上海交通大学等旗舰大学都在努力争取国际大学排名上的更高名次。2010 年，分别有 2 所中国内地高校进入"世界大学学术排名"的前 200 名，6 所高校进入 THE 排名的前 200 名(AWRU 2013；THE 2013)。

中国高校通过增加科研发表量使排名名次不断攀升。2008 年，中国高校在同行评议期刊上发表的论文数达 20.4 万篇，使中国科研产出占全球的比重从 1999 年的 4.4％提升到了 2008 年的 10.2％(Royal Society 2011)，仅次于美国。中国研发经费占 GDP 的比例则从 1998 年的 0.7％增至 2005 年的 1.5％，之后更增至近 2.0％，成为仅次于美国和日本的世界第三大研发支出国(按购买力评价计算)。到 2010 年，中国的研发支出占全球研发支出总额的 10％(Hu 2011 pp.95 -120；OECD 2012)。然而，中国科研发表的高数量并不能掩盖其研发的质量问题。这主要体现在全球的科学家引用中国科研论文的频次较低——对美国科技论文的引用比例为 30％，而中国仅为 3％，位列全球第 6 位。

中国的研究型大学在加强国际化的同时也开始积极推动改革。到 2010 年末，一些研究型大学已经面目一新。研究型大学的硬件基础设施能够与发达国家相竞争，然而软件方面仍然很薄弱，它们仍然需要努力提升教学和科研质量，解决学术腐败以及大学毕业生的就业等问题。

四、平衡高校自主权、国家主权和国际化

民族复兴至少能够让全球学术界更加了解中国的历史文化遗产，而不只是关注中国的科举制度，并认为这种制度所塑造的学习方式阻碍了创造力和创新(Kissinger 2011；Vogel 2013；Hu 2011)。有关中国的历史抗争、发展经验和制度革新的研究也可以被视为是一种对西方统治的创造性反抗(Jacques 2009；

Schell & DeLury 2013；Shambaugh 2013）。然而，为了避免这种研究流于表面，高校需要积极捍卫学术自由和办学自主权。否则，可能丧失学术批判性。

随着研究型大学继续加强与海外机构的合作，一系列新的机遇也随之产生。目前，国际合作促使高校引入新的课程模式、拨款方式、人事改革、绩效评估、教学技术、制度建设策略以及创新性的学习试验，以上这些改革将营造一个更加开放，"质量赶超"的学习环境。

中国的顶尖高校越来越像经合组织（OECD）国家的同行，但后者不只是公立大学或者并不完全由政府掌控。中国政府在管理学术系统的过程中，发现自己陷入国际化和捍卫国家主权的双重目标之间。政府一方面鼓励中外合作，另一方面也对其危险性保持高度警惕。

与此同时，国家领导层全心全意支持着国内高校的世界一流大学建设。政府投入足以令其他发展中国家的高等教育系统（以及部分发达国家）艳羡的巨额经费，以期能够缩短其他世界知名高校所需的几百年的发展历程。在某种程度上，政府领导层的想法可能是正确的。全球化已经大大缩短了高校发展所需的时间尺度，如香港科技大学利用短短十年的时间便实现了在全球排名上的飞速提升（Postiglione 2011b）。

为了向大众高等教育过渡以及实现质量提升的目标，国内一直呼吁加强高等教育的国际合作。到 2013 年，中国高等教育领域批准了 1 060 个中外合作办学项目，涉及 45 万名学生。从 2003 年以来，合作办学所招收的学生共有 105 万学生（Lin 2013）。中国在开展高等教育中外合作的同时，也高度警惕丧失教育主权的风险，正如一位教育部长所说："中国面临着维护教育主权的艰巨任务，因为它关系到我们根本的政治、文化和经济利益，每一个主权国家都必须保护教育主权免受侵害"（Chen 2002 p.5）。

中国政府于 2003 年颁布的《中外合作办学条例》打开了中外高校合作的大门，促成了成百上千个合作伙伴关系的形成。中外合作也促使了中国顶尖高校实施改革，以借鉴、改造和创新国外高校的博雅教育模式。当前人们所关注的是中外合作高校能否对中国当前的高等教育系统产生重大影响。这些合作伙伴关系构成了在高等院校实施的一种创新性实验。虽然还无法确定这种跨境校区的长期可持续性，但合作双方无疑都能够从合作院校的经营中受益（Wildavsky 2012）。

国内高校的中外合作办学项目都是由国外学者授课和管理的。这些项目深受中产阶层家庭的欢迎，因为家长们无须花费巨资送孩子出国就可以让他们接受国外教育。甚至有些情况下，国外大学会更进一步和中国高校合作设立新的分校。例如,英国诺丁汉大学在宁波设有分校、上海交通大学和美国密西根大学在上海合办了一个工程学院、西安交通大学和英国利物浦大学在苏州成立了一个独立的校区。2013年,已经在10个国家设有海外留学项目的美国纽约大学与华东师范大学在上海成立了一个新的分校。该校将开设人文社科领域的综合课程,录取的中国学生和国际学生各占一半。此外,美国杜克大学与武汉大学也在昆山设立了一个分校(Redden 2014a)。

同样拥有类似合作意愿的其他美国高校包括基恩大学(Keane University)和蒙大拿大学(University of Montana)(Redden 2014b)。

中外合作办学的兴起引发了更多关于高等教育主权的讨论(Postiglione 2009)。一位有影响力的中国高等教育学者告诫说,如果允许国外实体掌握大部分高校所有权(51%以上),很容易导致"不符合中国国情的西方价值观和文化渗透进来"(Pan 2009 p.90)。上海市教育委员会副主任张民选则明确要求,管理教育机构的中外合作单位必须"确保中国的教育主权和公共利益不受损害"(Zhang 2009b p.33)。要做到这一点,中外合作教育机构的董事会成员中至少要有一半是中国公民。教育部张丽指出,中国承诺开放的教育市场比任何其他发展中国家都要大,因此,"我们必须捍卫中国的教育主权,保障国家安全,并正确引导这些项目的发展"(Zhang 2009a p.19)。

教育主权问题对在中国运行的中外合作大学的管理和制度产生了明显的影响,而最新成立的南方科技大学也试图尝试不同的办学模式。在中国科技大学前校长朱清时的领导下,南方科技大学旨在成为中国大陆第一所从教育部手中收回办学自主权的高校——尽管目前还没有达到预期(Science 2012)。南方科技大学不是中外合作大学,但它试图遵循香港科技大学的发展模式,后者在成立后的十年内就挤进了世界大学排名的前列(Postiglione 2011a & 2011b)。南方科技大学的招生并不完全依据普通高等学校招生全国统一考试,同时也考察学生的创造力和学习热情。此外,南方科技大学不给教师们任何行政头衔,以期教授们能够潜心教学和科研,而不是争名夺利(Li 2011)。这些新高等教育模式的试验很鼓舞人心,但似乎并没有推动高等教育更大程度的改革。与此同时,中外合作办学继续沦为一种附带的实验。

因此,有关建设具有中国特色的大学的讨论包含着一个明显的悖论,也即大学系统要实现三组不协调的目标:国际化、高校自主权和教育主权。虽然可以实现其中任意两个目标,但要同时应付和实现三个目标还有待努力。为了更充分地了解情况,理解高等教育的改革以及高等教育大众化的过渡很有必要。

五、主要挑战：使科研和教学驱动创造力和创新

尽管拥有世界第二大经济体，中国普遍担心本国高校所培养的独立思考者比竞争对手少(McFarlan et al. 2014)。随着劳动力成本优势的丧失，要保持国家的经济增长有赖于提升高等教育系统的质量。新产品和新服务的创造不仅要求高校开展尖端研究，还需要它们培养学生的创造性和创新性思维。中国高等教育系统已经向更多的学生开放，关注的焦点也转向了大学的治理改革、活跃学术文化以及匹配大学教学与劳动力市场的需求等方面。

随着 1990 年代末高等院校开始扩招，中国从精英高等教育转向大众高等教育以后所面临的一个主要挑战是提高大学的质量。虽然 76 所顶尖高校是由教育部掌管，但绝大多数高等教育机构都是由地方政府所管辖(教育部 2014)。这些高校的教学水平还比较薄弱，培养的毕业生就业能力也不是很强。在 2013 年 5 月份之前，700 万毕业生中只有大约一半签署了就业协议。

经济全球化导致了人们对高等教育系统竞争力的关注。耶鲁大学校长理查德·莱文(Richard Levin)也是中国的常客，他指出了日益推动高等教育发展的动力，"高校前所未有地成为国家竞争和维护和平的工具"(Levin 2006)。中国的企业家和科学家都抱怨中国高校的毕业生缺乏进取精神。钱学森，中国的火箭科学之父，认为中国高校没能鼓励创新、跨学科的广度以及创新性思维："……我们的高等院校没有走在培养卓越人才的正确方向上，创造性不足。"(Zhao & Hao 2010)

与此同时，国内外的企业都加大了对多技能员工的需求，而这类人才是狭隘的学位课程所无法培养的。批评者中还包括前总理朱镕基和温家宝，他们认为要使高等教育提高经济竞争力，就必须促进创造性思维和独立思考能力(SCMP 2011a & 2011b)。2008 年，研究者在香港推动"克林顿全球倡议"(the Clinton Global Initiative)的讨论时，听阿里巴巴的马云也做过类似的评论。前谷歌中华区负责人李开复曾说"中国的教育系统与市场联系得不紧密。如果你把一个中国大学生安排在一家创业公司工作，他可能会经常犯错，而美国学生拥有更强的独立思考能力，他们更能够解决工作中的问题，更适合做创业者"(SCMP 2013)。

中国多所顶尖研究型大学对以上不足都实施了改进措施。如北京大学的"元培计划"就是仿照哈佛大学的模式对学生进行博雅教育的实验。该计划的目的是培养学生的创造力、跨学科思维和领导力。清华大学通过引入小组合作课以及提高师生交流的质量来加强学生的学习参与度(Hennock 2010)。

　　其他顶尖高校也在试图脱离讲义、教材、背诵和考试的学习模式，而这种模式在很多大学依然普遍。除了"985"和"211高校"以外，大多数高等院校的经费资源、高质量的教师以及获得中央政府的关注都更少。没有财政经费所支持的政策很难调动高等教育系统更大的积极性。

　　高校扩招如此迅速而广泛，以至于政策制定者不得不疲于应对快速增长的学生数量，而来不及对教学进行充分的改革。《国家中长期教育改革和发展规划纲要(2010～2020)》的目标之一是使中国的高等教育毛入学率在2020年达到40％，届时劳动年龄人口中将有20％的人拥有大学学历(教育部2011)。鉴于中国的人口变化情况，国家必须在未来十年大力培养人才以支持人口老龄化，因为未来十年年轻人的比例会越来越少。这意味着要改变现行的制度，给予教授和学生更大的自主性。中国正在开展本科教学评估，是由教育部通过自上而下的方式推动的。这与国际上很多顶尖大学的做法相左，后者享有设计和实施评估以及对自己的成功和失败负责的自主权(Jiang 2009；Ross & Cen 2000)。

　　标准化倾向有时会遏制由多元化所自然产生的活力。近年来，政府和高校之间的关系有所松动，但自治实践仍处于起步阶段。与发达国家的同行相比，国内高校的办学自主权非常有限。僵化的体制有时会阻碍信息的自由流动，后者对于世界一流大学的建设而言至关重要。正如世界银行的萨尔米指出："法制、政治稳定以及对基本自由的尊重构成了高水平大学运行的政治环境的重要方面。"(Salmi 2011 p.339)

　　政府意识到，过度"行政化"是高等教育实现卓越的一大障碍，因而开始着手减轻高校的一些行政负担，但能够多大程度上实现这一目标还有诸多疑问。这不仅仅是政府授予高校自主权的问题：为了提升高等教育质量，高校必须愿意并准备好为自己的自治承担更大的责任。但很多大学管理者与政府保持着密切关系，他们对获得官衔的兴趣依然比改革教学模式的兴趣更大。

　　中国拥有建设卓越研究型大学所需的绝大多数核心要素：发展愿景、丰富的人力资源以及足够的政府支持。此外，中国的文化传统很重视教育，学术人员也越来越有能力改善高校的教学质量，但大学管理需要认真评估中国的科研和教学的质和量能否获得更好的平衡。随着终身教职和晋升考核越来越取决于论文发表，教学常常扮演着次要角色。发表的压力也助长了学术腐败之风，导致抄袭盛行。预计教学和科研的质量问题也将持续很长时间。

　　然而，有充分的理由对中国内地高等教育的开放保持乐观态度。中国香港只有700万人口，但拥有的高水平大学数量却比亚洲任何城市都多。香港高校的成功经验能够启发中国内地研究型大学的未来，并有助于改善中外合作以创造能够平衡科研和教学的环境。

六、中国的第二体系：本末倒置的学术文化和有效治理

35年前的香港还相对较穷，只有两所本科院校，虽然在贸易、小型制造业和商业等方面享有名气，但在高等教育方面却籍籍无名。香港于1991年才成立科研拨款委员会，当时的科研总经费只有1亿港元（大约2 500万美元），但20年后科研经费达到了10亿港元。在1990年代中期以前，香港一直只有2所高校，但如今已有3所大学位列亚洲前10名和世界前50名（分别位列23、33和40名）（QS 2012）。香港8所高校整体的学术水平都很高，且备受推崇，其中有5所位列全球百强（QS 2012）。阿特巴赫和白杰瑞（Altbach & Postiglione 2012）指出了香港研究型大学快速发展的原因，包括学术文化和有效治理，以及主要教学语言为英语、国际化、管理人员的领导力和大学教师的质量等。

（1）政府指导和高校自主权。香港政府通过研究资助局（Research Grants Council）和大学教育资助委员会（University Grants Committee）为高等教育部门提供总体指导方向。重点资助和绩效指南构成了香港政府对高校的政策。与此同时，高校几乎拥有完全的办学自主权和自我管理的条件。

（2）有效治理。香港大学承袭了英国的学术传统，香港中文大学则将美国传教士传统和中国古典传统融合到了香港的殖民框架中。而香港科技大学将美国研究型大学的模式和学术管理融合在一起，但并没有对现状造成冲击。这三所大学都强调学者治校的国际化管理实践，与此同时也强调强有力的行政领导，但它们既没有陷入学者无休止的内部协商，也没有实行独裁统治。

（3）重视综合性学术。除了学术生产力之外，香港的学者比发达国家高等教育系统的同行更加重视教学（CAP 2007）。教师的绩效评估综合了教学、科研和科技成果转化等维度。此外，大学拨款委员会要求高校接受"教与学质量保证过程检验"（Teaching and Learning Quality Process Reviews）。所有的评估结果都会对外公开，包括说明评估结果可能对经费拨款所带来的影响，以保证高校能够采取后续的应对之策。

上文所提到的香港在大学治理和学术文化方面的优势尽管已为人们所普遍接受，但在对学者的"学术职业变革国际调查"（the Changing Academic Profession）实证数据的分析中并没有得到体现（2007）。

调查结果表明，中国内地的高校比香港高校更倾向于采取自上而下的管理

方式。当被问及在批准新的学位项目、教学评估、设置研究优先事项、科研评估以及建立国际网络等事务方面，谁拥有主要的影响力时，学者们的回答基本一致，鲜有例外。香港学者普遍认为政府、高校管理层、学术单位、教师委员会和教师的影响力是逐渐递增的，而内地学者的看法正好相反。然而，内地学者似乎并没有像香港同行那样会受自上而下的大学治理方式的困扰（如后图7.1～图7.4）。令人惊讶的是，内地学者不像香港学者那样认为他们的大学采取的是自上而下的管理方式。与香港同行相比，内地高校的学术人员更倾向于认为学者和行政人员之间有良好的沟通，大学的决策是以更共治的方式展开（表7.1）。此外，他们也更倾向于认为大学行政人员支持教学和科研活动，行政管理过程并不太过繁琐（表7.2）。更令人惊讶的是，内地学者认为自己比香港学者有更多的影响力。尽管香港研究型大学在管理过程中的透明度更高，但与内地学者相比，香港学者感觉自己更不了解本校所发生的事情，也更不倾向于认为管理人员提供了有力的领导。

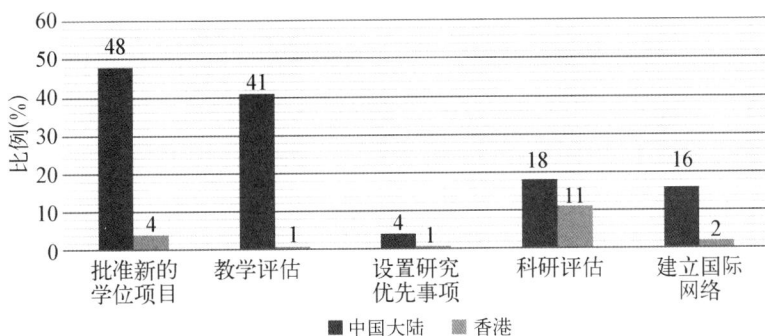

图7.1　认为政府拥有主要影响力的学术人员的比例

资料来源：学术职业变革，2007。

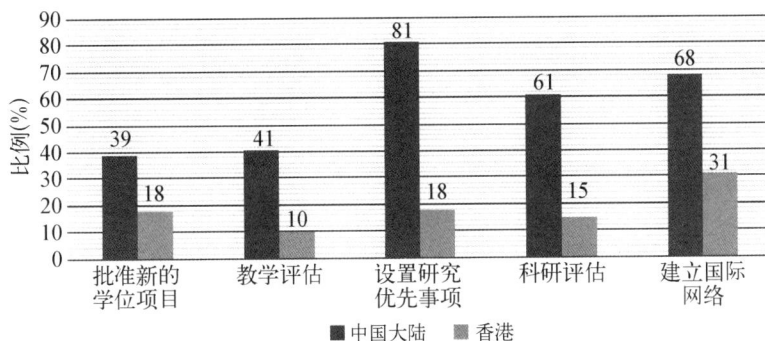

图7.2　认为高校管理层拥有主要影响力的学术人员比例

资料来源：学术职业变革，2007。

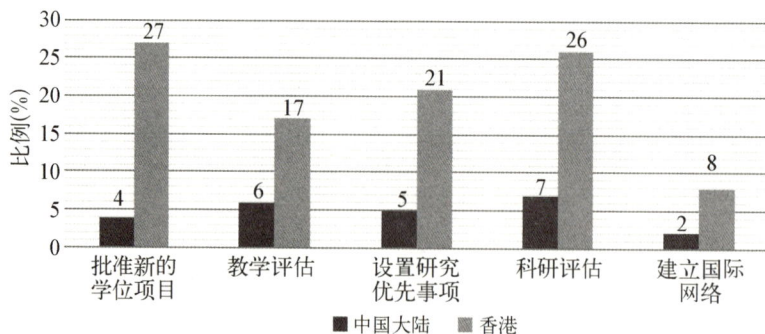

图 7.3　认为教师委员会拥有主要影响力的学术人员比例

资料来源：学术职业变革,2007。

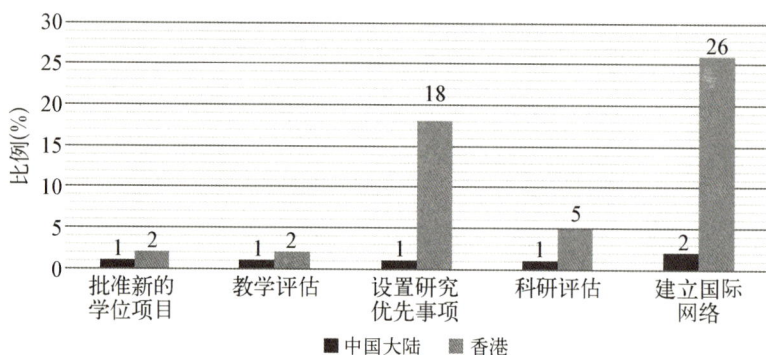

图 7.4　认为教师拥有主要影响力的学术人员比例

资料来源：学术职业变革,2007。

表 7.1　关于高校管理和行政的看法：同意或非常同意(%)

	中国大陆	中国香港
自上而下的管理方式	46	74
很强的绩效导向	60	65
行政程序繁杂	54	62

资料来源：学术职业变革,2007。

表 7.2　关于高校管理和行政的看法：同意或非常同意(%)

	中国大陆	中国香港
管理人员和行政人员之间有良好的沟通	34	25
决策过程更倾向于共治	36	23

（续　表）

	中国大陆	中国香港
为了解本校所发生的事情	44	36
缺乏教师参与是一个严重的问题	52	40

资料来源：学术职业变革，2007。

然而，香港学者认为他们的高校具有更强的绩效导向。这也证实了香港的研究型大学系统更高效，也更精英化。内地大学只有 15％ 的学术人员拥有博士学位，很难获得像香港那样的学术表现。尽管内地高校正在寻求一种可以平衡教学和科研质量与数量的本国模式，但在目前的发展阶段很难实现。这并不是说中国内地的大部分学者都要倾力拥抱香港模式，特别是如果薪酬和工作条件达到了与发达经济体研究型大学的国际标准。然而，内地学者对北大人事改革方案的抵制，表明西方的学术人事制度在中国大陆很不受欢迎。

七、结论

要复兴中国的研究型大学，学术共同体必须达成对高校管理和学术文化变革的一致看法。目前似乎还不大可能实现这种状况。缓慢增加的海归人才也只是稍稍促进了变革。一个更显著的影响因素可能是中国学术职业的人口状况。中国学术人员的平均年龄比很多其他全球领先的国家都要年轻（如表 7.3）。但在市场经济中成长起来的中国年轻学者发现，他们的工资收入不足以维系他们的学术生活方式。他们看到很多受教育程度远不如自己的人变得越来越富有。事实上，中国的学术薪酬是"金砖四国"中最低的，许多科研人员不得不兼职以提高收入（Altbach et al. 2012）。这也许是为什么中国内地的学术人员认为学校缺乏教师参与是一个很严重的问题。

表 7.3　17 个国家或地区学术人员的平均年龄

国　　家	平均年龄	国　　家	平均年龄
美　国	51.8	加拿大	47.4
日　本	51.7	澳大利亚	47.1
意大利	49.6	挪　威	47.0
墨西哥	48.2	阿根廷	47.0

（续　表）

国　　家	平　均　年　龄	国　　家	平　均　年　龄
香　港	46.4	葡萄牙	43.4
英　国	46.3	芬　兰	43.3
韩　国	46.1	马来西亚	39.5
德　国	45.3	中　国	38.8
巴　西	44.3	总　体	45.5

资料来源：学术职业变革，2007。

与中国大陆所不同，香港地区目前已经成功实现了三个关键要素：高度的办学自主权、高度的国际化以及根据香港特别行政区的基本法保护了教育主权（Postiglione 2013）。香港的例子也说明是什么压制了中国大陆研究型大学体系的潜力。尽管后者对顶尖高校的设施和一流硬件的投入令人印象深刻，但学术系统的软件要素，即机构治理和学术文化则不太能够促进科研和教学质量与数量之间取得更好的平衡。

参考文献

［1］ Altbach, P. G. (2011). Reconsideration of world order in higher education. Seminar delivered to *the Community of Higher Education Research*, University of Hong Kong, October 20.

［2］ Altbach, P. G., & Postiglone, G. A. (2012). Hong Kong's academic advantage. *Peking University Education Review*.

［3］ Altbach, P. G., Reisberg, L., Yudkevich, M., Androushchak, G., & Pacheco, I. (Eds.). (2012). *Paying the Professoriate: A Global Comparison of Compensation and Contracts*. New York: Routledge.

［4］ AWRU Academic World Ranking of Universities (2013). Retrieved on 30 June 2014. http://www.shanghairanking.com /.

［5］ Beardson, T. (2013). *Stumbling Giant: The Threats to China's Future*. New Haven: Yale University Press.

［6］ Chen, Z. L. (2002). The impact of WTO on china's educational enterprise and related policies. *People's Education*, 3, 4－7.

［7］ Cheng, F. P., Liu, I. G. & Wu, H. (2011). 2009 blue book of education: China on the eve of tremendous changes. In *The China Education Development Yearbook*, 3. Boston: Brill Press.

[8] Cheung, B. L. (2012). Higher education in Asia: Challenges from and contributions to globalization. *International Journal of Chinese Education*, 1, 177 - 195.

[9] Guardian. (2011). China poised to overhaul US as biggest publisher of scientific papers. March 28. Retrieved 30 June 2014. http://www.theguardian.com/science/2011/mar/28/china-us-publisher-scientific-papers.

[10] Hayhoe, R. (1996). *China's Universities 1895 - 1995: A Century of Cultural Conflict* (2nd ed.). Hong Kong: Comparative Education Research Centre, University of Hong Kong.

[11] Hennock, M. (2010). With new survey, Chinese colleges ask students what they really think. *Chronicle of Higher Education*. August 9.

[12] Hu, A. G. (2011). *China in 2020: A New Type of Superpower*. New York: Harper-Collins.

[13] Huang, Y. S. (2011). Rethinking the Beijing Consensus, *Asia Policy*, January.

[14] Jacques, M. (2009). *When China Rules the World: The Rise of the Middle Kingdom and the End of the Western World*. London: Allen Lane.

[15] Jiang, K. (2009). Chinese evaluation of undergraduate teaching. *Chinese Education and Society*, 42(2), 3 - 6.

[16] Kirby, W. C. (2014). The Chinese century? The challenges of higher education. *Deadalus*.

[17] Kissinger, H. (2011). *On China*. London: Allen Lane.

[18] Levin, R. (2006). Universities Branch Out, Newsweek, Aug. 21 - 28, 2006. Retrieved from http://www.law.yale.edu/documents/pdf/Public_Affairs/PresidentLevinArticle.pdf.

[19] Li, R. (2011). Radical university reformer forced to take a step back. *South China Morning Post*. A7.

[20] Lin, J. H. (2013). Sino-Foreign cooperation and Hong Kong-Mainland cooperation in Education. Seminar of the Wah Ching Centre of Research on Education in China, March 28.

[21] Liu, D. Y. (2010). *Zhongguo gaoxiao zhican. The Shame of Chinese higher education* 高校之殇. Wuhan: Hubei People's Press.

[22] Marginson, S. (2011). Higher education in East Asia and Singapore: Rise of the Confucian model. Manuscript.

[23] McFarlan, F. W., Kirby, W. C., & Abrami, R. (2014). *Can China Lead: Reaching the Limits of Power and Growth*. Cambridge: Harvard Business School Press.

[24] MOE Ministry of Education. (2003). *Law of the People's Republic of China on the Promotion of Private Schools*. Retrieved from http://www.moe.gov.cn/publicfiles/

business / htmlfiles / moe / moe_619 / 200407 / 1317.html.

[25] MOE Ministry of Education. (2011). China's new national plan for medium- and long-term education reform and development (2010 – 2020). Retrieved from http:// www. moe. edu. cn / publicfiles / business / htmlfiles / moe / s3501 / index. html.

[26] NCERD (National Center for Educational Development Research). (2000 – 2009) Green paper on education in China. Beijing: Educational Science Publishing House.

[27] OECD. (2012). *Main Science and Technology Indicators*. Retrieved from http:// www.oecd.org / sti / inno / msti.htm.

[28] OECD. (2013). *Asian Countries Top OECD's Latest PISA Survey on State of Global Education*. December 3. Retrieved from http:// www. oecd. org / education / asian-countries-top-oecd-s-latest-pisa-surveyon-state-of-global-education.htm.

[29] Pan, M. Y. (2009). An analytical differentiation of the relationship between education sovereignty and education rights. *Chinese Education and Society*, 42(4), 88 – 96.

[30] Postiglione, G. A. (2009). China's international partnerships and cross-border cooperation. Editor's Introduction to *Chinese Education and Society*, 42(4), 3 – 10.

[31] Postiglione, G. A. (2011a). Higher education: University challenge. *China Economic Quarterly*, 15(2), 22 – 25.

[32] Postiglione, G. A. (2011b). The rise of research universities: The Hong Kong University of Science and Technology. In P. G. Altbach & J. Salmi (Eds.), *The Road to Academic Excellence: The Making of World Class Universities*. Washington DC: The World Bank.

[33] Postiglione, G. A. (2013). Anchoring globalization in Hong Kong's Research Universities: Network agents, institutional arrangements and brain circulation. *Studies in Higher Education*, 38(3), 345 – 366.

[34] QS. (2012). http:// www. topuniversities.com / university-rankings / world-university-rankings / 2012. Top universities worldwide.

[35] Ramo, J. C. (2004). *The Beijing Consensus*. The Foreign Policy Centre. May. Retrieved 28 January 2014.

[36] Redden, E. (2014a). Phantom campus in China. *Inside Higher Education*, Febuary 12. Retrieved from. http:// www. insidehighered. com / news / 2008 / 02 / 12 / china # sthash. XjQmRUiI. dpbs.

[37] Redden, E. (2014b). Bucking the branch campus. *Inside Higher* Education, March 12. Retrieved from http:// www. insidehighered. com / news / 2014 / 03 / 12 / amid-branch-campus-building-boom-some-universitiesreject-model # ixzz34fcVHp8L.

[38] Rosen, S. (2004). The Beida reforms I. *Chinese Education and Society*. New York: M.E. Sharpe.

[39] Rosen, S. (2005). The Beida Reforms II. *Chinese Education and Society*. New York：M.E. Sharpe.

[40] Ross, H., & Cen, Y. H. (2000). Chinese higher education and evaluation in context. *Chinese Education and Society*, 42(1), 3 - 7.

[41] Royal Society. (2011). *New Countries Emerge as Major Players in Scientific World*. March 28. https://royalsociety.org / news / 2011 / new-science-countries /.

[42] Salmi, J. (2011). The road to academic excellence：Lessons of experience. In P. G. Altbach & J. Salmi (Eds.), *The Road To Academic Excellence: The Making of World Class Research Universities*.Washington, DC：The World Bank.

[43] Schell, O., & DeLury, J. (2013). *Wealth and Power: China's Long March to the Twenty-First Century*. London：Little Brown.

[44] Science. (2012). *With Eye to Innovation, China Revamps its Universities*. 31 August. Retrieved from http://www.sciencemag.org.

[45] SCMP South China Morning Post. (2011a). Zhu Rongji resurfaces to criticise education reforms, April 23. Retrieved from http:// www.scmp.com / article / 965804 / zhu-rongji-resurfaces-criticise-educationreforms.

[46] SCMP South China Morning Post. (2011b). Wen in renewed plea for wider political reforms. April 29. Retrieved from http:// www.scmp.com / article / 966328 / wen-renewed-plea-wider-political-reforms.

[47] SCMP South China Morning Post. (2013) Former Google China head Lee Kai-fu sows seeds of change, August 8. Retrieved form http:// www.scmp.com / news / china / article / 1295061 / lee-kai-fu-nurturesstart-ups-and-hopes-better-china.

[48] THE Times Higher Education World University Rankings (2013). http:// www.timeshighereducation.co.uk / world-university-rankings /.

[49] Shambaugh, D. (2013). *China Goes Global: The Partial Power*. Oxford：Oxford University Press.

[50] Shen, Z. (2003). Shanghai jiang shuaixian shixian gaodeng jiaoyu puji hua：2002 nian gaodeng jiaoyu maoruxuelu yida 51%, 5 nianhou jiangda 60% yishang (Shanghai will take the lead in the massification of higher education：Gross enrolment rate reaches 51% in 2002 and set to move beyond 60% in five years). China Education Daily, February 17, 2003. Retrieved from http:// www.jyb.com.cn / gb / 2003 / 02 / 17 /zy / jryw / 1.htm.

[51] Telegraph. (2014) China "to overtake America by 2016", April 26. Retrieved from http:// www.telegraph.co.uk / finance / china-business / 9947825 / China-to-overtake-America-by - 2016.html.

[52] University World News. (2007) UK：China the next higher education superpower, 25

November. Issue No. 7. Retrieved from http：// www. universityworldnews. com / article. php? story＝20071123120347861.

[53] Vogel, E. (2003) China's intellectual renaissance. *Washington Post*, Dec 5, 2003.

[54] Vogel, E. (2013). *Deng Xiaoping and the Transformation of China*. Cambridge： Harvard University Press.

[55] Wildavsky, B. (2012). *The Great Brain Race: How Global Universities are Reshaping the World*. Princeton： Princeton University Press.

[56] Williamson, J. (2012). Is the "Beijing Consensus" now dominant? *Asia Policy*. January.

[57] Xin, H. (2012). With eye to innovation, China revamps. *Science*, 337, 634 – 645. August 10. Retrieved from http：// www. sciencemag. org.

[58] Yang, D. P. (Ed.). (2003). *Daxue jingshen* (The Spirit of Higher Education). Beijing： Wenhui.

[59] Yang, R. (2013). Indigenizing the western concept of the university： Chinese Experience. *Asia Pacific Education Review*, 14(1), 85 – 92.

[60] Zhang, L. (2009a). Policy direction and development trends for Sino-Foreign partnership schools. *Chinese Education and Society*, 42(4), 11 – 22.

[61] Zhang, M. X. (2009b). New era. New policy： Cross-border education and Sino-Foreign cooperation in running schools in the eyes of fence-sitter. *Chinese Education and Society*, 42(4), 23 – 40.

[62] Zhao, L. T., & Hao, J. J. (2010). China's higher education reform： What has not been changed? *East Asian Policy*, 2(4). Singapore： World Scientific. Retrieved from http：// www.eai.nus.edu.sg / Vol2No4_ZhaoLitao&ZhuJinjing.pdf.

[63] Zhou, J. (2006). *Higher education in China*. Singapore： Thomson.

第三部分

高 校 回 应

第八章 全球和地方层面声誉与绩效之间的关系：以法国研究型大学为例

劳伦·比松（Laurent Buisson）[①]

一、引言

（一）基础研究中声誉与绩效的一致性

全球的知识交流已有上千年的历史，而科学研究是发现和创造新知识最有效的方式。正因如此，科研早在几个世纪以前的开始阶段便实现了国际共享。其结果是，自然科学和医学领域基础研究的绩效和声誉从16世纪便开始了国际评估——最初是以非正式的方式，但后来逐渐结构化了。世界各国科学学会的成立、科学期刊的发布、同行评议的出现以及诺贝尔奖、菲尔茨奖等国际奖项的产生，一起推动了科学评估程序的形成，同时也提升了高校的声誉与绩效。

基于对基础研究评估方式的统一认可而形成的可测科研指标，使大学排名在全球范围内大获成功。对于一所大学而言，拥有强大的科研能力意味着其科学家所开展的研究能够发表在阅读量最大的期刊上、被大量其他科学家引用并最终通过获得知名奖项而带来国际声誉。换句话说，在这个层面，绩效几乎等同于声誉，因为后者主要是通过在本地或国际层面的发表、引用和国际曝光而获得。

（二）评估自然科学研究以外的声誉和绩效

然而，一旦离开自然科学和医学研究领域，我们便面临着完全不同的状况，绩效评估更加复杂，客观的评估指标也很难确立。在其他领域，系统不那么完善,发表、期刊和媒体也更加多元化。声誉主要取决于被观察的对象、观察者以及他们的看法。

例如,语言和文化在部分学科领域的科研传播与评价中扮演着重要角色。文学和历史均是如此,它们关注的主题主要取决于本国或本土文化。这些文化偏见也会决定一项研究所能获得的关注度以及价值认可。

用于评估绩效或声誉的工具也非常重要。基础科学和医学所使用的文献计量法依赖于共享的公开数据,用它来评估绩效和声誉不会引起太多的方法论争议。然而,通过调查但不透露被调查者身份的方式来衡量一所高校的声誉,则会立即引起人们对潜在偏见的质疑：调查对象是否合理覆盖所有的经济领域、国家、区域或性别?

绩效与声誉之间的差异在法国得以充分展现,对两个具体的排名进行比较可以发现,它们的排名结果大相径庭。这两个排名分别是上海交通大学自2003年以来所发布的“世界大学学术排名”以及巴黎高等矿业学校(École nationale supérieure des mines de Paris)在2006～2011年期间所发布的排名。两个排名都是基于可获得的公开数据,但前者使用多个与科研相关的指标——虽然部分指标的目标是评估教育绩效,而后者则仅仅关注教育。前者基于文献计量以及授予给教师和校友的国际奖项;而后者则仅采用了一个单项指标,即大学校友中担任福布斯500强企业首席执行官的人数。对这两个排名的比较在法国获得了大量的关注,因为法国高校在这两大排名上的名次差异很大。法国小规模的精英高等教育机构(大学校)的声誉主要源于它们的历史、高度选择性的招生程序以及部分校友在法国大企业或政府部门担任要职。然而,因为科研能力有限,几乎所有这些高校在“世界大学学术排名”上的名次都不尽如人意。由于法国普通民众并不认为科研绩效是衡量高等教育机构的关键指标——这可能仅限于法国,一些人吃惊地发现“世界大学学术排名”上名次最高的两所法国高校竟然是巴黎第六大学(Pierre and Marie Curie University, UPMC)和巴黎大学(Paris Sud University)。而由法国巴黎高等矿业学校在几年后所发布的排名却符合了法国人的普遍期待,在排名的前30名中,有7所是法国的精英大学。在这个例子中,两个排名结果之间的明显差异和两类高校声誉与绩效的差异主要是因为两个排名选择了截然不同的指标,从而导致了不同的结果。

一般来说,声誉和绩效之间的矛盾以及关于排名的讨论与争议,主要源于国际和本地层面缺乏对评估声誉和绩效的统一评估指标。

（三）制定适用于不同利益相关者的指标

为了制定战略或增加资源，大学往往要考虑一系列的利益相关者：国际组织，中央或联邦政府，地区、省或州政府，城市，基金会或慈善机构，雇佣大学毕业生、赞助大学科研或购买技术许可的企业，学生及其家庭。这些利益相关者期待高校能够为他们提供所需的服务并完成他们所认为的重要使命。

因此，利益相关者会根据自己的标准（显性的或隐性的）来判断高校的绩效。就教育或科研对社会的影响而言，一些地方政府特别关注大学在特定地域内的活动和影响、特定经济领域的研究或者特定的学生群体。它们不太愿意关注高校在自身辖区之外的绩效。也就是说，获得诺贝尔奖无疑会受到绝大多数对学术活动感兴趣的利益相关者的赏识，因为该奖项被认为是一项最高荣誉——无论是在全球层面还是地方层面。

因此，在同一所高等教育机构，一些指标对于部分利益相关者可能非常有利，他们会认为这所高校的绩效很好，但对其他人来说可能并非如此，他们会更加怀疑大学活动的绩效。

（四）制定适用于不同政策和情境的指标

指标的多样性可能还来源于不同领域大学活动的实践与政策的多样性。例如，研究者将说明适用于由大学教师所创造的知识产权的国家法律，可能对一些科技成果转化指标会产生显著影响。

高校的招生制度与实践以及授予学位的程序，会对教育在劳动力市场上所带来的附加价值产生巨大影响。人们普遍发现，父母拥有大学学位的学生比父母没有接受过高等教育的孩子更有可能获得大学学位。因此，招收第一类学生的高校似乎比招收第二类学生的高校在学生成就方面有更好的绩效。为了纠正这种偏见，法国政府最近引入了一些指标来评估大学所带来的附加价值。他们评估大学在校生的社会文化背景以及他们在获取学位过程中的整体成绩。评估结果显示，即便一所大学的学生整体成绩不如另一所大学，但如果前者学生的家庭背景更优越，那么也依然被认为会带来更高的附加价值。

然而，即便面对同一类利益相关者以及同样的标准，也很难对政策、实践和指标进行比较，因为有些指标所反映的价值和程度是与所处环境相关的。例如，用于衡量学位所带来的附加价值的毕业生工资溢价取决于大部分毕业生所工作的就业市场。教育的影响在很大程度上也依赖于劳动力市场的薪酬范围。我们在很多情况下都面临类似情况。

（五）对大学声誉的感知

就声誉而言，大部分观察者认为大学的声誉主要来自通过历史和对自身成功故事的宣传所积攒的声誉。一所大学历史越悠久就越出名，这可能促使了《泰晤士高等教育增刊》发布校史 50 年以下全球高校百强排名。此外，一些高校在宣传自身的活动方面比其他大学更成功。这样一来，即使两所高校的实际水平相同，善于宣传的高校会拥有更高的声誉。

根据大众普遍的感知，声誉也取决于大学所覆盖的学科或与高校相关的行业领域。在一个没有粮食危机但面临着人口老龄化的国家，农业方面的科研或教育不会引起太多的关注，声誉会低于医学研究。

我们还将讨论评估科研对经济和社会影响的难度。例如，媒体广泛报道成功的科技成果转化会夸大人们对高校实际影响的认知。

（六）聚焦两个领域

一些领域的问题对高等教育机构，特别是研究型大学而言至关重要，它们通过两种渠道对经济和整体社会产生重大影响：科研成果创新以及教育或培训。在下文中，作者将阐述一所法国研究型大学——巴黎第六大学是如何解决这些问题的。

二、大学科研对社会的影响

大学科研对社会整体的影响是一个很宽泛的问题。科研经费、博士生教育、大学生消费、教职员工从事的咨询活动、学术共同体的科学志愿活动（scientific volunteering）或者是毕业生的工资溢价等都可能对经济产生较大影响，正如 BiGGAR 咨询公司（2015）的咨询顾问所描述的那样。但这里我们主要关注三类活动对经济的影响：校企科研合作（包括企业的委托研究）、知识产权管理和科技成果转化、高校创立新的衍生公司。

（一）校企科研合作

1. 合作的性质

在大多数研究型大学，与企业进行科研合作是大学科研创收的重要组成部分。巴黎第六大学每年都会与公司签订大约 100 个这样的合作协议。覆盖的范围从皮肤美容研究到石油勘探工具的开发，从眼部疾病研究到飞机引擎燃料的数学建模等。这些协议涵盖了大学与企业各种形式的合作。

（1）企业委托项目：实物或现金。公司首先会将问题告诉给一所大学实验室，并请该实验室的科学家寻找解决方案。在合作形成的初期，双方还要探索合作的形式。公司可能会雇佣一名大学生作为实习生，让该学生在其教授的指导下研究相关问题。如果问题比较复杂，需要更全面深入的研究，公司可能会雇佣一个博士生，或者赞助博士生在大学实验室开展相关的博士论文研究。在多个欧洲国家，政府设立了专项经费来支持高校-企业的联合培养博士项目，但大学实验室也可以通过设立更大的专责小组来应对这一问题。在此情况下，企业和高校通常会签署合同，以界定委托项目的范围、费用、经费和最终成果的所有权。

（2）由纳税人资助的合作项目。在欧洲，有很多不同类型的校企合作项目是由纳税人资助，并由欧洲委员会、政府或公共部门所管理。这类研究项目在过去20年里越来越流行，目前在法国校企合作中占有很大的比例。在这类项目中，企业和大学之间没有直接的财务往来，因为它们各自的费用都由公共经费所赞助。

（3）校企联合实验室。如果决定进一步发展合作关系，企业和大学实验室可以成立联合研究团队，由企业的研究人员和高校的教职员工共同组成。法国有多个这样的联合实验室，有的设在企业，有的则设在大学。巴黎第六大学与一家化妆品公司——皮尔法伯集团（Pierre Fabre）在法国加泰罗尼亚海岸（Banyuls-sur-Mer）的海洋观测站成功设立了一个联合实验小组。通常，企业和大学之间的财务往来较之合作双方的实际交往相比非常低。然而，在这一类的合作中，科研项目的知识产权通常由合作双方共同所有，企业享有一定的专利许可权。

（4）企业赞助讲席教授职位。最后，企业也可能决定在其感兴趣的更大主题范围内赞助一个大学讲席教授职位。在此情况下，企业可以利用财政激励，但不允许获得任何知识产权。

以上所有这些合作都可能会对经济产生重大影响，因为它们允许企业更加了解并掌握自身业务所依赖的对象、现象和过程。最终，它们可以为市场带来更好、更适合顾客、也更便宜的产品或服务。

2. 评估校企科研合作的绩效

一所大学在校企科研合作领域的高声誉通常来自媒体对成功合作的广泛报道，或者是因为该校与大企业或知名企业开展了合作。然而，要评估这些合作的经济影响是一个艰难的任务，因为它们的性质不同，对市场的影响方式也不同。

（1）来自企业的科研经费。这是一个好的指标吗？评估这些活动的绩效最常采用的指标是企业直接支付给高校的总经费，这些费用涵盖了公司对合作项目的部分支出。其基本假设是，一家公司之所以继续支持与高校的科研合作项目，是因为它期望这些科研合作能够创造新的技术，并最终获得更好的销售。但是，一所高校所获得的企业经费水平并不能代表该校科学家所创造的实际经济价值。首先，高校所获得的企业收入水平取决于大学与企业之间的酬金谈判或校企科研合作的最终市场情况。谈判所涵盖的内容不限于科研项目本身，可能还涉及伞形合作模式或附加某种实物交易，如赠送科研设备。企业也可能会向合作项目或联合实验室指派一些研发人员或刚聘用的研究生。负责校企合作的联络人员在价格谈判上可能会更积极，也可能会不太积极。不同的国家、行业领域、规模或内部文化使企业在支付高校的合作项目费用时有着不同的倾向，有的愿意支付全部费用，有的则不太愿意。因而，同一个实验室即使与两个公司有同等程度的合作，获得的经费水平可能并不相同。

此外，如前文所述，有很多项目是由纳税人资助并由政府或公共部门所管理，以推动校企科研合作。这也意味着高校和企业之间存在着一些不会给高校带来企业经费收入的重要合作。为了确定校企合作的实际水平，我们不仅要考虑从公司和企业获得的收入，也要统计从政府或公共部门获得的用以支持这些合作的补助。在巴黎第六大学，第一类和第二类经费收入分别占除法国政府预算拨款以外科研经费的10％。

（2）大公司和小企业。对于大学实验室而言，与大公司合作所需应对的挑战与要求没有与小企业合作那么高。事实上，大企业通常具有非常完备的研发部门，研究人员通常拥有从大学实验室获得的博士学位。因此，他们对学术界非常熟悉，很容易建立合作关系。相较而言，大学与小企业合作的难度更大。这类企业通常没有研发部门，员工也往往没有博士学位，甚至是硕士学位。管理人员可能对科研都不太熟悉。对他们而言，要确定哪些前沿技术不适用很困难。因此，与小企业合作需要大学做出更深层次的承诺。一些利益相关者支持这样的承诺。例如，法国国家研究署（French National Research Agency）通过设立经常性经费体系来支持公共实验室，这一体系会根据高校从中小企业获得的经费额度给予其一定的奖金。这意味着，它们在评估大学与企业合作的绩效时，会更关注高校与小企业之间的关系。

3. 制定促进高校与企业开展科研合作的战略

面对着标准各异、评估指标非常广泛的各类利益相关者时，大学必须做出选择。大学要根据自己所决定实现的使命或优先议程选择最佳指标来评估或呈现绩效。真正的选择并不是关于指标，而是关乎使命。我们认为高校最重要的使命之一是通过科研活动对经济、社会和人类发展作出贡献。这些科研活动所创造的成果有助于开发新产品或提供新服务、更好地控制工业生产流程、节约能源和保护环境以及引进新的药物和拯救生命。然而，这样的使命并不能抵消知识发展的根本使命。

换句话说，我们并不认为与企业的科研合作会比开展基础研究更重要。我们相信，纯基础研究是研究型大学的核心使命。科学的进步为新技术的发展奠定了基础。攻读基础科学博士学位的研究生所接受的教育是要面对、处理和解决企业或社会整体所面临的新问题。基础研究的新科学设备或研究方法往往被证明在经济领域也非常有用。此外，有大量的基础研究产生了突破性的创新并最终创造了巨大的社会和经济利益。基础科学突破越大，产生的影响就越大。例如，曾诞生过三位诺贝尔奖获得者的巴黎第六大学的卡司特勒-布洛索基础量子物理实验室(Kastler Brossel Laboratory)创造的很多发明现在被用于全球定位系统、激光制造和电子通讯等领域。

(1) 选择经济领域。为了让制定的战略能够产生最大的影响，我们自然需要参考利益相关者的优先顺序。但就企业领域而言，作为一个覆盖科学、工程和医学的研究型大学，我们认为不能局限于可能会被一些企业伙伴选中的领域。我们的教师也不会同意放弃整个潜在的应用领域。

(2) 选择公司。一些利益相关者，如地方政府希望我们主要与当地企业合作。然而，作为一所全球性大学，我们不会遵从这一原则。就合作企业的规模而言，巴黎第六大学尽力采取一种正面的歧视，也即多与中小企业合作，尽管与它们合作可能更具挑战性。许多欧洲的高等教育机构和科研机构也采取类似的做法，由此可以获得政府更多的额外津贴，或者是因为它们确信小企业是更好的创新者和经济发展的引擎。

(3) 发展综合指标体系。我们是想要评估校企合作的实际影响，而不仅仅是衡量大学获得的企业收入，因此需要尽力使用更广泛的指标：企业合作伙伴的数量是衡量教师承诺和开放性的一个很好的指标；涉及的经济领域的数量很好地说明了一所大学覆盖的行业领域的情况；企业伙伴中小企业的比例能够说明大学对这类企业伙伴的适应能力；国外或国际企业的数量能够很好地说明科学家在全球层面的工作能力或全球声誉的情况。此外，我们还追踪从公共部门获得的用以推动校企合作项目的经费情况。这些多样化的指标很重要，既可以识别趋势，也可以评估我们科研绩效和声誉的变化。

(4) 扩大利益相关者的范围。最后，我们要阐述的是，与大型国际企业开展科研合作有助于在本地建立新的分公司。此外,吸引大型企业进行科研合作可以帮助地方的小公司获得更多的业务。换句话说,我们会尽力说服我们的利益相关者从更系统性的角度来看待我们的科研合作,让他们认识到我们的研究使命是为了能力建设,相应的人力、智力和物力投资会对它们的客户产生积极影响。

4. 知识产权管理和科技成果转化

大学也可以通过科技成果转化对社会产生重大影响。这些科研成果(发明公开会对之进行描述)可以通过申请专利或版权获得保护,然后许可给公司。这类转让最终可能会促使新产品或服务进入市场。

(1) 评估高校在科技成果转化方面的声誉和绩效。在知识产权管理和科技成果转化方面,高校的声誉往往来源于所谓的"一鸣惊人"(blockbusters),也就是通过给企业的专利许可创造了巨额的收入。一些大学可能会因为一项专利许可而名声大噪,但实际开展的科技成果转化活动可能很少。一些科技成果转化调查,如美国高校技术经理人协会(Association of University Technology Managers)每年对北美研究机构所开展的调查通常被认为是评估大学科技成果转化绩效的有效工具。这些调查会公布发明公开数、专利申请数、专利授权数、签署和执行的许可数以及通过许可获得的收入等。

(2) 高校创造或拥有的发明。然而,专利活动和科技成果转化再一次展示了声誉与绩效之间的矛盾。事实上,不同的国家和高校的知识产权的归属存在差异。在很多情况下,由于法律或文化的原因,科研人员所创造的发明往往属于他们所在的大学;而在其他情况下,学校教师可以保留知识产权;还有一些情况下,根据事先的、隐含的甚至是口头的协议,知识产权在专利申请递交之前直接转让给了公司。然而,美国高校技术经理人协会的调查仅关注由高校所递交的专利申请。其结果是,由大学创造而并不由大学所有的发明专利申请并不被这些调查统计在内。为此,多位从事创新领域研究的经济学家尝试同时统计由科研人员和大学所递交的专利申请(Lissoni et al. 2007)。分析表明,一所大学在专利申请和知识产权组合方面的声誉与实际活动之间可能存在很大差距。

(3) 技术是由高校还是教师转让。在评估科技成果转化方面我们面临着同样的困境:只要在发明公开发表时知识产权的所有权属于高校,那么授权的许可数以及通过执行许可所产生的收入便是衡量科技成果转化的一个很好的指标,从而可以用于评估科研的经济影响。北美大多数科研机构都是这种情况,这也是为什么美国高校技术经理人协会调查能够根据科技成果转化活动对这些高校进行排名的原因。但如果专利所有权属于教师,许可协议也由教师和公司签订的话,情况会怎么样呢？可能科技成果转化活动实际存在,科技成果转化的绩效也可能很好,但高校在这方面的全球声誉会很低。与此同时,高校的科技成果转化收入也会存在差异,因为在第一种情况下,许可产生的收益和提成由高校获得,而在第二种情况下,许可所产生的收入仅为教师所有。

5. 制定和推动高校科技成果转化战略

大量研究型大学的使命陈述中涵盖了向公众推广和传播研究成果。技术许可是实现这一使命最常见的方法之一。在巴黎第六大学,我们从20世纪90年代末便创建了科技成果转化办公室。

(1) 科技成果转化的相关性。一些法国的利益相关者对科技成果转化的原则表示不满。例如,他们认为大学既然接受了纳税人的大量资助,那么科学研究的成果应该对公众免费开放。一些人甚至认为专利申请既复杂又昂贵,根本没有必要。总之,他们希望看到大学实验室专注于与企业开展合作科研,并放弃索要这些研究发明的所有权。因而,这些利益相关者甚至看不到科技成果转化评估所带来的益处。作为研究型大学,我们必须捍卫我们的使命,向利益相关者解释基础研究活动的发明可能会带来很高的经济价值,必须要对之加以保护并许可给有限数量的企业,以确保企业有兴趣对这些发明成果的技术与商业开发进行投资。再者,也没有理由仅免费许可给某一家公司,而不是其他公司。

(2) 科技成果转化中受许可方企业的地理位置。受许可方企业的地理位置也同样受到关注。一些地方政府或中央政府认为它们的大学与本区域以外的企业签订许可协议不会给本地带来任何益处。在它们看来,当受许可方企业位于本地或至少是本国时,高校会带来更大的利益。1980年通过的美国"拜杜法案"(Bayh Dole Act)甚至建议受联邦政府资助的研究型大学向国内企业转让技术。该法案同样给予了小企业优先权,比将技术转让给大公司更有利。法国政府在2014年也公布了类似的建议(Ordonnance n° 135 du 17 février 2014)。但随着世界经济的日益全球化,一些政府和公众舆论开始理解一所大学在科技成果转化方面的绩效并不取决于受许可方企业的地理位置或"国籍"。就像国际贸易,大部分国家认为进出口商品和服务是很自然的事情,因此,人们也普遍认为一个国家可以出口和进口技术和知识产权。MP3技术是由位于德国城市埃尔兰根的弗劳恩霍夫实验室(Fraunhofer Gesellschaft)所研发的,但通过许可给一家位于巴黎的法国计算机公司——汤姆逊(Thomson),现名为特艺集团(Technicolor company),才引入市场。人们对德国实验室对经济影响的认可并没有因为受许可方企业是法国公司而有所妨碍。如果我们不允许将技术许可给国外企业,那我们本国的企业又怎么能从国外大学获得技术许可呢？

（3）推广已有指标。由于一些法国的利益相关者没有国外同行那样确信科技成果转化是研究型大学的重要活动，因此我们需要更好地传播我们的成功故事，并说明基础研究活动所创造的发明具有很高的潜在经济价值。要提高我们在这一领域的声誉，我们还需要更好、更全面的数据库。越来越多的大学正努力避免上文所描述的不拥有教师所创造的知识产权的情况。在法国，除了少数例外，这一原则正通过法律得到普及，因为越来越多的高校意识到其中的重要性。

（二）创造新的创新企业

如果没有现成的公司可以许可技术，大学最好的选择可能是创立一个新的企业。法国从 20 世纪 90 年代末便开始发展这项活动。例如，在过去十五年里，巴黎第六大学的教职员工和毕业生至少创建了 60 家科技公司。2015 年，在拉斯维加斯举办的消费电子展（Consumer Electronics Show）上，参展的 113 名法国创业公司的创始人中有 10 人是巴黎第六大学的校友。因此，我们学校在培养创业公司创始人方面似乎是法国最好的高等教育机构。此外，全球最成功的创业公司和发展最快的企业中，有一部分也是由大学所创设的。

1. 评估高校在创设新公司方面的声誉与绩效

在这方面，大学的声誉主要来源于自身的成功故事和精心呈现的案例研究。大多数基于科研成果的成功新企业依然很小，即便它们的业务涉及全球层面。这些企业的声誉并不高，因为大多数观察者主要通过媒体或特定指标了解到比较知名的案例。常用于评估大学在创设新公司方面（创建者可以是大学教职员工、学生或最近的毕业生校友）的绩效指标包括：创设的公司数、公司销售额、公司员工数以及公司所筹集的经费额度。

（1）理论模型。同样，一些利益相关者，如地方政府所提出的指标主要是基于新公司活动的地理位置。在一些利益相关者看来，创建一个新的创新型公司的成功故事必须源于本地区的大学实验室。新企业（包括总部和生产设施）应设在本地。当地创投基金的投资会有助于这种成功。如果公司能在本地的证券交易所上市并不断发展，销售本地制造的产品，并为本地的居民提供服务和创造就业，这些利益相关者会更开心。

（2）现实。尽管这样的成功故事有可能发生，但在大多数情况下，只有部分企业如此。通常情况下，发明（就像科研本身）是全球性的。由于技术通常是由不同科学团队之间合作研发的，因此没有单一的原产地。换句话说，发明并不总是一个本地化的现象。例如，发明者可能来自芝加哥、伊利诺伊和法国的斯特拉斯堡，但公司只能坐落在一个地方。有时，尽管靠近大学实验室往往是促进企业成功的有利因素,但新公司的创始人也可能会决定将公司安顿在本国的另一个地区,或世界的另一个地方。风险投资行业是一个非常集中的领域,全球可能只有十几个城市有大型的投资基金。因此,很多情况下,不只有本地投资基金会对新公司进行投资(如果它们投资的话),倘若创业公司获得成功,大学附加价值的一部分将去往别处。此外,大量成功的新企业最终都被一个更大的或更富有的企业收购。事实上,大多数衍生企业都失败了。

(3) 衍生企业的相关性。因上述原因,新公司的创设模式和现实之间往往存在明显差距。一些利益相关者公开怀疑创设新公司的益处,并认为不应该将其纳入评估高校绩效和经济影响的范畴。而另一方面,其他利益相关者则希望仅仅考虑符合本地模式的新企业,不管它们实际的经济潜力如何。

2. 制定和促进创设新企业的大学战略

与将技术转让给现有公司一样,支持高校的教师、行政人员、新校友基于学校的科研成果来创设新公司,非常符合学校扩散和传播新技术以及贡献社会与经济发展的使命。

(1) 宣传衍生企业。首先,我们不得不承认我们常常没有付出足够的努力来宣传成功的衍生企业。我们的网站、宣传册和传单都没有提及我们大学所创设的所有公司。主要原因之一是我们缺乏与衍生企业的紧密联系。负担过重的科技成果转化办公室忙于新发明的公开、专利申请和技术许可,根本无暇监管衍生企业的发展。我们需要对这些企业承担与校友同样的责任,必须发展长期关系。

(2) 说服利益相关者创设新的创新企业是一项重要的全球性活动。我们还必须说服我们的机构合作伙伴,并非总能找到现成的、感兴趣且有趣的公司来将我们的发明推向市场。很多时候,我们在与一家公司签订许可协议之后才意识到,该公司对这项发明的投入远远不够,不足以应对挑战。而如果专门设立一家新公司来将技术推向市场,新公司会全心投入转化项目,技术成果转化的成功率也往往更高。新的创新型公司往往是创新市场上的"侦察兵",为大企业做好基础工作。我们还需说服利益相关者,大学要在没有失败的情况下不断创设新企业是不可能的,而创业失败率高也不完全是坏事,因为参与了创业的人会从中获得非常宝贵的经验,为未来创设新的公司打好基础。

(3) 展示创建公司是一项全球性活动,且与能力建设相关。在巴黎第六大学,我们着眼于全球,因此不会考虑科技成果转化方面的任何地理位置问题,包括受许可方企业、创设的衍生公司或投资基金等所在的位置。尽管我们非常致力于所在地区、城市和区域的经济发展,但我们认为创新与科研一样也是全球性的。同时，我们也乐观地认为，学校会对周边区域有重大经济影响。

（4）发展和培育有利于创设新企业的环境。一个有利于创设新企业的良好环境也取决于掌握技术能力和经验丰富的企业创始人。对于新手，我们尽力为教职员工和学生参与或创设新企业提供培训和支持，无论他们只有一个创业想法，还是已经形成了明确的创业计划。当遇到这些创新者时，我们的科技成果转化负责人员都会积极接待。如果创建新公司被证明是科技成果转化的最佳途径，学校科技成果转化部门的负责人会给予大力支持。2000年，巴黎第六大学创建了一个企业孵化器，为这些创业者提供咨询、服务、空间以及有关金融行业的介绍。2013年，学校设立了一个"种子基金"，而且在未来几年内，我们还将在巴黎市中心的校区内建立一个工业园区。

三、教育和培训所带来的附加价值

教育和培训的声誉与绩效对于高校而言是非常重要和敏感的议题。作为教育机构，大学在很多方面影响着社会。而且，不同利益相关者对此影响的看法均有所不同，每一方都有自己的议程并决定着优先性。因此，这种影响可以通过不同的问题来解决：高校的学生来自哪里？他们的社会和文化背景如何？他们是由大学选拔的还是由政府分配？大学所招收的学生有多少获得了学位？学生获得学位需要多少年的时间？多少学生在获得学位之前辍学？毕业生的工资溢价如何？在雇主群体中学位或大学的声誉如何？毕业生在其职业生涯中会选择什么样的职业道路？

与其他很多国家一样，在法国，文凭的声誉和知名度主要来自大学的历史和声望。一所大学的声誉取决于它成立的年份、一些知名校友的成功故事、招生过程中的选拔程序以及人们对教学质量的认知。很大程度上，这些标准更关乎大学的品牌形象，而不是实际的事实和数据。换句话说，身为知名公众人物的大学校友（过去的或现在的）会比调查结果对学校声誉的贡献更大。

一些全球排名解决了评估教育影响的问题，但它们所采取的指标不同：有些排名采用公开的事实性数据，而其他一些排名则依赖对雇主进行的毕业生声誉调查。通常，它们并不明确说明排名指标之间的联系以及与这些指标相关的目标。

法国政府是法国高校最重要的利益相关者，因为高等教育部是大学经费的主要来源。高等教育部制定了多个用于评估高等教育所带来的附加价值的指标。我们将在下文中呈现一个用于衡量校友就业能力的指标。在过去，法国政府通常仅采用一个指标来决定划拨给每所高校的经费水平：这个所谓的"绩效指标"是基于注册课程和参加考试的学生比例，但不考虑他们是否通过考试。

事实上，评估高等教育的声誉和绩效，面临着与评估除基础研究以外的任何其他方面的影响相类似的挑战。在这里，我们仅涉及两个方面：高等教育对毕业生职业初期的就业能力的影响；研究型大学在培养未来企业科技人员以及高等教育和科研机构高层领导中所发挥的作用。

（一）高等教育对毕业生职业初期的影响

大学教育被认为在毕业生的职业初期，为其在就业市场上带来了非常重要的附加价值。因为我们可以假设，在毕业生职业生涯的早期阶段，公司人力资源部门会更看重其教育背景和学历学位。但之后，公司在选拔人才的过程中会越来越看重竞聘者的工作经验。这一问题对部分利益相关者而言非常重要，因为它们期待看到自己给予高校的资助会对地区经济产生影响：本地学生毕业之后是否会留在当地并为当地创造财富？学生在本地大学接受的教育是否与地方企业相匹配？

1. 高校在毕业生就业能力方面的声誉与绩效

就声誉而言，媒体(杂志、广播或电视)对大量学生在毕业之前便获得了就业机会的报道比综合性调查更有利于提升声誉。

（1）全国性调查。法国政府开展了一项针对硕士毕业生的广泛调查。此调查的对象主要覆盖硕士毕业不超过 30 个月的非在读法国校友(排除了外国校友和博士生，虽然读博在法国被认为是大学雇员)。调查结果包括：硕士毕业生的就业率、就业单位的类型和规模、就业岗位层次、工资薪酬以及工作地点等。关于最后一项，调查提供毕业学校所在地、国内其他地方或国外就业的校友数据。为了评估高校在硕士毕业生就业方面的相对绩效，高校需要提供有关硕士毕业生就业率和薪酬的全国和区域数据。换言之，高校要对校友获得的工资与本地平均工资进行比较。这项调查仅仅依据高校自己提供的数据，没有任何验证程序来核对这些数据的准确性。高等教育部在其官网上公布了这些数据。高等教育领域的多个期刊也使用此数据建立目录，有些情况下还会根据这些数据发布排名。因此，此数据库尽管有一定的局限性，但提升了法国高校硕士学位项目的声誉。

（2）巴黎第六大学的案例。2011 年在该校获得理学硕士学位的非博士生校友，2014 年的就业率是 92％，而全国理学与工程硕士毕业生的就业率是 90％。我们校友的平均月工资是 2 230 欧元，而巴黎地区和全国的平均月工资分别为

1 990 欧元和 1 800 欧元。就工作地点而言,67％的校友在巴黎地区工作,25％在法国的其他地方工作,而 8％在国外工作。这一数据呈现了巴黎第六大学的硕士学位给本地、全国和全球利益相关者所带来的附加价值。

(3) 不同类型课程之间的竞争。人们通常认为,法国高等教育存在两套相互竞争的体系:大学(université)和大学校(grandes écoles)。但事实上,这类竞争并不发生在所有的学科中,仅有大学提供医学、药学、牙科或法律等专业教育。但在工程和工商管理高等教育领域,大学和"大学校"处于竞争状态,前者有规模优势,而后者享有声望。因此,在这些领域,如果两个体系的毕业生就业率很接近,则要参考双方工资水平的差异。值得注意的是,这两个体系都有很高的就业率(通常在 93％以上)以及很高的平均月工资(通常在 2 100 欧元以上)。就绩效而言,如果从个人层面衡量,"大学校"整体可能比大学更好(就业率稍高,工资也更高)。但从社会整体而言,大学所带来的附加值更高,因为它们每年进入就业市场的校友数量很多。巴黎第六大学每年至少授予 2 000 个硕士学位,而大多数"大学校"每年授予的学位不到 200 个。此外,法国法律禁止大学在招生过程中对学生进行筛选。即便如此,我们还培养了几乎与"大学校"同等水平的众多成功就业的学生,这本身就是一个卓越的成就,并且对经济、社会和学生生活产生了重大影响。

2. 制定提高毕业生就业能力的战略

在年轻人失业率很高的国家,毕业生就业是一个棘手问题,需要潜在雇主和高等院校共同应对。法国中央和地方政府对这一议题都非常关注,我们既要满足他们,又要满足学生的期望。

(1) 让学生做好就业的充分准备。仅传授学生科学与工程领域的知识已经不足以让他们以最佳条件进入就业市场了。巴黎第六大学将提升学生的就业能力作为优先事项,并调整了课程以指导他们为职业生涯的关键环节做好准备:学校引入了一些关于就业指导的必修课。学校的学习中心还设立了专门部门为学生提供职业规划和就业指导。此外,学校在巴黎的主校区会定期举办招聘会。总之,我们和本地、全国以及国际上的用人单位都保持密切联系,从而提升我们教学机构的品牌和学生就业能力的影响力。

(2) 采用其他更多的全球指标。巴黎第六大学决定对全国就业能力调查问卷进行改编,用以评估本校教育和培训的一些其他有趣的特点。学校引入了多个具体的指标,如毕业生的就业满意度以及对其大学教育与岗位要求之间匹配度的看法。从我们的经验来看,即使评估数据来自同一个调查,不同利益相关者对高校绩效的理解也存在很大的差距。例如,全国性调查并不将博士生岗位视为真正的工作机会。而作为一所研究型大学,我们不认同这种观点。我们对该问卷进行了改编,明确将拿工资的博士生算作就业人员。根据全国性调查所采用的指标,法国硕士毕业生的就业率为92％,而用新指标进行评估之后,就业率提升至96％。由于我们致力于所有学生的成功(无论他们的国籍如何),因此改编后的问卷也纳入了留学生,但全国性调查并不包括他们。他们的就业能力对我们而言与本国学生同等重要。

(二)培养未来的首席技术官、首席安全官和学术界的高级领导

博士层次的高等教育目标是通过导师指导的科研项目,培养能够从事科学研究的人才。因此,尝试评估研究型大学对毕业生在企业、政府、研究机构(如研究基金会或医院)或高校的科研职业生涯发展的影响会非常有意思。遗憾的是,除了校友获得国际奖项的数据以外,目前能够用以研究这一问题的公开数据很少。

虽然很多非学术界的本地利益相关者都非常支持博士生教育和科研职业,但很少有人认为培养未来的高级领导或官员同样有趣。这是因为科研和高等教育的就业市场是全球化程度最高的就业市场之一,人才具有很高的国际流动性。因此,对于高校而言,要说服地方政府培养将在世界各地工作的人才会有助于本地经济的发展是不太可能的。然而,培养能够承担这类高级职位的人才符合研究型大学的全球利益,因为他们是学校声誉的国际推广使者,会鼓励国外顶尖的专业人才来法国工作。这也许是地方和全球视野的最大差距之一。下文我们将考察高校在该领域的声誉和绩效。

虽然有一些关于科研生涯初期的研究,但在老校友就任公司或学术机构的高层领导之后,很难从他们的公开简历中获取教育背景信息。在巴黎第六大学,我们通过职业社交网络获取了一些信息,但很难对这些数据进行核实。

(1) 授予的博士学位以及从事科研或工程领域工作的校友。界定研究型大学的方法是根据它从事科研活动的比例。考察高校所授予的不同学位数量可以发现,大学所授予的博士学位占据了很大比例。巴黎第六大学10％的学生从事博士论文研究,每年在科学领域授予的博士学位达750个,大约占法国所授予的所有科学博士学位的10％(DEPP 2015)。在职业选择方面,一项关于巴黎地区博士生毕业生所从事职业的研究表明,40％的博士生在毕业两年后依然从事科研工作(企业研发或学术研究)。

(2) 在企业研发部门或学术界的职业发展。很多博士毕业生会继续从事研究领域的工作,其中有些人会获得更高的职位。有数据表明,在巴黎证券交易所

上市的35家大型企业中,有7家公司的首席安全官或首席财务官都是巴黎第六大学的校友。此外,很多高校和研究机构的高层领导也是我们的校友,这里似乎成为很多未来企业研发高层管理人员和学术领导获得博士学位的地方之一。

(3) 制定帮助博士生获得学位以后继续从事研究工作的战略。尽管少有利益相关者敏感地认识到高校培养这些未来高层领导和官员的使命,但我们却对此高度重视。我们不仅尽力为所有的博士生提供博士层次前沿的科学教育与培训,也让他们充分学习有助于其职业发展的其他能力。在博士阶段的初期,他们必须制定一个论文期间的继续教育计划。他们可以学习科学史、商务智能、职业发展、企业组织、管理、知识产权、创新、创业、传播以及如何成为一名科研项目负责人和一名教师。例如,他们可以参加"圆桌讨论会"(Doctoriales)——一个为期1周的关于创新和科技成果转化的会议。

不难理解,这类综合性的教育不仅非常适合企业研发职业或学术生涯的初期,也能为将在公司、高校或科研机构获得担任职位的人提供实用性的管理培训。我们充分利用这两种能力,从利益相关者那里获得支持,以发挥博士教育两个方面的作用(短期和长期)。

四、寻找声誉和绩效之间的相通路径

针对上述每一项通过科研和教育促进经济和社会发展的活动,作者都讨论了大学如何能够处理声誉和绩效之间的差异。有时,我们不得不侧重于特定的利益相关者、优先事项、标准和指标,并忽略其他我们认为与研究型大学或我们所在高校无关的部分。在此情况下,即便没有得到部分利益相关者的支持,我们也必须继续聚焦我们所认为重要的使命。研究型大学无法提供与仅致力于本科和硕士层次教育的高校相同的服务。

然而,与很多法国研究型大学一样,巴黎第六大学完全接受外在声誉与绩效评估之间明显的或实际存在的差距,因为这源于观察者和利益相关者之间不同的看法,这种观点的差异很自然也很合理,并且他们对我们而言都很重要。在这样的情况下,我们开诚布公地向他们解释情况,并说明为何应对这些相矛盾的挑战对我们来说很重要。我们努力寻找能够平衡声誉与绩效的政策。正如前文所举的一个例子,即便获得大公司的资助更容易,我们还是会致力于与中小企业发展科研合作关系。

但与此同时,我们也试图说服利益相关者,声誉和绩效之间的部分矛盾主要来自视野的差异,如果利益相关者采用更长期和更大范围的指标,这种差异可能就会消失。高校以及高校所在的地区和城市正日益全球化：国际学生、在世界各地工作的校友、由双边或多边国际合作协议所带来的资金以及从海外机构或慈善组织获得的研究经费等。大多数利益相关者也理解能力建设往往会产生溢出效应和附带作用。科技设备、教学技能、相互信赖的合作伙伴关系、来自世界各地的人才和经费，这些不仅是高校实现使命的基本要素，在我们国家、区域和地区的发展过程中也发挥着关键作用。高校的利益相关者越来越倾向于以系统性的框架来思考这些问题。他们期待当地能够产生或发展有竞争力和创新性的产业集群，同时他们也知道，若没有一所研究型大学为核心，这一目标是不可能实现的。

　　总结而言，要解决声誉认可和绩效标准之间的矛盾，首先需要深入分析大学的真正使命、制定合理的战略规划并明确确定优先事项。之后，我们可以与利益相关者就各自的优先事项进行深入讨论，努力拓宽他们的分析视野并共同确定最佳的绩效指标，同时要确保避免任何误解。

参考文献

［1］　BiGGAR Economics (2015). The Economic Contribution of LERU universities.

［2］　DEPP / Direction de l'évaluation, de la prospective et de la performance; ministère de l'enseignement supérieur et de la recherche (2015), *Repères et références statistiques: enseignement, formation, recherche.* 261. Retrieved from http：// multimedia. enseignementsup-recherche. gouv. fr / reperes_references_2015 / index. html‐263 / zécole des Mines de Paris (2011), Classement international professionnel des établissements d'enseignement supérieur, enquête 2011. Retrieved from http：// www. mines-paristech. fr / Donnees / data03 / 334‐10.‐Classements. pdf.

［3］　Lissoni F., Llerena P., McKelvey M., & Sanditov B. (2007). *Academic Patenting in Europe: New Evidence from the KEINS Database.* CESPRI WP, 2. Retrieved from ftp：// ftp. unibocconi. it / pub / RePEc / cri / papers / WP202LissoniLlerenaMcKelveySanditov. pdf.

［4］　Adoc Talent Management (2014). Emploi 2014：la poursuite de carrière des docteurs récemment diplômés en Île-de-France, 2ᵉ édition. Retrieved from http：// adoc-tm. com / 2014rapport. pdf.

第九章　全球声誉与地区服务可以并存吗

——俄罗斯国立高等经济学院的经验

玛利亚·优德科维奇（Maria Yudkevich）[①]

一、引言

俄罗斯高等教育领域近期的大规模改革影响着学术市场的各个领域。在大众教育方面的改革目标是提升质量，为来自不同家庭背景的年轻人提供获得优质教育的平等机会，同时通过关闭低效的高等教育机构来提高政府财政支出的效率。在顶尖质量的教育和科研方面，俄罗斯政府制定了在国内创建多所世界一流大学的宏伟目标。

2012 年底，普京总统签署了一项总统令，确定了到 2020 年争取让至少 5 所俄罗斯大学跻身世界大学排名百强的目标。尽管这一目标似乎过于雄心勃勃了，但它清楚地指出了政府的优先战略。这一政策的价值在大学教师看来也是显而易见的(至少在某种程度上)。因此，根据一项对俄罗斯学术职业的最新调查，俄罗斯公立高校中有近 90％的教师认为，增强国家的国际竞争力应该是国内高等教育的首要任务之一(Yudkevich et al. 2013)。

本着这一目标，俄罗斯政府在 2013 年宣布实施了一项计划，允许高等教育机构通过竞争的方式获得政府的额外资助以进入世界大学排名的百强，这一计划也被称为"5—100 计划"。该计划所采用的主要遴选指标包括：高校计划在知名世界大学排名上达到的目标名次(精确到 50 名之内)、教师在 Web of Science 和 Scopus 数据库的人均发表论文数、教师在 Web of Science 和 Scopus 数据库的人均发表论文引用次数、国际教师的比例、国际学生的比例、大学收入中非政府预算经费的比例、被录取且受联邦政府资助的全日制本科生的平均入学成绩

---

①　玛利亚·优德科维奇，俄罗斯国立高等经济学院。

(USE scores)等。每所大学的进步都会通过它们在排名(《泰晤士报高等教育》排名、"世界大学学术排名"以及 QS 排名)上名次的提升情况来衡量,这样一来,大学不得不调整内部政策以提高在排名方法重要指标上的分值。

基于对高校未来规划和潜力的系统评估,共有 15 所高校入选"5—100 计划",国立高等经济学院便是其中之一。

过去几年来,俄罗斯学术机构的整体学术表现都取得了显著进步(见图 9.1 和图 9.2),并在国际化方面做出了大量努力——包括学生和教师的国际化。

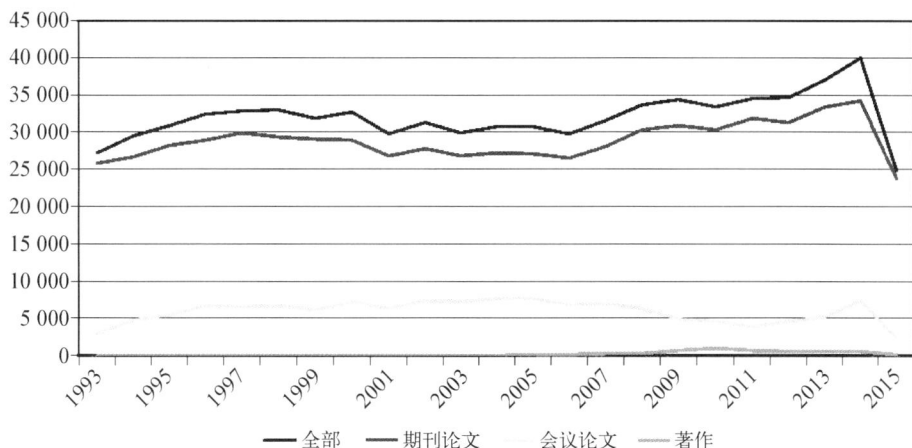

图 9.1　俄罗斯高校的论文发表情况(Web of Science)

资料来源:科研评估办公室(国立高等经济学院)。

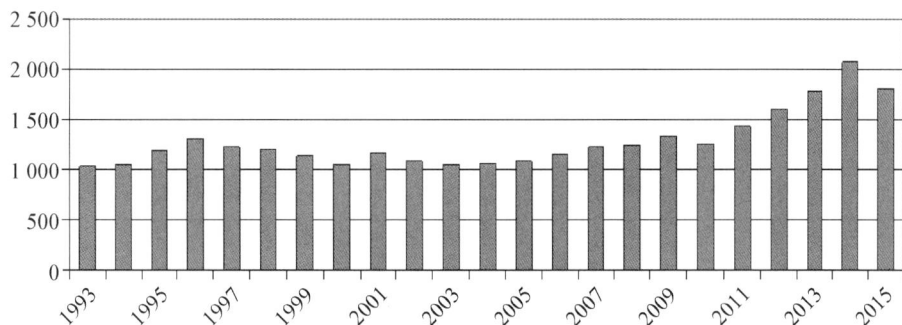

图 9.2　俄罗斯高校独立署名的论文和评论(Web of Science, Q1)

资料来源:科研评估办公室(国立高等经济学院)。

作为潜在世界一流大学的入选高校不仅是国内科研的领导者,历史上也曾在国内学术市场上承担重要角色,并在国家经济发展中发挥关键作用。这些大学通常是为地区经济、文化和教育作出过巨大贡献的旗舰大学。

在为国家经济培养专业人才方面，高校的这种地区服务很大程度上符合了俄罗斯国内高等教育系统的核心特征。事实上，在俄罗斯，大学与科研机构长期以来都是分离的，大学更加侧重教学，而科研主要在非教学的科研机构展开。因此，传统上，大学更加关心为不同的行业培养专业人才，而不是从事基础或应用研究。这也是为什么高水平的大学都非常关心社会和企业的需求，因为大学整体系统都是围绕教育（而非科研）建立起来的。这也特别解释了为何俄罗斯的大学在全球排名的教学指标上具有相对较好的表现（如在 QS 排名中的师生比）。

因此，俄罗斯高校拥有地区服务的优良传统，而现在又新增了提升科研绩效和全球声誉的新目标。然而，这些目标在多大程度上相互矛盾且需要不同程度的努力？一些努力是否同时有助于高校的国际和国内定位？在本文中，作者将以俄罗斯国立高等经济学院为例，对这一问题进行探讨。

二、俄罗斯国立高等经济学院的背景

作为"5—100 计划"的入选高校之一，国立高等经济学院是俄罗斯最大的社会经济研究机构。该校成立于 1992 年，是一个新的专业化的高等教育研究机构，最初集中于经济领域的研究（这也成为该校良好的历史背景之一，见 Froumin 2011）。如今，国立高等经济学院有 4 个分校，分别位于莫斯科（1992）、圣彼得堡（1998）、诺夫哥罗德（1996）和彼尔姆（1998）。俄罗斯国立高等经济学院拥有 50 多个研究中心和 22 个国际实验室，承担着基础研究和应用研究，并设有本科学位、专业学位、硕士学位以及博士学位项目。在 2014～2015 学年的开始，该校拥有大约 25 000 名学生（莫斯科的最大校区分校就有 16 000 名学生）。

有多个特征使得国立高等经济学院与众不同，并与其他"5—100 计划"的入选高校相区别。首先，这所大学很年轻，没有很长的历史传统，这对塑造学校的科研文化而言既有积极的，也有消极的影响；其次，尽管拥有规模较大且快速发展的数学学院、计算机科学学院以及工程学院，但国立高等经济学院的优势主要集中于社会科学领域，也就意味着与其他拥有很强医学和自然科学的高校相比，该校的论文产出和论文引用次数始终较低；第三，国立高等经济学院是服务于政府的智库，承担着大量的政府咨询工作。很多人都积极参与专家咨询和政府咨询活动，并开展大量的实证调查和实证数据分析工作，这也成为学校工作的重要组成部分；最后，国立高等经济学院坐落于市中心的多个建筑，积极为周围的文化环境作出贡献。该校有很多活动都对外开放，既包括一些校内活动，也包括在城市周围不同地方举行的活动,如在大型公共博物馆和公园举办的讲座。

与其他"5—100 计划"的入选高校一样,国立高等经济学院对"排名热"也没有免疫力,因为该计划的目标就是为了提升高校在排名中的名次。负责"5—100计划"的项目办公室会根据高校在排名上的进步情况,评估计划开展的效果并划拨下一阶段的经费。因此,国立高等经济学院不得不考虑排名。近年来,国立高等经济学院提升了其在排名中的名次(目前主要是在 QS 学科排名上的名次有所提升,2015 年该校多个学科进入了 QS 的学科排名:发展学位于 51~100 区间,经济学、社会学和哲学均位列 151~200 区间)。

为了实现排名名次的提升,国立高等经济学院在学校管理和大学生活的许多方面都实施了重大转型和变革。这些转型与该校过去几年来的发展方向一致(见表 9.1)。首先,随着国立高等经济学院将自身的角色从为本地提供符合欧洲标准的高质量教育的教学机构,扩展为融入全球市场的大型多学科研究机构,该校的组织地位在形式上(国立研究大学在 2009 年被并入国立高等经济学院)和实质上都被重新考量。国内市场中,国立高等经济学院在很多方面都被认为是一个引领潮流和制定标准的机构,并在很多重要的国家项目中对协调顶尖俄罗斯高校也发挥了作用。

到 2014 年,国立高等经济学院拥有将近 30 个学院。然而,学校目前正在推行重大的组织结构变革,目标是将学院合并成学科集群(也就是所谓的"巨型学院")。莫斯科校区最近合并而成了 11 个巨型学院,这些学院在财政问题和决策方面比之前享有更多的自主权,但同时也需要承担更多的责任。这次结构重组不仅在管理话语中引入了共同义务和期望的概念,还将德国式的教授讲座制度转变成学系模式,将教师招聘和课程设计的职能划分给不同的学术单位。国立高等经济学院最早的教师招聘主要通过个人关系网来实现(全国学术市场的缺失也很容易证实这一点),并且由系主任负责招聘能够讲授核心课程的教师。这种模式现在已经被学系模式所取代,教师招聘不仅面向全国,也面向全球。

随着高校从"每个人都彼此相识"的"小团体",发展成为坐落于不同城市以及同一城市不同地方的大型高校,教师之间以及教师与行政人员之间的关系也变得非个人化。这也推动了高校制定可以作为个人和学系层面资源分配依据的竞争性和透明性规则。部分教师认为这样的制度使他们能够有效建立和发展自己的职业,但也有教师抱怨这些规则太形式化了,技术细节也过于复杂,给他们带来了大量负担。哈泽尔科恩(Hazelkorn 2014)等人对欧洲大学的管理部门进行调查发现,排名对教职工士气(整体的氛围,教师的动机)的影响具有两面性。该调查共获得了来自 171 所高校的回复,其中 37% 的受访者提到了积极的影响,2%提到了负面影响,而17%认为排名既能帮助,也会阻碍改善本校教师群体整体氛围的努力。

　　国立高等经济学院的情况也大致相同：部分管理人员和教师认为改革和快速变革能够提升教师士气,但其他人则认为改革既有积极影响(体现在能够摆脱论资排辈的文化,有利于形成以绩效为主的文化),也有消极影响(教师和管理人员的压力和矛盾越来越大)。总体而言,高校的发展动力发生了根本性的变化。在国立高等经济学院建校的初期,学校的变革大多是适应性的,之后便进入了战略性变革阶段,期间学校规模和学科领域实现了广泛而积极的增长(从经济学和社会科学到数学、计算机科学、人文科学和工程学)。而现在的变革非常激进,以提升学术产出和效率为原则,主要目标是为了追求学术卓越。

表 9.1　国立高等经济学院的组织变革

组织变革	1990 年代的 适应性变革	2000 年代的 战略性变革	2010 年代的 根本性变革
地位/组织认同	提供符合欧洲标准的社会科学教育的地方大学	社会科学领域的顶尖大学,经济和公共管理改革的智库	拥有全球竞争力的研究型大学
在国家层面的外部形象	边缘的	先锋	潮流引领者
主要的学术单位	系(kafedra)	学院	巨型学院
学科扩张	经济学、管理学、社会学、法学	哲学、政治科学、心理学、历史学、媒体学	数学、计算机科学、文献学、工程学
内部关系	小团体	"不断有新人加入"的快速发展的高校	非个人化的大型高校
大学发展的动力	适应性变革 立法、教学标准、建筑、招生	战略性变革 积极而广泛的增长,吸收和新的重点学科	根本性变革 科研产出、最优化、学术卓越
招聘战略	友谊和同行关系,个人招聘	弱关系、物色人才、校友	国际招聘、开放市场
学术核心	同事	专业人员(基础和应用研究,社会科学领域的教育)	在国际刊物上发表文章、招聘国际学者

　　资料来源：Pavlyutkin & Yudkevich (2016)。

2013 年,国立高等经济学院开始对教师和科研人员的论文产出实行定期评估,并针对各个职称的研究人员制定相应的严格绩效要求。根据该要求,每位研究人员在过去两年内必须发表至少 1 篇英文论文(至于相对较年轻的研究人员——至少在学校的英文论文集中发表一篇论文)。尽管这一要求并不具有很大的挑战性,但还是引发了学校内部极大的矛盾,因为它迫使教师不得不重新考虑他们的战略、时间以及精力分配等。

近年来,国立高等经济学院还设立了多个国际研究中心,聘用了很多国际学者。学校在这些研究中心集中投入了大量资源,并将其视为是建立优秀团队、提高科研水平以及创造有竞争力的健康科研环境的有效工具。

三、地区服务与提升全球声誉之间的矛盾

这些旨在提升全球声誉的大量努力已经产生了一些积极的趋势和显著的效果。特别明显的是,国立高等经济学院已经显著地提升了论文产出(见图 9.3)。

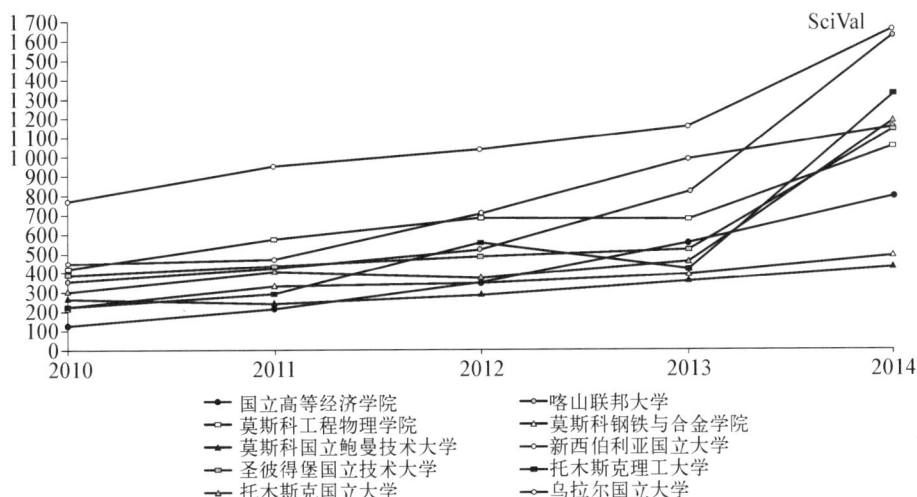

图 9.3　国立高等经济学院的科研发表情况(与其他"5—100 计划"的入选高校相比)
资料来源:科研评估办公室(国立高等经济学院)。

然而,旨在提升全球声誉和地区服务的相关政策之间存在明显的矛盾。事实上,要提升全球声誉就需要大学更加关注科研,并将科研产出作为教师评估和晋升考核的核心指标。这也意味着教学会不太受重视,教师分配给教学的精力和时间也会减少。在国立高等经济学院,教学和科研之间的矛盾一直存在,但近

年来这一矛盾不断升级。国立高等经济学院建校的初衷是作为一所教学型大学，一些受到学生高度评价的优秀教师并不做任何科研(特别是不在同行评议的期刊上发表论文)，直到近期也没有义务承担科研工作。然而，根据新的评估标准，他们如果想要续签合同可能会面临很大的问题，因为他们很容易就会被更会发表论文的同事所取代，而这些同事可能对教学并没什么激情。特别是，一些人抱怨国际招聘从世界各地的大学引进很多年轻博士从事终身教职轨的岗位，虽然能够有助于学校的科研发展，但也可能会对教学文化造成不利影响，因为这些年轻人往往更热衷于做研究，而不想在教学上花费太多时间。

提升全球声誉意味着要重点在国际同行评议期刊上发表论文。这使得一些教师(特别是人文学科领域)抱怨自己被迫用英文发表，而他们的研究议题主要是针对俄罗斯本土问题，俄罗斯读者对这些议题最感兴趣，也跟他们最相关(和最重要)。在这些老师看来，如果换成英文发表会在很多重要的方面危害民族文化和民族话语。尽管教师的这些说辞部分是因为他们学术能力不够、英文水平有限或者写作同行评议期刊论文的能力不足，但这些理由的背后确实存在一定的合理性。

因此，尽管教学和科研之间、国家导向的研究与适应全球科研议题的研究之间存在明显的对立，但后者与国立高等经济学院的多个学科之间处于不同的维度。事实上，尽管计算机科学、数学和工程学等代表着拥有"全球科学"传统的学科，但过去几十年来，苏联社会科学的发展与欧洲及美国的科研中心是相对孤立的。因此，这些学科的教师往往都在国内的俄文期刊上发表论文，但如今不得不在国际期刊上用英文发表论文，他们认为，如果发表在这些期刊上，他们论文的读者会更少，对相关学术共同体的影响会减小。由此，发表国际同行评议期刊论文的要求不仅在这些学科的教师与大学管理人员之间，某种程度上也在不同学科的教师之间引发了矛盾。这些规则有时被批评为"主要为技术科学而设计"，并被视为是对社会科学和人文科学的歧视。此外，人文社会科学的教师抱怨自己"被迫发表期刊论文，而实际上专著在他们领域的重要性更强"，这进一步加剧了日益紧张的矛盾。

四、为何这些不同的使命仍有重要的一致性

也许有人认为全球声誉和地区服务之间只有矛盾可言。然而，作者认为建设世界一流大学也能为俄罗斯的高等教育市场带来一些积极的外部效应，从而在本地的社会服务中发挥重要作用。

要理解这种协同作用的可能性,重要的是考察俄罗斯高等教育系统的最初状况。苏联时期以来,俄罗斯高校一直由本地的学生和教师所垄断。事实上,除了莫斯科和圣彼得堡以外,俄罗斯的高等教育机构主要从学校所在城市或周边地区招收学生。此外,在计划经济体制下,没有针对学术岗位的公开竞争市场,取而代之的是为毕业生强制安置就业的计划式体制。从苏联解体至今,尽管俄罗斯取消了强制性的就业分配制度,高校能够聘用任何它们想聘用的人,但它们依然倾向于雇用自己的毕业生(Yudkevich 2014;Horta & Yudkevich 2015)。其结果是,高校"裙带关系"严重,大学之间教师流动缺乏,本地文化也逐渐形成,大学成为非常封闭和自我防御的系统。因而,时至今日大学学会的是如何保护自己,而不是竞争与合作。

正因如此,任何能够促进高校合作以及协调自身活动(即便只是在顶尖大学的范围内)的合作运动对于整个高等教育系统而言可能都是有益的。"全球大学联盟"(Global Universities Association)的设立联合了所有"5—100 计划"的入选高校,便是一个很好的例子。尽管该联盟成立的初衷是为了建立一种机制,让"5—100 计划"的入选高校可以分享和讨论各自的发展经验与创意,但它同时也能为整个高等教育系统创造了积极的外部效应。这种外部效应可以通过多种机制来实现,其中之一是在系统中引入质量标准。例如,该联盟最新的一项举措是建立一个全国性的学习平台——"开放教育",由国内顶尖高校向本国所有的高校提供课程,从而允许来自低层次高校的学生接受顶尖的教育。这一举措也会促进学生在未来的流动性,因为来自较低水平高校的优秀本科生可以通过这些课程迎头赶上,并进入俄罗斯或国外更好的大学攻读硕士和博士学位项目。

另一种机制是与"5—100 计划"的其他入选高校分享经验。国立高等经济学院的青年教师支持项目便是这样的一个例子。该项目设立于 10 年前,初衷是帮助年轻教师融入大学生活,并在他们学术生涯的关键阶段为其提供指导和支持。该项目现在已经成为让年轻学者参与大学治理以及改善大学组织文化的重要工具。国立高等经济学院已经与其他高校分享了相关经验,并帮助它们制定自己的教师支持项目。

即使不在联合行动框架内,一所大学一旦实施创新举措与国际标准接轨,也可能会对整个高等教育系统产生巨大影响。这里以教师流动为例进行说明,包括国际流动和国内流动。如上文所述,时至今日,俄罗斯高校之间的教师流动性依然非常低,而国立高等经济学院是最早根据国际惯例实施全球招聘的公立大学。如今,其他高校也开始借鉴这一做法,而它们的国际招聘变得越来越容易,主要因为俄罗斯作为一个可能的学术目的地和全球学术市场的一部分已为外界所知。

国立高等经济学院近期也实施了一个针对全国招聘的开放制度。尽管根据现有法律，高校的招聘程序既要对本校的应聘者，也要对校外的应聘者开放，但事实上，在大多数俄罗斯高校，这只是一种表面上的形式。内部庇护（Patronage）和单一的高校职业生涯已经形成了一种制度均衡，了解到这一点，校外人士几乎从来不申请，因为他们明白自己被录用的概率为零。然而，国立高等经济学院开始改变这种状况，并极力说服竞聘者相信本校的职位会真正对所有人开放。经过两年的不懈努力，人们可以看到积极的成效，之前的平衡状态已经被打破。因此，通过解决自身的问题，国立高等经济学院也为俄罗斯的高等教育市场带来了积极的外部影响。从更广泛的角度而言，顶尖高校需要认识到高等教育系统不仅仅包括它们自身，还需要学会如何与其他高校开展合作与竞争。

五、总结

提高全球声誉和地区服务这两个目标在很大程度上是相互矛盾的，给大学造成了明显的紧张关系和困境。然而，在国内学术市场比较薄弱的情况下，高校致力于提升全球声誉及在全球学术市场的地位，可以为国内整体的高等教育系统带来积极影响。

国内学术市场的性质和特征对于寻求提高全球声誉和地区服务之间的平衡至关重要。国立高等经济学院的行动和努力不仅改善了俄罗斯的国内学术市场，也很好地应对了全球排名所带来的压力，使它能够界定和加强本校的国家使命以及发展与国内学术系统特征相关的优势。

参考文献

［1］ Froumin, I. (2011). Establishing a new research university: The Higher School of Economics, the Russian Federation. In P.G. Altbach & J. Salmi (Eds.) *The Road to Academic Excellence: The Making of World-Class Research Universities*, 293 - 321. Washington, DC: The World Bank.

［2］ Hazelkorn, E., Loukkola, T., & Zhang, T. (2014). *Rankings in Institutional Strategies and Processes: Impact or Illusion*. European Universities Association.

［3］ Horta, H., M. Yudkevich. (2015). The role of academic inbreeding in developing higher education systems: Challenges and possible solutions. *Technological Forecasting and Social Change*. doi: 10.1016 / j.techfore.2015.06.039.

［4］ Pavlyutkin, I., & Yudkevich, M. (2016) The ranking game on the Russian battlefield: The case of the Higher School of Economics. In M. P. Yudkevich, P. A. Altbach, & R. Rumbley (eds.) *The Global Academics Rankings Game. Changing Institutional Policy, Practice and Academic Life*. London: Routledge.

[5] Taradina, L., & Yudkevich, M. (2016) Ranking fever: Do we know the remedy? In E. Hazelkorn. (ed.) *Global Rankings and the Geo-Politics of Higher Education: Understanding the Influence and Impact of Rankings on Higher Education, Policymakers and Society*. London: Routledge.

[6] Yudkevich M., Kozmina Y., Sivak E., Bein O., & Davydova I. (2013) Changing Academic Profession. HSE WP Series 10.

第十章　一所热带大学的故事

克里斯·库克林（Chris Cocklin）、
布拉德利·史密斯（Bradley Smith）①

一、引言

2015 年召开的"世界一流大学国际研讨会"的主题是关于声誉与绩效的关系。与会议主题相关的问题是大学能否同时提升全球声誉和地区服务，以及声誉与绩效能否能够相结合。

在关于高等教育的未来，特别是高校能够采取什么战略以保障自身未来的国际讨论非常活跃的背景下，以上这些问题非常重要。这些关于高等教育未来以及高校为确保繁荣和可持续发展所采用的战略的论述，强化了一些评论家所描述的史无前例的变革。也有说法称，变革的力量如此之大，我们已经到了一个出乎意料的"转折点"（Coffait 2012）。

在这样动荡的环境下，大学可以采取一系列战略来增进成功。而许多战略的核心就是绩效，特别是科研绩效，这也是很多可靠的国际排名活动的重要动力。声誉是这些排名活动评估的结果和动力。本文相信"世界一流"可以通过各类组织战略来实现。尽管世界一流大学通常与大规模、历史悠久的高等教育机构相关，但基于专业化和优势定位的战略也被认为能够帮助高校实现世界一流。

本文首先对高等教育的变革环境进行简要描述，这也是追求绩效和声誉的重要背景。本文的观点是，在一个前所未有的变革环境中，绩效和声誉都是一些高校制定未来战略的组成要素。声誉是高校从研究者个人到整个组织等各个层面都会追求的目标。组织层面的声誉在我们所在的学校——澳大利亚詹姆斯库克大学（James Cook University）的案例中可以做出特殊的解释，因为该校是通

① 克里斯·库克林、布拉德利·史密斯，澳大利亚詹姆斯库克大学。

过基于地理位置的战略性优势定位而发展起来的。在简要论述了高等教育的变革和高校不同层面为提升声誉而开展的活动之后,本文将以詹姆斯库克大学为例,对该校的战略定位、科研绩效与全球地位进行概述。之后,本文将聚焦于"热带计划"(State of Tropics),该计划提供了一个关于提升声誉和战略优势定位的有趣例子,涉及的工作既有本地相关性,又有全球重要性——即全球地方化,也就是所谓的"普遍化与特殊化倾向的共时与共存"(Robertson 1997)。

二、未来的大学

皮尔逊智库(Pearson)的一个项目——"蓝色天空"(Blue Skies),"是一次从根本上拓宽高等教育讨论范围的蓄意尝试"(Coffait 2012 p.10)。在 2012 年的论文集引言中,皮尔逊智库研究部的报告以一个问题开篇:"大学目前正经历着前所未有的各类快速变革吗?"(第 12 页)。该报告作者在结语中说道:"我认为,大学正同时面临着一系列趋势的融合,创造了一个前所未有的'拐点'。"(p.16)此外,他将经费、质量、公平和技术视为最主要的推动趋势。

堪培拉大学校长(the University of Canberra)斯蒂芬・帕克(Stephen Parker)教授评论说(Parker 2012):

全球高等教育的未来是光明的,但在如澳大利亚这样的国家,目前有关大学的概念从长远来看是不可持续的,或许只有少数高校例外。

随着大众高等教育时代的来临,过去几个世纪以来为给社会精英提供大学教育而形成的组织形式、文化和实践都已被拓展和瓦解。精英教育的模式过于昂贵,过于资本密集,且不灵活。

帕克的评论抓住了这里的两个核心论点。首先,高等教育正处于重大转型期;其次,高校要想在未来维持生机,必须寻求新的战略。

针对高等教育的深层变革议题,安永会计事务所(Ernst & Young)在 2012 年发布了一份题目带有挑衅意味的报告:《未来之大学:一个千年行业正处于深层变革的风口浪尖》(*University of the Future: A Thousand Year Old Industry on the Cusp of Profound Change*)(Ernst & Young 2012)。下图 10.1 整理了安永会计事务所提出的推动这一变革的主导力量。

另一个相一致但又有所不同的表述也提出了 6 大影响变革的因素(JCU-the future taskforce 2013)。

(1) 国际化。这一因素的影响体现在多个方面,包括学生和教职员工的流动性增强以及科研的国际化。对我们而言——事实上对于世界各地的大学也是

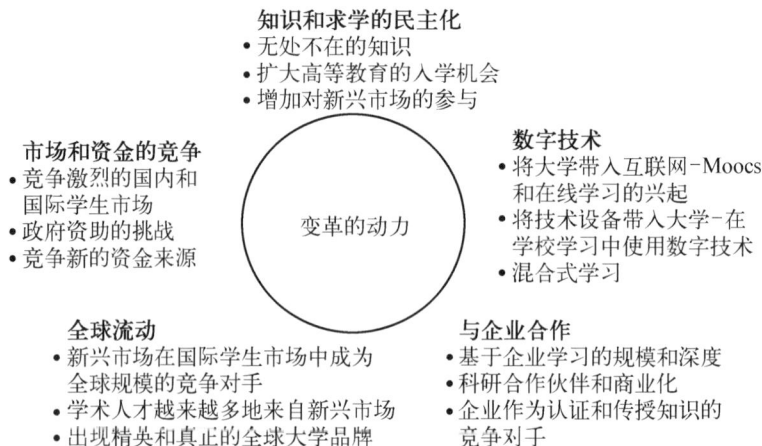

图 10.1　变革的动力

资料来源：Ernst & Young 2012。

如此，一个显著的影响因素是经济实力的平衡转向了亚洲，以及亚洲多个国家都致力于加大对教育的整体投入和对高等教育的专项投入。

（2）质量。质量议程已经强势出现，体现在国家科研评估实践中。例如，英国的"卓越研究评估框架"（Research Excellence Framework），澳大利亚的"卓越研究计划"（Excellence in Research for Australia）以及通过澳大利亚高等教育质量标准署（Tertiary Education Quality Standards Agency）对高等教育的密切监管。更广泛地来说，大学排名本身也已经形成了一个产业。

（3）教育。脱颖而出的变革力量是教育的开放共享以及由数字技术所提供的学习机会。与在线学习的互联网泡沫不同，当前的趋势更有实质内容。这一实质内容在于知名大学——耶鲁大学、哈佛大学、墨尔本大学和澳大利亚国立大学等都已对新的网络机会进行投资，如 Coursera 和 edX。当然，这一次的功能也更强，教学策略也更有创新性。从现实意义来说，学生可以随时随地学习各类课程，大学也可以在这种新环境中努力呈现和增加独特的附加价值，并确定自己能够为学生的学习经历作出哪些具体贡献。

（4）高等教育参与。在澳大利亚及其他国家，有很多强大的动力支持扩大高等教育的参与率，特别是针对大学教育中处于边缘的社会经济群体。这里涉及多层含义，不仅仅是期望学生数量的增长以及设施和学习资源的增加，还有关高等教育的参与途径问题。对于高等教育提供者而言，这是它们表明自己价值主张的良好机会，可以更广泛地传递高等教育的变革性影响。

（5）公利与私利。关于如何平衡高等教育的公共利益和个人利益的讨论非常活跃。讨论还涉及政府和个人如何分担大学的教育成本。不断增加的企业捐赠也可能会产生一些有意思的影响,特别是,这会促使高校更加强调学生的职业教育,从而微妙但深刻地重塑着大学的本质。

(6)竞争。对学生生源,包括本科生和研究生的国际竞争正愈演愈烈。此外,不断增加的在线课程也成为另一种竞争来源,且这种竞争也在不断加强(见上文)。对于任何大学而言,人们最为关心的问题是其所主张的价值是什么——为什么学生要选择这所大学而不是其他高校,包括很多提供在线学习的高校。在一个更根本的层面,以及在同时拥有在线学习和/或混合学习的环境中,我们需要提出的问题是,学生能够从学校学习中获得何种附加价值。

高等教育的变革力量会带来很多不同的影响。例如,它们会直接影响经费的可持续性。因为收入受到了竞争的威胁,而随着对新学习技术的必要投入,教育成本也会逐步增加。此外,大学工作的性质会发生变化。例如,高校通过慕课(MOOCS)和早期项目,如可汗学院(Khan Academy)①,转向在线的教学方式,而这一提供更加个性化学习机会的趋势会推动专业人员担任导师或"资源智能机"的角色。也有人谈及不同角色的"混合",专业人士和学术人员之间的区别会越来越模糊。此外,如果"跨国大学"(multinational university)会像预测的那样不断增加,教职员工的流动性可能会加强。更为直接的影响是,一些大学已经认可了学术劳动分工,并对教师实行了分类,包括"教学型"、"实践型"和"研究型"教师。

面对高等教育所面临的深层变革,高校应该认真规划。需要考虑的重要问题包括:

(1)各种变化所带来的机遇和挑战是什么?高校做好了何种准备来把握机遇和减少威胁?当前的大学文化在应对变革时是一种"资产"还是"负债"?

(2)关于大学当前应该如何运行的假设中,哪些可能在预期的变化中会失效?

(3)大学是否已经做好了充分的准备以应对未来可能产生的特殊变化?有哪些具体的漏洞?

(4)有什么事情是大学当前可以完成以提高应变能力的?

(5)大学当前有哪些优势和独特领域可以帮助其在未来获得成功?

这些问题都关乎高校在面临深刻和具有挑战性的变革时所采取的战略与

---

① 可汗学院(The Khan Academy)是一个提供免费在线学习资源的网站。

定位。

2012年，安永会计事务所的报告为高校指出了三种可能的战略未来。第一种战略被称为"改变现状"（streamlined status quo）。该战略包括创新数字技术和发展伙伴关系，但其他方面很难有真正的变革性。作为一种生存战略，其本质上是要保留"规模大且历史悠久"的高校——那些历史悠久、规模很大、有弹性且资源相对丰富的大学，尽管这一战略可能意味着一个安逸的未来。哈丁与哈里森（Harding & Harrison 2015 p.8）观察认为：

像大学这样的机构，特别是历史更悠久以及规模更大的大学，特别容易受到"结构惯性"（structural inertia）的不利影响，意味着它们在运行环境中快速适应变革的能力有限。一般情况下，这类机构更适应粗粒度的运行环境[1]，当它们寻求调整已成功的运作程序和流程时，时间是站在它们这一边的。

安永会计事务所的报告所描述的第二个战略被称为"优势统治者"（niche dominators）。该战略比"改进现状"战略在服务、市场和教学方式上涉及更大范围的变革，但该战略最显著的特点是在组织层面选择部分领域进行重点投入。哈丁与哈里森（Harding & Harrison 2015 p.8）评论道：

在动态的环境中，专业化对高校的生存和发展尤为重要。通才型组织（Generalist organisations），包括更综合性的大学，通常在粗粒度的环境中做得更好，而专才型组织（specialist organizations）更有可能同时在细粒度和粗粒度的环境中繁荣发展[2]。

上述关于大学未来可能状况的相关描绘非常符合詹姆斯库克大学的案例，这所学校强烈地寻求基于世界地理特征的优势定位，采取以卓越的科研绩效为主的战略，同时通过各种活动提升声誉。詹姆斯库克大学代表了既拥有国际地位，同时又致力于展示国际重要使命和议程的本地相关性的高校。根据上述讨论，优势定位战略的目标是通过提升绩效、声誉和知名度，维持和创造一个可持续性的繁荣未来。

三、声誉

大学努力提升自身的声誉，特别是在科研领域，以达到以下目的：

---

[1]　Harding 和 Harrison（2015，第8页）对粒度（Granularity）进行了如下定义："粒度是物质在空间和时间上的混合程度。不同结构的混合被认为是细粒度的，而大面积的同质性被认为是粗粒度的。从时间上而言，粒度是指颗粒典型周期的长度。细粒度意味着频繁的波动，而粗粒度则通常意味着不太频繁的波动"。
[2]　Harding 和 Harrison（2015）认为当前的高等教育运行环境是"细粒度"和动态的。

- 展示它们对经济、环境和社会的贡献；
- 提升声誉、影响力和品牌；
- 招聘和吸引教职员工和学生；
- 增强在科研经费竞争中的优势；
- 与其他多个科研用户进行有效合作，包括企业、政府、非政府组织和社区。

然而，如果将大学，或者其他入榜国际大学排名的高校与拥有单一品牌的公司或公共部门那样同等对待，会很容易产生误导。鉴于本次会议的主题是声誉，描绘不同团体所开展活动的范围和动力非常有用，包括：

- 研究者个体/小团队/实验室；
- 研究中心和研究所，或类似的组织；
- 大学；
- 大学联盟。

（一）研究者

大部分提升学术声誉的工作和活动都是由研究者个体和/或他们的科研团队所开展的。相关活动包括：

- 积极参与正式和非正式的学术网络，如学术会议、专业学会；
- 国际合作发表；
- 公开出版物和数据；
- 维护研究者的档案和个人信息，如 ORCID,Scopus；
- 参与网络平台，如 ResearchGate,谷歌学术；
- 运用社交媒体(联系本学科或本研究领域的学者，也包括兴趣更广泛的学术共同体，主流媒体和公众)；
- 优化发表策略，如慎用关键词、描述性的标题等。

对于科研人员而言，以上活动可以使高质量和有特色的论文数翻倍，有助于提升自身的影响力、地位和信誉。这些"自下而上"提高声誉的活动也会改善组织的整体绩效，例如，论文的引文影响是大学排名所使用的关键指标。

高校也可能会为这类活动提供支持，并明确表达对教师论文发表的期望，但可以合理地假设这些活动是学术工作正常的一部分。

科研人员，特别是科研项目负责人，可能会寻求在自身学术领域之外建立声誉，他们会通过自己的专长和学术声誉在媒体、企业、公共部门中建立良好的形象和地位，包括担任专家小组成员，特别是在受政府资助、监管和使用的领域，如公共卫生和环境管理。

（二）研究中心和研究所

研究中心和研究所可以通过群聚效应、获得品牌/媒体资源、为相关用户和合作伙伴提升能力建设等方式获得声誉。

（三）大学

大学有广泛的工具或功能可以帮助开展能够提高声誉的活动。包括：

（1）增加参与学术活动的平台：

■ 机构知识库(Institutional repositories)；

■ 资源公开(出版物和数据)；

■ 网页的访问权，如员工信息(templates for profiling staff)。

（2）品牌化：

■ 阐述学校的战略使命；

■ 市场营销和媒体宣传；

■ 资助科研单位/平台/聚合体，如研究中心和研究所。

（3）绩效预期：

■ 随着对高校外部影响的关注增加，可以谨慎采用更广泛的绩效指标，如计量学(altmetrics)、对媒体的贡献以及服务活动等；

■ 大学，或者学院、系所或同层次的机构，可以通过延揽"明星学者"或与发展目标相匹配的一般性招聘战略来增加声誉。

（四）大学联盟

在某些情况下，大学联盟或高峰会议的知名度为大学追求声誉提供了新的途径。在高等教育领域，一些大学联盟，如英国的罗素集团(Russell Group)和澳大利亚的八校联盟(Group of Eight)都已颇具影响力。从更广泛的意义上说，为应对重大挑战而结成的联盟可以为高校带来声誉，或者帮助它们在更本质的层面确立组织原则，这是机构自身所无法独立实现的。

尽管有不同规模和类型的活动可以增强科研活动和高校整体的声誉，但它们都有一个共同之处，就是通过社会网络来建立和维持信任与声誉。

四、热带地区的一所大学

在解决全球热带地区所面临的关键挑战方面，詹姆斯库克大学的教学和科研在澳大利亚乃至全球都处于领导者的位置。该校致力于提升科研卓越和影响力,特别是在与全球热带地区相关的重要议题上。通常,该校的核心使命写入了建校章程,根据该章程,学校的目标是"鼓励广泛领域的学习和研究,特别是对热带地区的人们而言至关重要的课题(特别强调)"(詹姆斯库克大学法令 1997)。至少在澳大利亚,没有其他大学拥有如此独特的使命。

在该校四十多年的历史中,詹姆斯库克大学对以上使命的热情或高或低,而现在达到了顶峰。詹姆斯库克大学的学术活动受到它所在热带地区的地理位置的启发,该校的《战略目标声明》(*University's Statement of Strategic Intent*)①表达了它的雄心壮志——"通过卓越的毕业生和研究成果给热带地区带来更加光明的未来"。尽管詹姆斯库克大学以本地经验为窗口形成了对全球热带地区的认识框架,但该校通过与全球的互动,为本地共同体带来了新的视角和理解。基于所在的热带地区的地理位置,该校寻求与世界各地的科研机构、用人单位、高校和新知识的使用者建立伙伴关系。詹姆斯库克大学不断探索、利用和支持这种相互合作与学习的机会,包括实体的和虚拟的方式,并通过鼓励教职员工和学生的流动以及使用信息和传播工具等方式扩大其活动的全球影响力。

过去八年来,詹姆斯库克大学的教学和科研主要聚焦 4 大主题:
- 热带地区的生态系统和环境;
- 热带地区的工业和经济;
- 热带地区的人口和社会;
- 热带地区的卫生、医疗以及生物安全。

以上 4 个主题是该校战略规划的核心②,近期被纳入"大挑战"(grand challenges)的框架中,该框架主要为了实现"全球热带地区的可持续未来",具体主要针对以下挑战:
- 生态修复(Ecological resilience);
- 人类福祉(Human wellbeing);
- 资源安全(Resource security);
- 良好治理(Good governance)。

在此框架下,詹姆斯库克大学的教学和科研与该校战略规划中的 4 个主题形成了一个矩阵③。

詹姆斯库克大学认识到,外界对大学的评价并不仅仅基于质量,还会同样考察学校更广泛的相关性、影响以及学术领导力。作为一所地区性大学,詹姆斯库

---

① 请参见:http://www.jcu.edu.au/about/strategic-intent/。
② 请参见:http://www.jcu.edu.au/about/plan/index.htm。
③ 请参见:http://www-public.jcu.edu.au/news/JCU_119851。

克大学意识到自己的义务在于服务企业、政府和当地社会，并分享科研成果。因此，该校与其他科研机构建立伙伴关系以使科研活动最大化。该校也认识到自己是"本地的力量"（power of place），通过与本地社会的共同努力，推动当地的社会包容性和可持续性。詹姆斯库克大学致力于成为一个优秀的组织公民（corporate citizen），积极承担自身的公民责任，并以互惠互利的方式与利益相关者们互动，以确保该校所在区域的可持续发展与繁荣。

詹姆斯库克大学卓越的科研领域与该校聚焦于热带地区的优势定位是相一致的。因此，该校的声誉和地位主要建立在环境科学与生态学、热带海洋科学与管理、旅游学、地球科学、公共卫生学、热带疾病以及热带地区的人民和社会等相关领域。表 10.1 展示了詹姆斯库克大学在以上领域的国际排名，列出了该校在 2010～2014 年期间进入世界百强的科研领域（关键词）。

表 10.1　詹姆斯库克大学不同科研领域的排名（2010～2014）

科研领域（关键词）	詹姆斯库克大学的名次*
水产科学	世界第 10,4 名科研人员进入全球 100
水产养殖	世界第 17,3 名科研人员进入全球 100
珊瑚礁科学	世界第 1,16 名科研人员进入全球 100，其中 7 人进入世界前 10
鲨鱼	世界第 2,5 名科研人员进入全球 100，包括第 1 和第 5
热带渔业	世界第 1,8 名科研人员进入全球 100，包括 4 人进入世界前 10
热带雨林	世界第 1,9 名科研人员进入全球 100，包括第 2 和第 10

资料来源：Scopus 数据库——于 2015 年 8 月 18 日用 SciVal 下载的数据。
* 世界排名是基于 2010～2014 年的论文数量。

Scopus 所发布的一份分析报告（2010～2014）《全科学期刊分类》（All Science Journal Classification），虽然没有提供详细的分析，但同样印证了詹姆斯库克大学在热带相关领域的世界一流地位（见表 10.2）。

表 10.2　詹姆斯库克大学在《全科学期刊分类》上的名次（2010～2014）

Scopus-全科学期刊分类	詹姆斯库克大学的名次*
生态学	全球第 35,2 名研究者进入前 100
生态学、进化、行为学和系统学	全球第 37，学科归一化引文影响力指标（FWCI）得分第 6

（续　表）

Scopus－全科学期刊分类	詹姆斯库克大学的名次*
地球与行星变化	全球第 99,进入全球前 10% 的论文总数指标得分第 2,FWCI 指标得分第 4
自然和景观保护	全球第 24,FWCI 得分第 8,3 名研究者进入世界前 100,包括第 6 和第 7
海洋学	全球第 57,FWCI 得分第 12,1 名研究者进入世界前 100
寄生虫学	全球第 59,1 名研究者进入前 100

资料来源: Scopus－于 2015 年 8 月 8 日用 SciVal 下载的数据。

* 世界排名是基于 2010～2014 年期间的论文总数。

就学校的综合名次而言,詹姆斯库克大学在国际排名上的表现也非常好,进入了大多数世界排名的前 400 名(见表 10.3)。

表 10.3　詹姆斯库克大学的国际排名

国　际　排　名	詹姆斯库克大学的名次
2015 年的世界大学学术排名	301～400 区间 ——生命科学领域位列 101～150 区间
2015 年的国立台湾大学排名	414 名 ——环境/生态科学位列全球第 21 名 & 澳大利亚第 2 名
2015 年 6 月的 QS 世界大学排名	387 名
2015 年 6 月的 THE 世界大学排名	251～300 区间
2016 年的美国《新闻与世界报道》世界大学排名	354 名 ——环境/生态科学位列全球第 22 名,澳大利亚第 2 名 ——植物和动物科学位列全球第 61 名

资料来源:由各大学排名网站资料整理而得。

本文的论点是詹姆斯库克大学主要通过积极实施优势定位战略(niche-bascd)而成为世界一流大学(Ernst & Young 2012)。该校通过优势定位战略不仅在重点发展领域取得了高水平的科研绩效(世界一流)(见表 10.1 和表 10.2),学校整体层面的水平也实现了突破(见表 10.3)。下文将以詹姆斯库克大学所领导的“热带计划”为例来阐述声誉和绩效是如何相结合的。

五、"热带计划"

2011 年伊始，多所对热带问题感兴趣的顶尖研究型大学①组成一个联盟，共同考察热带地区的生活状况。该联盟于 2011 年中旬在新加坡召开会议，启动了一个关于共享不同专业知识以汇报环境、社会和经济等指标趋势的项目。该项目旨在回答一个简单的问题：热带地区的生活是否变得更好？

经过詹姆斯库克大学的倡议，该联盟发布了一份具有里程碑意义的《热带状况》报告(State of Tropics 2014)，综合了不同热带区域顶尖大学的知识、经验和多样化的背景。这是环境与地缘政治实体第一次凭借自身力量对热带地区进行的深入而客观的评估。诺贝尔奖获得者昂山素季(Aung San Suu Kyi)在报告发表时强调了其重要性，同时发布该报告的还有新加坡和澳大利亚。

热带地区的一个典型特征是其生物、文化和社会政治不可思议的多样性，而人们依然能够共同在这片多样化和充满活力的区域生存和繁衍。《热带状况》考察了这种多样性，并对自然系统与人类健康、福祉和繁衍之间不可分割的联系进行探究。这份报告为热带地区迈向繁荣、可持续以及公平的未来提供了基础，也成为政策制定者、地缘政治分析者、研究人员、学生以及其他对热带地区感兴趣的利益相关者们的宝贵资源。

《热带状况》报告显示，热带地区的国家在过去几十年里，在一系列环境、社会以及经济指标上取得了非凡的进步。该报告还表明，人口和经济的快速增长将大大提升热带地区在未来的影响力，重构全球态势并最终改变世界看待自身的方式。这份报告确认了热带地区所拥有的巨大潜力——可以说，未来属于热带地区。

《热带状况》是由来自世界各地的 11 所高校共同努力的结果，旨在引起人们对相对被忽略但会造成全球秩序不平等的地缘政治的关注(比较"南北论战"、"勃兰特线"等)。该报告还强调了决定詹姆斯库克大学优势的地理位置——热带地区。事实上，《热带状况》以一种不同寻常的有力方式引起了人们对地球中

---

① 包括詹姆斯库克大学、利物浦热带医学院(Liverpool School of Tropical Medicine)、玛希隆大学(Mahidol University)、夏威夷大学(the University of Hawaii)、斐济南太平洋大学(the University of the South Pacific)、埃斯库埃拉高级政治学院(Escuela Superior Politechnica del Litoral)、新加坡国立大学(National University of Singapore)、南洋理工大学(Nanyang Technological University)、巴布亚新几内亚大学(the University of Papua New Guinea)、阿马佐尼亚国立民族研究所(Instituto Nacional de Pesquisas da Amazonia)、内罗毕大学(the University of Nairobi)、热带研究组织(Organisation for Tropical Studies)。

间带地区所面临的挑战和机遇的关注。在此过程中,该报告无疑也提高了大学的声誉。因此,它建立了一种强大的自反性,也即詹姆斯库克大学的优势是通过与热带地区的相关性得以加强,与此同时,该校的科研声誉反过来也证明了它确实贡献了对热带地区研究的知识和了解。热带地区计划的案例展示了优势定位如何能够基于已有的科研优势传统帮助高校获得全球声誉。由此可见,声誉、能力和绩效是相互交织的。

最后,为了呼应本次会议的主题,本文还将关注詹姆斯库克大学地区服务和全球声誉的相互作用。在很大程度上,詹姆斯库克大学的科研声誉建立在特定议题的研究之上,这些议题在本地范围内会引起强烈共鸣,在国际上也被充分讨论。从历史上看,詹姆斯库克大学的研究优势是建立在对珊瑚礁的研究之上的,主要从与学校地理位置毗邻的大堡礁(Great Barrier Reef)获得了灵感。基于本地所发展的能力和专业技术如今已经被应用到整个热带地区,用以了解全球范围内珊瑚礁生态与人类环境的相互作用。同样地,詹姆斯库克大学对热带卫生和疾病的兴趣深受该校在澳大利亚北部的地理位置所影响,同时也与北部附近的一些热带地区(如巴布亚新几内亚、印度尼西亚)人们的健康和幸福相关。反思这些例子可以发现,本地环境所提供的知识和理解可以有效服务于国际社会,而从澳大利亚以外汲取的经验也可以引入进来服务于本地社会——可以称之为全球本土化。

六、结语

本文尝试结合此次会议的主题,回答大学是否能够同时提高全球声誉和地区服务,以及声誉和绩效是否能够相结合。詹姆斯库克大学通过聚焦热带地区,并从当地的地理环境和越来越密切的全球地缘政治中获得启发,充分发挥了自身的"区域力量"。该校毫无疑问得益于将此目标写入大学章程的远见。已经融入学校方方面面的优势定位,在激烈竞争的高等教育领域为詹姆斯库克大学提供了一个具有真正价值的品牌和目标。

在学校不太长的历史中,主要受地理位置启发而致力于高水平科研的使命使詹姆斯库克大学成为一所全球知名的高校。有科研能力做后盾,该校通过参与《热带状况》项目,一心致力于实现自己的研究使命和目标。由此,声誉和绩效以一种协同的方式结合在一起。与此同时,詹姆斯库克大学通过充分把握本地(北澳大利亚)所关注的研究领域,在当地和国际上产生重大影响。

随着高等教育进入了不可阻挡的变革时期,詹姆斯库克大学将优势定位、科研水平、学校使命和声誉以及地区/全球关系的相互作用,作为未来可持续发展的核心要素。

参考文献

[1] Coffait, L. (2012). (R)evolution in higher education? In L. Coffait (Ed.) *Blue Skies: New Thinking about the Future of Higher Education*. London: The Pearson Think Tank.

[2] Ernst & Young (2012). *University of the Future: A Thousand Year Old Industry on the Cusp of Profound Change*. Australia: Ernst & Young.

[3] Harding, S., & Harrison, R. (2015). Changing times, changing universities: Leadership, governance and management in a dynamic environment. *International Journal of Chinese Education*, 4, 5‐27.

[4] JCU—The Future Taskforce. (2013). *Crystallising Our Purpose*. James Cook University.

[5] Parker, S. (2012). Time to trade in a well-worn university model. *Campus Review*, 13.

[6] Robertson, R. (1997). Comments on the "Global Triad" and "Globalization." In I. Nobutaka (Ed.), *Globalization and Indigenous Culture*, *Institute for Japanese Culture and Classics*. Kokugakuin University, Japan. Retrieved from http://www2. kokugakuin.ac.jp / ijcc / wp / global / index. html.

[7] State of the Tropics. (2014). *State of the Tropics 2014*. Cairns, Australia: James Cook University.

致　　谢

　　本文借鉴了詹姆斯库克大学许多工作人员的努力成果。我们要特别感谢 JCU‐未来工作组、Patricia Brand、Heather Gordon、Stephanie Hunter 以及 Sally Kift 的贡献。我们同样感谢"热带计划"项目组的工作。本文再现了几本 JCU 官方出版物的内容,包括《凝聚我们的目标》(*Crystallising Our Purpose*),《2013～2017 年大学计划》(*University Plan 2013 ～ 2017*)以及《未来属于热带》(*The Future Belongs to the Tropics*)。

第十一章 培养创新型和创业型的毕业生

希拉姆·罗摩衍那(Seeram Ramakrishna)、
艾伦·牟俊达(Arun S. Mujumdar)[①]

一、引言

    在过去,大学毕业生创业往往是出于别无选择和就业机会的匮乏。而近年来,越来越多的学生选择自主创业。他们深受校友成功、硅谷传奇以及全球多个地方鼓舞人心的创业榜样所激励。此外,各国政府都制定了有利于创新和创业的政策和激励措施,以期促进国家经济的增长和生产力的提高。这些政府模仿以创新而闻名的国家,如美国和以色列等。创新型国家似乎要么拥有创业文化,要么拥有有利于创业的生态系统,或者两者兼备(见图 11.1 的 A 与 B)。而仿效的国家则往往通过创建合适的生态系统来弥补自身薄弱的创业文化(图 11.1 的 C)。世界各国受到创新创业的激励是因为它们无力为不断增多的大学毕业生提供就业机会,与此同时需要确保经济在竞争性的后全球化时代持续增长。尽管越来越多的大学毕业生对创建自己的公司感兴趣,但不是每个学生都有热忱或有能力这么做。平均而言,大约 100 名学生中只有 1 位毕业生会真正考虑创业,其余学生更倾向于在传统职业中谋得就业机会。支持通过课程教学来培养学生创新和创业精神的人认为,无论学生未来的职业选择如何,这些技能对他们而言都是非常有益和必要的。这些支持者的主要假设是,在后全球化竞争时代,经济、企业和组织要实现可持续发展必须拥有具有进取心、创新精神以及热情敬业的员工。后全球化时代的趋势包括产品的大规模定制以满足本地需求,各国也会建立自己的科研、创新和创业生态系统,以及高校在日益强调地区服务的同时也更加追求全球声誉(Coelen 2015; de Wit & Leask 2015; Kwiek 2015;

---

①   希拉姆·罗摩衍那,新加坡国立大学;艾伦·牟俊达,加拿大麦吉尔大学。

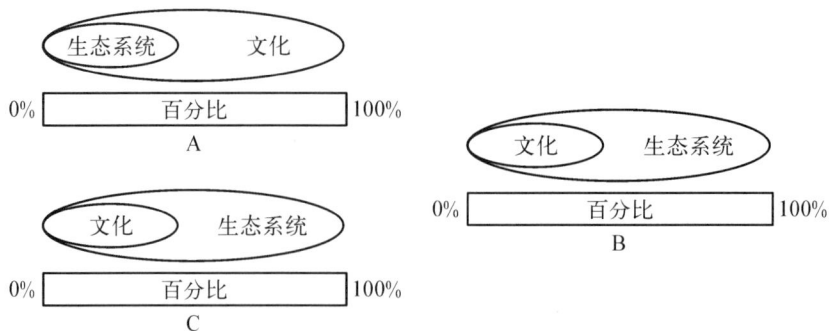

图 11.1 创业文化和生态系统对创新型国家的相对影响

Ramakrishna 2015）。本文将阐述培养创新性和创业型毕业生的各种途径。

二、"网络时代"的学生

"网络时代"的学生是指那些伴随着现代数字技术成长起来的一代。他们通过互联网获取信息，并经常通过社交媒体工具如 脸书（Facebook）、推特（Twitter）等与朋友或同龄人保持联络。他们是多面手，但注意力可能有限。与为了履行家庭义务而就业的前几代学生不同，网络时代的学生对职业选择更挑剔，也更雄心勃勃。他们中的一些人更加愿意冒险，并且倾向于在最终确定一个职业之前先尝试多个不同的选择。网络时代的学生中大约有百分之一的人倾向于刚毕业，或等有了几年相关工作经验之后，利用一些创意来创办公司。因而，高校有必要在大学期间为这些学生提供学习与体验创新和创业的机会。

三、创新的全球分布

占世界半数人口的亚洲近年来也越来越重视高等教育、科学研究与创新（Ramakrishna 2011 & 2012；Ramakrishna & Krishna 2011）。与发达国家一样，新兴国家正在加速提升自身的创新能力，以便在后全球化的竞争中实现繁荣发展。图11.2呈现了亚洲、北美、欧洲、拉丁美洲以及东盟的专利份额。图11.2 的趋势表明，全球越来越多的国家正在推动创新，而在 19、20 世纪，追求创新的国家数量非常有限。

去年，汤森路透公司首次发布了"全球最具创新力百强大学名单"（见表11. 1）。该排名所采用的主要指标包括：① 与企业合著的论文数；② 专利申请和授权数；③ 被专利引用的论文数；④ 被企业下载的论文数。值得注意的是，由

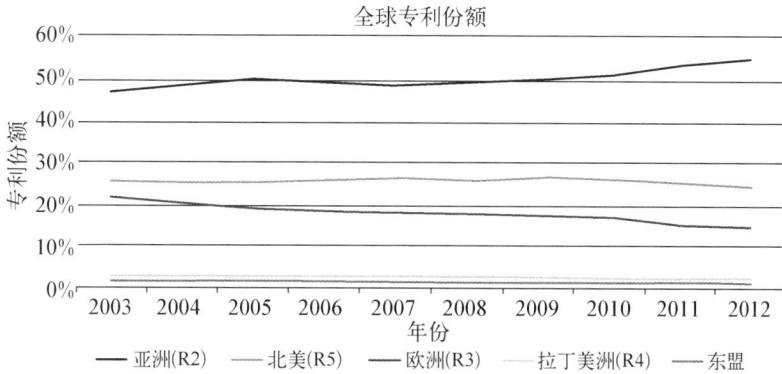

图 11.2　不同区域的全球专利份额(R)：东盟、亚洲(R2)、北美、欧洲和拉丁美洲
资料来源：汤森路透(2015)。

于指标选择和每个指标被赋予的权重存在差异，不同排名机构所提供的大学排名并不相同。这些替代性指标在评估高校创新和创业绩效方面也并不十分完善(Thomson Reuters 2015)。有些大学在创新创业方面很突出，进一步完善的排名将会深受不同利益相关者的欢迎。此外，根据经济和国家规模进行标准化的排名也会很有意思。

表 11.1　汤森路透所发布的最具创新力百强大学的国家分布

国　　　家	最具创新力百强大学的数量
美　国	50
日　本	9
法　国	8
韩　国	8
德　国	6
英　国	5
瑞　士	3
比利时	2
加拿大	2
以色列	2
荷　兰	2
中　国	1
丹　麦	1
新加坡	1

倘若考虑这些新的变化，大学应该采取什么战略来培养能够面向未来的毕业生呢？

（一）战略 1：新的课程与教学

人们通常认为大学教育是静态的，而事实上，它一直随着时间的变化而变化（见表 11.2）。在过去，质量保障和认证机构很重视课程、学分、师生比、教师资格以及教学设施设备等。近年来，大学还额外注重培养学生的跨文化交际能力，以帮助他们更好地面向全球化的世界。大多数大学课程还重视道德和社会责任教育。而在后全球化时代，各国都期望本国的高等教育机构和毕业生不仅能够积极服务本地，还能够获得全球声誉。换句话说，毕业生要想在未来获得成功需要具备"全球本土化"（glocal）思维。此外，网络时代的学生需要获得更多的创新和创业体验（Ramakrishna 2014）。在经过详细的评估和讨论之后，美国国家工程院（US National Academy of Engineering）建议：

"……除了自己的技术和专长，工科学生还应更灵活、更有可塑性、创造力和同理心，同时也要有识别和把握机会的能力。所有这些能力都应该作为正规教育的一部分教会给工程师。因此，工程教育者的责任是将这些能力传授给学生，使他们具备创新和创业能力（Byers et al. 2013）。"

表 11.2　大学教育重心的转移

2000 年以前 （前全球化世界）	2000～2015 （全球化世界）	未来 （后全球化世界）
基本能力	全球能力	全球本土化能力
课程	沟通能力	创新能力
教师	跨文化交往能力	创业能力
设施设备	跨学科能力	超越经验（改变想象力）
学分 师生比例	道德	精神和道德价值
质量保障和认证	社会责任	可持续发展概念
国内排名	全球排名	创新和相关排名

为了适应不断变化的期望，新加坡国立大学（National University of Singapore）的工程学院对课程进行了完善①。修订后的课程更加重视创新和创

---

① 请参见 http://enterprise.nus.edu.sg/educate。

业教育,本科生课程的 120 个学分中有 32 个与此相关。学生修读了 2 个创新模块可以获得 8 个学分。此外,学生还需要到创业公司实习 6～12 个月。新加坡国立大学的"革新本地企业发展计划"(Innovative Local Enterprise Achiever Development,简称 iLEAD 计划)可以帮助学生去新加坡创业公司实习。而新加坡国立大学海外学院(NUS Overseas Colleges)则为想要去世界各地创新中心的创业公司实习的学生提供帮助。海外学院还建造了一栋以创业为主题的建筑,称为"N-房子",经常举办一些创业活动,如交流讨论会、选择创业想法和联络活动等。学生通过这些实习经历不仅能够培养创业思维,还可以获得 12 个学分。学生也可以选择做相关的项目设计,同样可以获得 12 个学分。此外,海外学院与企业孵化器和加速器也有联系,可以帮助毕业生创业。

《纽约时报》(*The New York Times*)海外版一位很有影响力的专栏记者大卫·布鲁克斯(David Brooks)写道,美国大学非常专业化,但在某些方面却是有缺失的(Brooks 2015)。美国高校很擅长培养学生做事情的方法,但却没有很好地帮助学生反思为什么要做这些事情以及做这些事情的意义何在。学生虽然有很多的职业选择,但他们必须完全依靠自己去选择一个最适合自己、最能实现自我价值的职业。大学教育要为学生呈现不同的精神和道德价值,并鼓励他们通过超越体验(transcendent,改变想象力)来反思自己。尽管在全球 2 万多所大学中,绝大多数高校在课程与教学上都随大流,但也有一些例外。例如,斯里兰卡沙迪亚赛研究所(Sri Sathya Sai Institute of Higher Learning) 创新性地改变了其课程设置和教学方法,使学生在获得某一学科的学位之余,也可以通过自我学习和自我探索掌握更广泛的知识。此外,作为大学课程的一部分,该校学生还需要积极投身偏远农村地区的社会服务以及弱势群体的医疗保健工作。这样的体验方式给学生个人以及社会都带来了益处。因此,高校有必要重塑大学教育的哲学传统。

(二)战略 2: 分类教育——分形方法

大约在 200 年前推出的学期制已经为世界各地大多数高校所采用。而有些大学实行的是 1900 年代开始的四学期制。网络时代的学生需要更灵活地按照自己的节奏和方式学习,因此大学需要进一步微调课程与教学方式。在分类的课程结构中,学生在分形的课程模块中学习,而不是遵循传统的 13～15 个星期的学期模式。印度理工学院海德拉巴校区(IIT Hyderabad)率先推出分形课程模式。传统上,一个学期有 42 课时,每次课 3 课时,可获得 3 学分。而分形课程的学分可以是 0.5、1.0、1.5、2.0、2.5、3.0，总课时可以包括 7、14、21、28、35 和 42 课时。这一方式允许高水平的国际教师和企业界经验丰富的专业人士来学校授课，因为他们的空余时间往往比较有限。这种灵活性的课程也允许学生能够在自己感兴趣的各种国际和国内单位实习，从而有大量机会接触不同的领域。这也能够培养学生的创造力，使他们获得不一样的思维方式，同时使学生实现"全球本土化"，即充分国际化的同时又扎根于本地，他们可以自信地工作于各类跨境、跨文化和跨职能团队。美国麻省理工学院（Massachusetts Institute of Technology）成立了一个特别小组对学校的课程与教学进行评估，最后也建议采用分类教育方式。

分类教育模式还充分采用基于信息通信技术的教育和学习方式。美国私立教育机构优达学城（Udacity）便采用了这种分形课程模式，为想要获得新技能以保持自身竞争力的专业人士提供非学位课程。尽管基于信息通信技术的学习方式引人期待，但它们还需要更进一步改善学生的学习效果。事实上到目前为止，全球很大比例的高校都缺乏资源投入到新学习技术上，教师也普遍缺乏接受新教学技能培训的热情。

（三）战略3：课外学习

有相当比例的大学毕业生被发现不适合就业，因为他们缺乏能够满足职场需求的实际工作经验和能力。大学毕业生需要具备良好的工作态度和能力以便在多元文化中开展合作，并能够拿出应对本地挑战的创新性和个性化的解决方案。在这方面，创建开放性的"软件"和"硬件"资源平台可能会很有帮助。这样的平台可以收集和分析针对各种现实问题的多种解决方案，并创建模型。开放资源平台应该由来自世界各地的学生共同创建，任何学生都可以在平台上提出自己的创业想法、开展创业合作以及共享从想法到产品的创业过程。这些平台可以使学生获得与思维不同、文化不同以及处事方式不同的人开展合作的能力。

课外学习会使大学教育更加完整，因此在新加坡国立大学，超过 80% 的本科生都去世界各地交流、实习和参与暑期项目。他们充分享受着聆听讲座嘉宾的演讲、与企业家对话、小组讨论和项目汇报以及走访科研院所、企业和政府机构等机会。

新加坡国立大学受益于积极的国家政策。创新被新加坡政府视为是经济可持续增长的重要引擎。在发布"2020 年国家科研、创新和企业计划"（Research, Innovation and Enterprise）时，新加坡总理李显龙强调：

"这项投资不仅能够增进人类智慧、探索科学的可能性、改变我们的生活,还可以帮助我们认识世界,创造可以长期用于诸多领域的新知识。"

随着政府重申了发展科研的承诺,新加坡的科技经费预算在未来5年内将增至190亿美元(图11.3呈现了新加坡在过去20年里的研发投入情况)。基于创新能力和渠道建设,政府越来越重视培育创业文化以确保经济的持续增长。2016年4月1日,新加坡政府成立"新加坡创新机构"(SG-Innovate),为新的创业者匹配企业导师,给他们介绍拥有流动资金的投资公司,帮助他们从大学和国家科研机构获得人才,以及帮助他们开拓新的市场。新加坡创新机构将扩大加速创业计划,将项目拓展到一些新的领域,如智能能源、数字化制造、金融科技、数据医药以及物联网等。此外,新加坡还将投资建设一个全国性的"一站式"贸易信息管理系统,为商业机构和政府组织提供共享的电子数据。这将会成为一个开放式的创新平台,帮助其他的服务供应商获得开发增值服务和应用程序所需的大数据,从而提高生产力。新加坡还在建设一个新的"裕廊创新区"(Jurong Innovation District),未来将成为一个鼓励创新和创业的工业园区。该创新区将为企业家、科研人员、企业和学生提供设计,创建模型以及测试新发明、新产品和新服务的场地。在2016年的财政预算案演讲(budget speech)中,新加坡财政部长王瑞杰(Heng Swee Keat)指出:

"创新可以通过科技的使用得以实现和增强,但创新不止于此。从本质上说,创新是采用新的做事方法以更好地满足人们和企业的需要。创新是价值创造和增长的引擎。我们必须让创新在我们的社会中更加普遍。"

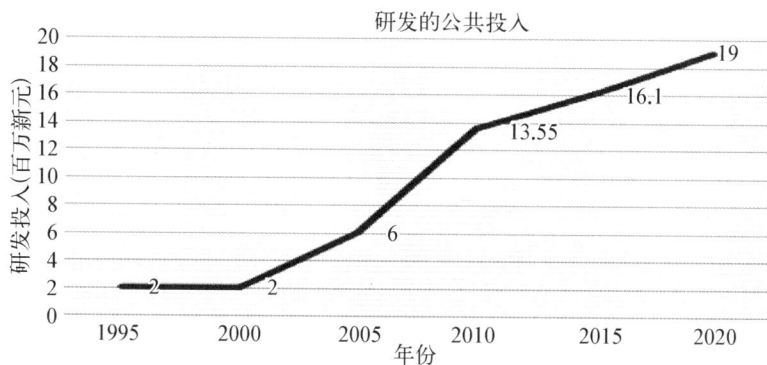

图 11.3　新加坡的研发投入　(单位:百万新元)

图11.4展示了新加坡的优先领域。新加坡正采取一种系统的方式来促进创业(见图11.5)。政府鼓励大学与政府机构及私立部门合作运行孵化器和

加速器。例如,新加坡国立大学企业中心(NUS Enterprise)联手新加坡媒体发展管理局(Media Development Authority)以及新加坡电信公司(SingTel Innov8),建立了一个战略培育项目——插头孵化器(Plug-In@Blk71)。而整个Blk71创新创业园区从位于亚逸拉惹工业区(Ayer Rajah)的破败老建筑,脱胎换骨成为一个动态的新创产业聚集地。Blk71如今成为上百个科技相关机构的家园,包括创业公司、风险投资基金、股权投资基金和孵化器等。新加坡政府还推出了一项"科技孵化计划"(Technology Incubation Scheme),负责投资创业公司所需资金的85%,而风险投资、股权投资以及天使投资人则投资余下的15%。在创业公司实习可以让学生获得一些实在的工作经验。此外,他们还可以通过企业网络和企业加速网络(accelerator networks)与导师以及专业人士联系。例如,欧洲的创业公司缔造者Entrepreneur First(简称EF),已经与新加坡资讯通信投资有限公司(Infocomm Investments)合作开展了一个项目,对新的创业者进行投资。该项目包括2个阶段,每个阶段为期3个月,每个阶段都会招收40至50人。在最初的3个月中,每位参与者均可获得每月3 500美元的资助。如果创业公司经历第1个阶段后顺利成立,EF会再投资2万5千美元,也即相当于8%的股权。每家成功创设的公司总共可获得的投资大约为5万美元。而新加坡"创新与能力赠券计划"(The Innovation and Capability Voucher Scheme)使公司能够聘用一些大学科研人员和学生参与特定项目。基于表11.3所示的一系列指标,新加坡位列创业生态排名的前10名。

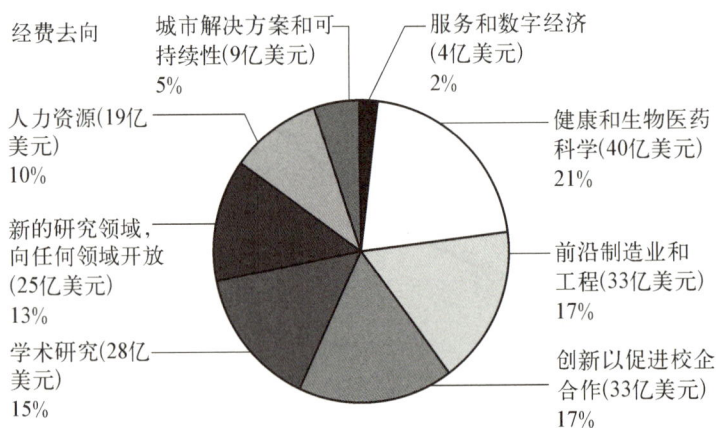

图11.4 新加坡科研、创新和创业计划的优先领域

资料来源：新加坡国家研究基金会。

培育创业公司

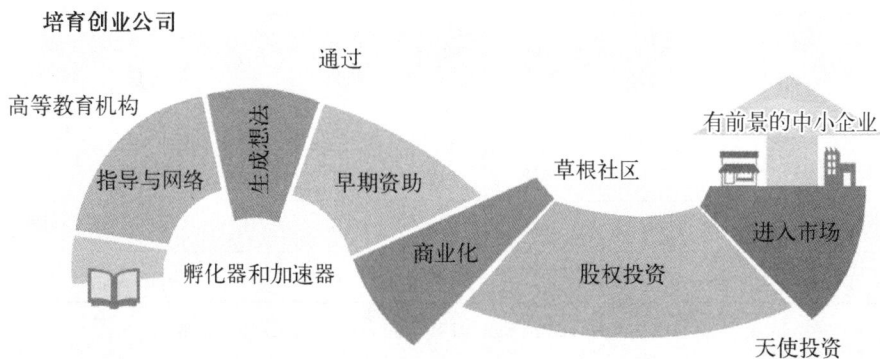

图 11.5　新加坡的创业生态系统

表 11.3　全球前 20 名的创业生态系统

	排名		绩效	经费	市场研究	人才	衍生公司支出	增长指数
硅　谷	1	←	1	1	4	1	1	2.1
纽　约	2	↑3	2	2	1	9	4	1.8
洛杉矶	3	←	4	4	2	10	5	1.8
波士顿	4	↑2	3	3	7	12	7	2.7
特拉维夫市	5	↓3	6	5	13	3	6	2.9
伦　敦	6	↑1	5	10	3	7	13	3.3
芝加哥	7	↑3	8	12	5	11	14	2.8
西雅图	8	↓4	12	11	12	4	3	2.1
柏　林	9	↑6	7	8	19	8	8	10.0
新加坡	10	↑7	11	9	9	20	9	1.9
巴　黎	11	←	13	13	6	16	15	1.3
圣保罗	12	↑1	9	7	11	19	19	3.5
莫斯科	13	↑1	17	15	8	2	20	1.0
奥斯丁	14	新	16	14	18	5	2	1.9
班加罗尔	15	↑4	10	6	20	17	12	4.9
悉　尼	16	↑4	20	16	17	6	10	1.1

（续　表）

	排名		绩效	经费	市场研究	人才	衍生公司支出	增长指数
多伦多	17	↓9	14	18	14	15	18	1.3
温哥华	18	↓9	18	19	15	14	11	1.2
阿姆斯特丹	19	新	15	20	10	18	16	3.0
蒙特利尔	20	新	19	17	16	13	17	1.5

资料来源：http:// e27.co / meet-top – 20 – global-startup-ecosystems – 20150813 /。

（四）战略4：全球本土化教师

　　网络时代学生的家庭生态与社会结构不同于以往的学生。他们的核心家庭一般都与亲戚距离较远。他们与亲属接触的机会很少，好友圈子通常也很小。他们需要其他的途径来锻炼社会交往和情感技能，并在当今信息超负荷的复杂世界寻求职业指导（Harth 2015）。大学时光是他们获得这些技能和指导非常重要的时期。因此，教师们的角色已经不仅是传授专业技能和知识。而经费丰富且深谙本地和国际机会的全球本土化教师能够更好地指导网络时代的学生。他们可以培养学生的全球本土化思维，帮助他们在后全球化时代更好地找准方向①。教师也需要增加机会来培养自身的全球本土化思维。例如，新加坡国立大学与中国的苏州工业园区管理委员会合作，设立了新加坡国立大学苏州研究院（NUS Suzhou Research Institute），共同开展科研、教学和创业活动。大约有50位来自新加坡国立大学的教师参与了该研究院的活动，并为1 000余名参与者提供培训。中国宁波的诺丁汉大学、苏州的利物浦大学以及昆山的杜克大学都是这样的例子。印度的一个例子是印度理工学院—莫纳什研究院（IITB-Monash Research Academy），由印度孟买的印度理工学院和澳大利亚的莫纳什大学合作办学②。学生先后在澳大利亚和印度学习，由莫纳什大学和印度理工学院共同指导。该协议于2006年3月7日签署，当时的澳大利亚首相约翰·霍华德（John Howardn）出席了签约仪式，并获得了企业，如必和必拓集团（*BHP Billiton*）和印孚瑟斯（Infosys），对合作研究和科技成果转化的支持。该学院的重点研究领域包括清洁能源、水、生物科技、基础设施工程、干细胞研究、先进的

---

① 请参见：http:// www.goingglocal.nl / index.php / about。
② 请参见：https:// en.m.wikipedia.org / wiki / IITB-Monash_Research_Academy＃History。

计算机工程和纳米技术等,这些都是两国非常关心的领域。以上都是正在开展的合作项目,至少需要十年左右的时间才能评估这些项目是否取得成功,但成功的可能性很高。教师参与国际项目、跨境教育项目、海外访学以及在国外从事科研等对高校而言具有重要的价值。

四、结论

人们普遍认为大学的变革很缓慢,但同时又主张变革。在后全球化时代运行的大学,有必要微调它们的课程与教学,以满足网络时代学生的需求与期待。这些学生积极寻求课堂以外的创新和创业体验。为了培养面向未来的毕业生,教师们也需要培养自己的全球本土化思维。要实现这些目标,大学必须调整课程,改变教学、科研和服务项目以促进创新和创业。培养创新型和创业型毕业生的具体战略包括: ① 开设关于创新和创业的新课程;② 通过分形的课程模式开展分类教育 ;③ 推动在线学习;④ 培养全球本土化教师。

参考文献

[1]　Brooks, D. (2015). The big university, *The New York Times*. Retrieved on October 6 from http:// www. nytimes. com / 2015 / 10 / 06 / opinion / david-brooks-the-big-university. html? rref = collection% 2Fcolumn% 2Fdavid-brooks&action = click& contentCollection = opinion&region = stream&module = stream _ unit&version = latest&contentPlacement=19&pgtype=collection&_r=0.

[2]　Byers, Tom, Seelig, Tina, Sheppard, Sheri and Weilerstein, Phil (2013). Entrepreneurship: Its Role in Engineering Education, *The Bridge* (ISSN 0737 - 6278), a quarterly publication by the National Academy of Engineering, Vol. 43, No. 2, pages 35 - 40.

[3]　Coelen, R. (2015). Why internationalize education? *International Higher Education*, ISSN: 1084 - 061383, pages 4 - 5.

[4]　De Wit, H., & Leask, B. (2015). Internationalization, the curriculum and the disciplines, *International Higher Education*, ISSN: 1084 - 0613, 83, pages 10 - 11.

[5]　Harth, C. (2015). Going glocal: Adaptive education for local and global citizenship. *Independent Schools Magazine*. Retrieved from http:// www. nais. org / Magazines-Newsletters / ISMagazine / Pages / Going-Glocal.aspx.

[6]　Kwiek, M. (2015). Internationalists and locals in research: similar productivity patterns across Europe. *International Higher Education*. 83(7).

[7] MIT (2014). *Institute-wide Taskforce on the Future of MIT Education*. Retrieved from https://future.mit.edu /.

[8] NUS. (2015). *Entrepreneurial Education*. Retrieved from http://enterprise.nus.edu.sg / educate.

[9] Ramakrishna, S. (2011). Global rankings narrow the influence gap between universities in developed nations and emerging nations. Presentation at *the 4th International Conference on World-Class Universities* (WCU - 4), Shanghai, China, Nov 1 - 3.

[10] Ramakrishna, S. (2012). Is Asia a choice for careers in Innovation? *Asian Journal of Innovation and Policy*. 1(2), 133 - 147.

[11] Ramakrishna, S. (2014). Attributes of Engineers and Engineering Education for the 21st Century World. *Journal of Engineering Education Transformations*. 27(4), 17 - 28.

[12] Ramakrishna, S. (2015). Strategies for the universities to be locally engaged while globally visible. *Asian Journal of Innovation and Policy*, 4(3), 271 - 287.

[13] Ramakrishna, S., & Krishna, V. V. (2011). Emergence of Asian Universities as Centers of New Knowledge Generation and a Base for Nation's Competitiveness. In N. C. Liu, Q. Wang & Y. Cheng (Eds.) *Paths to a World-Class University: Lessons from Practices and Experiences*. Netherlands: Sense Publishers.

[14] Thiveaud, E. (2015b). The World's Most Innovative Universities. Retrieved from http:// stateofinnovation. thomsonreuters. com / the-worlds-most-innovative-universities? utm_ source = elq&utm_ medium = edm&utm_ content = ranked&utm_ campaign = reuters-top - 100.

[15] Thomson Reuters. (2015a). *ASEAN Research Landscape Report*. Global Research Reports. http:// sciencewatch. com / global-research-reports.

第十二章　大学排名与战略规划的关系探究

张　杨[①]

一、引言

在全球化时代,高校不断努力招收国际学生和聘用国际人才,并扩大在学校和项目层面的国际合作。在全球背景下,国际排名对高校宣传和推广的重要性也日益显现,高校相应地将关注的对象从国内排名扩展到了各类国际排名。本文探讨了在美国的一所大型研究型大学中,大学排名和战略规划之间的关系。通过深入的案例研究,作者的目标是帮助读者更好地了解大学排名除了高校推广和宣传之外的其他用处:高校可以将排名用于战略规划以促进自身的发展。

二、在大学管理中使用排名

近年来,有大量文献侧重于探讨不同大学排名的方法(Aguillo et al. 2011;Lukman et al. 2010),也有关于"排名现象"对高等教育影响的持续讨论(Ishikawa 2014;Cantwell & Taylor 2013;Rauhvargers 2013;Amsler & Bolsmann 2012;Hazelkorn 2010)。学者们认可大学排名的多种用途,如招收学生和聘用教师、标杆管理、组织规划等,但同时也担忧世界各国过于沉迷排名而产生负面后果。

最近,有大量新的研究开始关注与排名相关的高等教育议题。例如,有研究分析了一所俄罗斯高校对排名的使用情况,主要用于评估大学在全球范围

---

① 张杨,美国夏威夷大学马诺阿分校。

内的竞争力、鼓励国际合作和科研创新、推广该校的全球教育市场等（Efimova 2013；Avralev & Efimova 2013 & 2014）。学者（Docampo 2011）采用"世界大学学术排名"评估了不同国家大学体系的科研绩效。也有研究者对国际学生如何使用大学排名和专业排名进行择校这一问题进行了考察（Wu et al. 2013）。此外，还有研究考察了排名被用于高校管理和政策分析的具体议题。然而，对于排名如何被个体高校用于提高自身的不足等问题，还缺乏系统而全面的分析。本文试图通过对夏威夷大学马诺阿分校的案例研究来填补这一空白。

三、夏威夷大学马诺阿分校及其战略规划

（一）学校背景

夏威夷大学马诺阿分校（the University of Hawai'i at Manoa，以下简称为 UH 马诺阿分校）始建于 1907 年，原名农机艺术学院（College of Agriculture and Mechanical Arts），是一所坐落于美国檀香山的赠地学院。现今已发展成为一所被政府同时赠予土地（land-grant）、海域（sea-grant）和太空（space-grant）①的国际知名综合性研究型大学。该校设有 100 个学士学位项目、85 个硕士学位项目以及 58 个博士学位项目。学校 2 万多名学生来自全球 126 个国家和地区以及全美 50 多个州。UH 马诺阿分校是夏威夷大学系统的旗舰大学，该系统在夏威夷州共有 10 所分校。

UH 马诺阿分校在最新发布的国际排名中因其卓越的科研成就而获得全球认可。例如，上海交通大学所发布的"世界大学学术排名"将 UH 马诺阿分校排在美国第 66～78，全球 151～200 区间。这一结果是基于对全世界 1 200 所最好的研究型大学的排名所得出的。其他比较知名的国际排名，如英国的 QS 排名和《泰晤士高等教育》排名都将 UH 马诺阿分校排在全球 200～350 区间和全美 60～70 之间。作为美国最有名的大学排名机构，《美国新闻与世界报道》（US News and World Report）则将 UH 马诺阿分校排在世界第 314 位，全美第 104 位。表 12.1 整理了 2015 年 UH 马诺阿分校在全球及全美的排名情况。

---

① 美国政府提供经费资助以遴选有能力在特定科学领域开展顶尖科研和教学的教育机构。夏威夷大学马诺阿分校是美国第三所同时获得赠地、赠海、赠空及赠日（sun-grant）身份的大学。

表 12.1　夏威夷大学马诺阿分校 2015 年的排名表现

排　　名	全　　球	全　　美
"世界大学学术排名"	151～200	66～78
NTU 排名	203	80
《泰晤士高等教育》世界大学排名	201～250	67
QS 世界大学排名	327	65
《美国新闻与世界报道》最好国际大学排名	314	104

（二）UH 马诺阿分校 2015～2021 年战略规划

UH 马诺阿分校制定了一个新的战略规划(2015～2021)，用于指导该校未来 6 年的发展(UH Mānoa 2015e)。战略规划是一所大学为本校共同体和外界利益相关者所做出的、关于相对较长时间内学校使命和战略方向的重要声明和承诺。作为夏威夷大学系统 10 所分校中规模最大、也是唯一一所以科研为主的大学，UH 马诺阿分校的新战略规划将自身 8 个主要领域与夏威夷大学系统的 4 个战略目标相结合(见表 12.2)：

表 12.2　夏威夷大学系统和 UH 马诺阿分校的战略目标

夏威夷大学系统的战略目标	UH 马诺阿分校战略规划的主要领域
高绩效的高等教育体系	1. 成为一个夏威夷本地的学习和服务机构 2. 确定马诺阿分校在夏威夷大学系统中的结构和功能
夏威夷毕业计划	3. 帮助学生获得成功 4. 招收充满活力、水平高的学生
夏威夷毕业计划	5. 增强科研事业 6. 培养卓越教师、促进设备共享
21 世纪设施	7. 建设面向 21 世纪的设施 8. 成为一个可持续校园

国际排名已经被高校广泛用于招收学生和招聘人才。本文的研究问题是除了宣传和推广的用途之外，国际排名还能如何被用于战略规划以促进高校的发展？为了探究这一问题，本文对 UH 马诺阿分校进行了深入的案例研究分析。

四、案例研究分析

　　UH 马诺阿分校的院校研究办公室(Mānoa Institutional Research Office)在该校的战略规划制定以及排名相关研究和分析中发挥着重要作用,该办公室对学校在各类排名中的名次以及在战略规划中如何更好地使用排名进行了调查。该办公室对学校管理人员和各个办公室的访谈和在线调查开展于 2015 年5 月至 10 月。收集的信息可以帮助我们从不同的视角理解排名的用途。

　　在线调查共回收 28 份问卷,调查参与者主要包括学校的管理人员,如副校长、院长、项目负责人或负责市场营销和推广任务的人员。调查结果显示,学校各类办公室需要处理与排名有关事务的比例很高：约有 22％的调查参与者表示他们每年处理与排名相关的事务至少 5 次,45％表示每年 1～4 次。绝大多数调查参与者表示,工作中使用排名信息对他们而言非常重要(18％)或相对重要(64％)。大多数调查参与者还表示他们很有兴趣(39％)或有兴趣(43％)增进对排名知识的了解。以上调查结果表明,排名信息与管理者的行政工作之间存在着相关性。

　　调查参与者还被要求简述他们在工作中如何使用排名。大多数调查参与者都认可将排名用于对不同受众进行宣传和推广的重要性,这些受众包括潜在的学生、教职员工、外部合作者、大学共同体以及一般公众等。使用的目的也是多样的,如可以用于招收学生和聘用员工、寻求外部合作伙伴以及提升学校在内、外部的正面形象。一些调查参与者还表示他们发现排名结果有助于学校与其他高校的基准比较。

　　经过对所收集的信息进行深入分析,研究者对排名在大学使命中所扮演的重要角色有了进一步的了解。研究最后建议排名结果可以直接或间接地与该校新战略规划中 8 个战略目标中的 5 个相关联。大学排名与 UH 马诺阿分校的新战略规划的具体联系如下：

(一) 确定 UH 马诺阿分校在夏威夷大学系统中的结构和功能

　　第一个战略目标聚焦于 UH 马诺阿分校作为夏威夷大学系统旗舰高校的结构和作用。卡内基高等教育分类将 UH 马诺阿分校认定和描述为美国"研究活动非常活跃"的 108 所研究型大学之一,这类大学仅占美国全部高校的 2.3％(Summary Tables, n.d.)。在这 108 所研究型大学中,有 73 所是致力于服务本州公共利益的公立大学。作为夏威夷大学系统 10 所高校中规模最大的学校,

UH 马诺阿分校不仅致力于追求学术和科研卓越,还致力于服务夏威夷的公民以及学校周边的"本地、全国以及国际共同体"。伴随着对资源和关注度的竞争性需要,高校如何平衡科研、教学和为公共利益服务仍是一项较大的挑战。排名,特别是国际排名,为了解 UH 马诺阿分校在全球最顶尖研究型大学中的位置提供了重要视角。UH 马诺阿分校卓越的排名名次能够为该校在夏威夷大学系统以及夏威夷州的独特而关键的功能和角色提供令人信服的论据。有时,当政府提出要削减经费预算时,排名也可以帮助 UH 马诺阿分校争取资源以维持其较高的学术声誉和地位。

此外,排名所提供的不同视角和方法使 UH 马诺阿分校能够在其所致力的多个使命中定位自己。根据美国教育部所发布的 2015 年高校计分卡(College Scorecard),与国家平均水平相比,UH 马诺阿分校学生的学费更低、毕业率更高、学生毕业后所挣的工资也多得多(UH Mānoa 2015b)。与此同时,主要的国际排名均肯定了 UH 马诺阿分校世界一流研究型大学的地位,该校一直拥有较高的排名名次(UH Mānoa 2015a)。排名还证实了 UH 马诺阿分校对学生以及对夏威夷大学系统声誉和地位的价值。正如 UH 马诺阿分校的校长罗伯特·布雷·弗罗曼(Robert Bley-Vroman)所言:"这些排名证明了我们是世界上真正的最好的大学之一。我们也高兴地看到,就学生学费而言,我们实际低于全国平均水平。排名高的学位项目和合理成本的有机结合表明我们处于正确的轨道上。我们的大学和所在州有很多值得骄傲的地方。"(UH Mānoa 2015)

(二)帮助学生获得成功

第二个战略目标聚焦于学生的成功,以及在学校共同体中宣传排名结果如何能够有助于达到这一目标。研究表明,提高学生的参与度是促进学生成功的有效途径(Tinto 1975 & 1993;Astin 1977 & 1985;Kuh et al. 2005;Kuh et al. 2006)。提高学生对本校国内、国际声誉以及某些杰出的学科排名的意识,能够有助于形成一种"集体荣誉感"(collegiate pride)。通过增强学校的公众形象和声誉,排名信息能够用于促进学生参与。

通过与学校多个部门的合作,如校长发展办公室(宣传)、学籍管理办公室、招生办公室、教务处、科研处等,院校研究办公室设计了一个排名网页,主要用于帮助学生、教师和管理人员获取排名相关信息。例如,发展办公室可以使用好的排名结果来吸引学生参与,宣传的渠道包括纸质和视频新闻、夏威夷大学新闻平台、网站、社交媒体和学生电子邮件等。通过与全校利益相关者的广泛合作,院校研究办公室确保了排名信息被用于促进学生参与的最大可能性。

（三）招收充满活力、素质好的学生

第三个战略目标侧重于招生。凭借其位于东方和西方交界的独特地理位置，UH 马诺阿分校拥有国际合作和招收国际学生的悠久历史，但国际学生的招生还不太令人满意，部分原因可能是因为夏威夷岛给人一种度假胜地的印象。近年来，院校研究办公室与学籍管理办公室以及招生办公室一起合作，发布了一个"信息速查"（fast facts）报告，用于传播有关学校的关键事实数据。大学排名也被列入了该报告，以帮助招生人员提供关于本校学术和科研卓越的令人信服的论据，从而有利于招生。同样，通过对 UH 马诺阿分校的全球定位，国际排名尤其有助于学校从国外招收学生，因为学生不仅能够将该校与美国的其他高校进行相比，还能与他们更为熟悉的本国高校作比较。

UH 马诺阿分校招收国际学生的主要举措之一是设置了"3＋2"的合作学位项目，由本校的研究生学位项目与国外高校的本科生学位项目合作，特别是对与中国高校的合作感兴趣。UH 马诺阿分校"3＋2 项目"的设置是为了与国外知名高校合作以招收高水平、多样化且富有活力的国际学生。良好的综合排名和学科排名非常有助于说服潜在的国外学位项目与马诺阿分校通过"3＋2 项目"或其他形式进行合作。为了使排名信息便于获得和易于理解，院校研究办公室在其排名网页上定期呈现收集和追踪到的排名信息，为校内外受众提供官方的、便捷的且易于掌握的排名信息。

（四）增强研究事业

第四个战略目标聚焦于提升 UH 马诺阿分校的科研声誉。国际排名可被用于促进学校的科研事业，一方面可以提供有关高校科研情况的有价值的信息，另一方面也可以帮助学校招聘国际人才。国际排名所采用的指标比美国的国内排名更注重科研绩效，且大多使用一些"硬数据"，如科研发表量和引用率。通过追踪多个国际排名，如"世界大学学术排名"、QS 排名与《泰晤士高等教育》世界大学排名，UH 马诺阿分校能够清楚地了解自身在学校层面、学科领域层面以及学科层面的科研水平。大学排名还可用于评估主要的科研投入和支出对学校科研情况的短期和长期影响。此外，为了维持学校的高水平科研声誉，在全球范围内招聘人才非常关键。通过提供有关学校及其学科在全球排名上的良好表现，知名的国际排名能够帮助学校招聘全球人才。这也有助于形成一个良性循环：科研活动可以提升排名，排名可以吸引高质量的全球科研人才，进而提升学校的科研水平，并最终提升学校的国际名次。

(五)培养卓越教师、促进设备共享

第五个战略目标与培养卓越教师有关。对于像 UH 马诺阿分校这样的研究型大学而言,卓越教师的一个重要指标是科研产出。大多数国际排名都使用了论文发表、论文引用和学术奖项等指标,而教师在其中也起着至关重要的作用。不同的院系和学位项目也可以从它们的排名结果中受益。通过排名,它们可以了解自身过去在国内或国际上的位置,从而调整战略以维持或提升科研水平。此外,通过确认和强调学校或学位项目在科研方面的国际声誉,知名国际排名可以帮助高校招聘和吸引国际顶尖的学者。

五、建议

本研究的建议是,为了确保对排名数据的合理使用,院校研究者和利益相关者都应该增加对排名结果、方法和局限性的相关知识和了解。正如有关排名方法、数据来源、有效性和影响的讨论所示,大学排名确实有其局限性。作为高校的核心数据和信息管理部门,院校研究办公室应该极力去了解不同排名所使用的方法以及它们所在大学被排名的方式。然而,仅仅只有院校研究办公室掌握了充分知识是远远不够的,院校研究人员还应该找到有效方法来促进学校整体对排名有关问题的理解,尤其是关键的利益相关者,如学籍管理办公室、招生办公室、科研办公室、发展办公室和宣传办公室,以及包括校长、副校长、院长以及承担国际招聘和国际合作职责的管理人员。

在 UH 马诺阿分校,院校研究办公室积极开展相关研究并提供培训以促进共同体合理而有效地使用排名。该办公室还对学校的利益相关者进行问卷调查,并利用收集到的信息来开发培训项目和撰写报告,以更好地应对与排名相关的普遍问题与疑虑。本校院校研究办公室还调查了主要的排名机构以更深入、全面地了解它们的排名方法和理念。从排名机构所获得的回复则被公布在学校的院校研究办公室的网站上(http:// manoa.hawaii.edu / miro / rankings /)。这些独特的信息和视角可以用于帮助解决学校利益相关者的需要。此外,院校研究办公室还与重要的利益相关者合作,制定了一份关于如何分享排名信息和使用排名结果的战略和指导手册,并发放给全校各个部门。在 2015 年秋季,院校研究办公室对最新公布的排名结果进行了简要分析以解释 UH 马诺阿分校获得相应名次的原因(Zhang 2015)。这一分析内容呈现在学校网页的 2 篇关于排名结果的头版文章中(UH Mānoa 2015c & 2015d)。这些文章吸引了多家夏

威夷本地媒体的关注，并被高调报道。这个例子很好地说明了院校研究者如何通过解读排名信息给学校公众形象带来积极影响。

　　总结而言，国际大学排名可以为大学行政和管理在不同领域的工作提供有益和有价值的信息。在 UH 马诺阿分校，院校研究人员已经找到了将排名结果与新的战略规划目标相关联的多种方式。本研究希望能够为其他想要通过战略性地使用大学排名以提升各个领域水平的高校提供一些启示。

参考文献

[1]　Aguillo, I., Bar-Ilan, J., Levene, M., & Ortega, J. (2010). Comparing university rankings. *Scientometrics*, 85(1), 243 - 256.

[2]　Amsler, S.S., & Bolsmann, C. (2012). University ranking as social exclusion. *British Journal of Sociology of Education*, 33(2), 283 - 301.

[3]　Avralev, N., & Efimova, I. (2013). University rankings as a tool to enhance competitiveness, clustering and transnational governance of higher education in the context of globalization. *Middle-East Journal of Scientific Research*, 16(3), 357 - 361.

[4]　Avralev, N., & Efimova, I. (2014). Global university rankings as indicators of the implementation of the integration process and competitive tool in the context of globalization of higher education. *Life Science Journal*, 11(10), 648 - 652.

[5]　Astin, A.W. (1977). *Four Critical Years*. San Francisco, CA: Jossey-Bass.

[6]　Astin, A.W. (1985). *Achieving Academic Excellence*. San Francisco, CA: Jossey-Bass.

[7]　Cantwell, B., & Taylor, B. (2013). Global status, intra-institutional stratification and organizational segmentation: A time-dynamic tobit analysis of ARWU position among U.S. universities. *Minerva*, 51(2), 195 - 223.

[8]　Efimova, I. (2013). Rankings as tools to promote global education market. *World Applied Sciences Journal*, 25(10): 1400 - 1404.

[9]　Docampo, D. (2011) On using the Shanghai ranking to assess the research performance of university systems. *Scientometrics*, 86(1), 77 - 92.

[10]　Hazelkorn, E. (2010). Attitudes to rankings: Comparing German, Australian and Japanese experience. In S. Kaur, M. Sirat, & W. G. Tierney (Eds.), *Quality Assurance and University Rankings in Higher Education in the Asia Pacific*, *Challenges for Universities and Nations*. Penang: USM Press & IPPTN.

[11]　Huang, M. H. (2011). A comparison of three major academic rankings for world universities: From a research evaluation perspective. *Journal of Library and*

Information Studies, 9(1), 1－25.

[12]　Ishikawa, M. (2014). Ranking regime and the future of Vernacular Scholarship. *Education Policy Analysis Archives*, 22 (30), 1－23.

[13]　Kuh, G.D., Kinzie, J., Schuh, J.H., Whitt, E.J., & Associates. (2005). *Student Success in College: Creating Conditions that Matter*. San Francisco, CA: Jossey-Bass.

[14]　Kuh, G.D., Kinzie, J., Buckley, J.A., Bridges, B.K., & Hayek, J.C. (2006). What matters to student success: A review of the literature. *Report prepared under contract for the National Symposium on Student Success*, National Postsecondary Education Collaborative. Washington, DC: U.S. Department of Education.

[15]　Lukman, R., Krajnca, D., & Glavita, P. (2010). University ranking using research, educational and environmental indicators. *Journal of Cleaner Production*, 18(7), 619－628.

[16]　Rauhvargers, A. (2013). *Global University Rankings and their Impact. Report II*. Brussels: European University Association.

[17]　*Summary Tables* (n.d.). In The Carnegie Classification of Institutions of Higher Education. Retrieved from http://carnegieclassifications.iu.edu/summary/basic.php.

[18]　Tinto, V. (1975). Dropout from higher education: A theoretical synthesis of recent research. *Review of Educational Research*, 45, 89－125.

[19]　Tinto, V. (1993). *Leaving College: Rethinking the Causes and Cures of Student Attrition* (2nd ed.). Chicago, IL: University of Chicago Press.

[20]　Wu Q., Duan, Y., Tian, D., & Chen, H. (2013). A Decision Support System for International Students. *Paper presented at the 3rd World Conference on Innovation and Computer Sciences*.

[21]　*UH Mānoa* (201). *Achieving our Destiny—The 2011～2015 Strategic Plan (2011)*. In University of Hawaii at Mānoa. Retrieved from https://manoa.hawaii.edu/strategicplan/vision-2011～2015/pdf/achieving-our-destiny.pdf.

[22]　*UH Mānoa* (2015a). *UH Mānoa Rankings Summary* (Mānoa Institutional Research Office). Retrieved from http://manoa.hawaii.edu/miro/rankings/#efs-tooglepane-1-0.

[23]　*UH Mānoa* (2015b). *U.S. Department of Education College Scorecard*. Retrieved from https://collegescorecard.ed.gov/school/?141574-University-of-Hawaii-at-Manoa.

[24]　*UH Mānoa* (2015c). *UH Mānoa Impressive in National and International College Rankings*. Retrieved from http://www.hawaii.edu/news/2015/09/14/uh-manoa-impressive-in-national-and-international-college-rankings/.

[25]　*UH Mānoa* (2015d). *UH Mānoa advances in All Major Rankings in 2015*. Retrieved

from http：// www. hawaii. edu / news / 2015 / 10 / 14 / uh-manoa-advances-in-all-major-rankings-in‐2015 /.

[26]　*UH Mānoa* (2015e). In University of Hawaii at Mānoa. Retrieved from https：// manoa.hawaii.edu / strategicplan /.

[27]　Zhang，Y. (2015). How is UH Mānoa ranked in 2015? Decode Rankings to understand our university better. *Mānoa Institutional Research Office Research Brief*. Retrieved from http：// manoa. hawaii. edu / miro / wp-content / uploads / 2014 / 06 / 2015‐ranking-analysis-brief_website. pdf.

第十三章　大学角色、排名崛起以及国际化

陈繁昌、冯进能、郑嬿容[①]

一、引言

过去十年来,大学排名和高等教育国际化的影响越来越大,世界各国的高校不得不应对关于教师、学生、经费以及国际地位日益激烈的竞争。大学排名被不同的利益相关者用于作为满足信息需求的参考来源。然而,大学排名所能评估的内容存在明显的局限性,过分追求排名表现会导致高等教育领域的不健康发展。

正如爱因斯坦所言:"并非所有可计数的东西都重要,也不是所有重要的东西都可计数。"大学领导者需要反思大学在地方、区域以及全球层面的使命,从而在应对排名的过程中努力寻求平衡。本研究案例将分享香港科技大学在这方面的经验。

二、大学排行的兴起

国际大学排名的历史相对较短,但这类排名对高等教育界的影响却出奇的大。国际大学排名的出现与竞争日益激烈的全球化环境以及不断增强的国际流动性几乎同时发生。根据国际经济合作与发展组织(Organisation for Economic Co-operation and Development),全球国际学生的数量从 1975 年的 80 万增至 2009 年的 370 万(OECD 2011)。学生流动性的增强形成了一个对简单参考工具的需求市场,如国际排名和国内排名,使学生和家长可以轻松地对本国及世界

---

① 陈繁昌、冯进能、郑嬿容,中国香港科技大学。

各地的高校进行比较和筛选。

与此同时，对高等教育办学质量的相关问责和质量保障的期望也有所增加。这些问责来自不同的利益相关者，如政府对成本上升的警惕、公众对公共资源支出和教育质量的担忧以及用人单位对高水平毕业生的需求等(Salmi 2010)。由于排名采用了不同的指标来衡量高校质量，因而往往被认为是高等教育机构实现问责、增加透明度以及保障质量的便捷方式。为此，大学在评估自身表现时也不得不更加依赖证据。

对于高校而言，全球化使它们对学生和教师的竞争加剧，对于热衷于在全球受众中提高自身地位和名气的高校而言，公共宣传变得愈发重要，《泰晤士高等教育》(Times Higher Education)和 QS 的世界大学排名近年来成为高校宣传的重要渠道。2004～2009 年期间，两所机构一直合作发布"THE - QS 世界大学排名"，但自 2009 年以后，两所机构分道扬镳，各自推出了新的国际排名。

这些国际排名的快速崛起和影响力的提升得益于科技发展的支持，特别是互联网，使排名机构更容易在世界各地收集和传播信息。通过有效利用这方面的发展，国际大学排名迅速获得了世界各地学生、家长、媒体、政府和高校的追捧(Hazelkorn, Loukkola & Zhang 2014)。

对排名兴趣日益增长的浪潮也催生了新的商业机会。战略咨询服务和排名会议开始出现。传媒行业尤其从中受益，印刷媒体和网络媒体上开始出现宣传排名名次提升的广告，新的出版物，如《QS 顶尖大学指南》和《QS 顶尖研究生院指南》被相继推出。

三、大学排名的历史

大学排名从 1980 年代才正式进入教育领域，开始于最早的全国性排名，如1983 年《美国新闻与世界报道》排名(US News & World Report Rankings)和1993 年英国的《泰晤士报优秀大学指南》(Times Good University Guide)。2003 年，上海交通大学所发布的"世界大学学术排名"标志着大学排名发展进入了"国际化"阶段。

上海交通大学编制了"世界大学学术排名"用于评估中国高校与全球其他高校的相对位置，目的是要在中国建设世界一流大学(Hazelkorn 2014a)。随后，其他的国际排名也相继出现：

■ 2004 年，西班牙国家研究委员会(Spanish National Research Council)发布世界大学网络计量学排名(Ranking Web of Universities)。

■ 2004 年,《泰晤士高等教育》和 QS 联合推出了 THE - QS 世界大学排名,但在 2010 年独立成两个排名体系。

■ 2007 年,台湾财团法人高等教育评比中心基金会发布世界大学科研论文表现排名(Performance Ranking of Scientific Papers for World Universities),对研究型大学在科学研究方面的成就进行评估。该排名从 2012 年开始由台湾国立大学负责,并被重新命名为"台湾国立大学排名"(NTU Ranking)。

■ 2008 年,荷兰莱顿大学科学技术研究中心(Center for Science and Technology)开发了"莱顿排名",主要侧重科研指标。

■ 2012 年,沙特阿拉伯的世界大学排名中心(Center for World University Rankings)开始发布年度排名。

■ 2011 年,欧盟委员会(European Commission)所资助的 U-Multirank 排名完成了可行性调查。该排名允许用户对同类大学进行比较,从而避免过度简化的比较(Rauhvargers 2013)。该排名于 2014 年正式启动,以多维度、用户主导的方式对大学进行排名。

根据欧洲大学协会(European University Association)的一项调查,在当下众多的国际大学排名中(Hazelkorn, 2014a),"世界大学学术排名"、《泰晤士高等教育》世界大学排名和 QS 排名被认为是最具影响力的世界大学排名(Hazelkorn, Loukkola & Zhang 2014)。预计未来会有更多的国际大学排名被开发。

四、大学排名的人气

尽管常常遭到大学或其他高等教育机构的质疑、反对甚至是多次联合抵制(Kehm & Erkkilä 2014),大学排名已经日益成为比较高校绩效和生产力的强大工具。很多特征使得大学排名越来越受流行:

第一,大学排名简单易懂。排名降低了高等教育评估的复杂性,提供了便于比较、直接展示以及规范评估的工具。许多排名获得了媒体或商业团体的支持,使排名结果显得客观、独立和权威。正因如此,排名被很多利益相关者视为是有用的参考工具(Hazelkorn 2014a)。

第二,大学排名提供了基准比较。排名通过一系列的指标为高校绩效的比较提供了一个多维的便捷工具。随着大学在规划和决策过程中越来越依赖于证据,排名可以帮助高校获得有关其相对表现的新视角,并通过比较它们与地方、区域以及国际同行高校之间的表现,帮助高校判断自身的优势和劣势。根据欧洲大学协会的调查,大学和其他高等教育机构中,84%和75%的调查参与者会分别使用排名用于国内和国际层面的基准比较(Hazelkorn et al. 2014)。

第三,大学排名具有信息价值。学生被认为是受排名影响最重要的利益相关群体(Hazelkorn et al. 2014)。《美国新闻与世界报道》的一项研究考察了排名与法学院学生招生之间的相关性。研究发现,排名名次提升的大学在下一周期的招生过程中更有可能录取更多高水平的学生(Sauder & Lancaster 2006)。这表明使用排名可以帮助学生和家长在择校方面做出"知情"选择。此外,排名还可以帮助教师进行职业选择,以及为大学管理人员提供用于形成发展方向和战略规划的有用信息。

第四,大学排名具有宣传价值。排名可以用作高校宣传其成就的营销手段,很多高校在其网站上或宣传材料中引用排名来证明自身的绩效。

五、高校的回应

毫不意外,排名已经深刻地改变了大学。排名靠前的大学想要继续保持其名次,而其他大学则拼命想要提高名次或进入排行榜。一些高校使用排名作为判断、建立和维护国际合作的指南(Hazelkorn et al. 2014)。多所知名大学甚至在它们的战略规划中确定了提升在热门排行榜上排名名次的具体目标,如在"世界大学学术排名"与《泰晤士高等教育》世界大学排名中的名次。

当下出现了各种"提升排名的策略"。例如,中东地区的高校大量聘用高被引科学家来提高其学术声誉和排名名次(Bhattacharjee 2011;Bornmann & Bauer 2014),此外,新加坡(Matthews 2013)和韩国(McNeill 2013)也大量延揽高产教师。由于一些排名机构采用国际化作为指标,日本计划在未来10年内增加国际教师和国际学生的数量(ICEF Monitor 2014)。这些例子表明,为了改善在排名上的表现,大学可以提高甚至操纵排名名次。

为了鼓励学术人员在高被引国际期刊上增加论文发表量,一些大学将教师的科研表现与薪酬挂钩。例如,有学者(Chan 2012)观察发现,日本和中国台湾地区的大学引入了灵活的薪酬标准,薪酬发放的依据是教师们在教学和科研方面的表现。在香港和新加坡,教师绩效奖金和终身教职评估中,科研成果所占的权重很大。为了促进更多的科研产出,一些大学所采取的政策是允许科研产量高的教师减少教学工作量,并聘用更多的讲师来承担教学任务。

追求排名和国际化导致的另一个趋势是一些非英语国家的高校引入更多用英文授课的课程来吸引国际学生和教师。例如,2014年,日本政府实施了一项计划,加大对多数顶尖大学开设全英文授课学位项目的支持。其他高校,如日本冈山大学(Okayama University)也大量增加英语授课课程(ICEF Monitor 2014)。根据《大学世界新闻》杂志(*University World News*),2011 年,韩国大多数高校所提供的课程中有 20%~40%用英语授课(Sharma 2011)。一些快速崛起的高校已实现了全英文授课以吸引更多的优秀学生。例如,浦项科技大学(Pohang University of Science and Technology)从 2010 年开始除通识教育以外的课程全部用英文授课(Rhee 2011)。

六、政府的反应

(一) 制定具体的国家目标和政策

大学排名在全球范围内都很引人注目,因为它们不仅能够呈现一所大学有多"成功",也能作为国家成就的象征之一(Kehm 2014;Hazelkorn 2014a)。支持高校建设世界一流大学因而被提上了国家议程,一些国家设定了具体的目标,要在特定期限内让多所大学进入世界排名的前列。

澳大利亚的目标是到 2025 年让 10 所大学进入全球百强(澳大利亚政府 2012)。在俄罗斯,政府于 2013 年推出了一项计划,也被称为"5—100 计划",旨在提高俄罗斯高校的全球竞争力。该计划要求到 2020 年至少要有 5 所俄罗斯高校进入世界排名的前 100 名,截至 2016 年,这些高校已经获得了大约 10 亿欧元(约 11 亿美元)的经费支持(Povalko n.d.)。此外,为了形成小规模能够参与全球竞争的经费充裕的大学,俄罗斯政府早前宣布了一项计划,要在 2014 年之前关闭当时 600 所高校中的 20%(ICEF Monitor 2012)。

在法国,政府对国内高等教育系统进行了大幅改革,要求高校在 2014 年 7 月之前实行合并,形成一个共同体或者开展相互合作,以确保法国科研的国际竞争力(Cotterill & Selvanathan 2014)。2014 年,20 所法国学院和研究所合并成立了巴黎—萨克雷大学(Université Paris-Saclay),共斥资 65 亿欧元(88 亿美元),其目标是进入"世界大学学术排名"前 10 名(Cotterill & Selvanathan 2014)。

在亚洲,日本政府于 2014 年 9 月启动了一项为期十年的"超级国际化大学计划",设定了到 2020 年让 10 所日本大学进入世界百强的目标(Kakuchi 2014)。在该计划下,37 所入选高校每年可以获得来自政府 5.9 亿日元(约 500 万美元)的资助,以加强国际化。部分经费也可用于聘用国际学者,以提高用英文授课的课程数量(Kakuchi 2014；ICEF Monitor 2014)。在中国台湾地区,政府于 2006 年启动了一项为期十年的"迈向顶尖大学计划",每年提供给高校 100 亿新台币(约 2.99 亿美元)的资助,目标是使至少 1 所大学在未来 10 年里跻身世界 100 强或 50 强。此外,印度政府在 2012 年也发布了新规定,仅允许进入"世界大学学术排名"《泰晤士高等教育》世界大学排名前 500 强的高校与印度顶尖大学开展国际学术合作(Mishra 2012)。

(二) 对高等教育领域更广泛的投资

此外,部分国家已经显著增加了对高校的投入以提升国家层面的高等教育竞争力。中国大陆在过去 20 年里实施了多项改革计划。1995 年实施的"211 工程"旨在提升国内 100 所高校和重点学科领域的实力。1998 年实施的"985 工程",目标是建成面向 21 世纪的世界一流大学(Gan, 2014)。第一批入选"985 工程"的高校被称为"C9 联盟"。大规模的整体性投入使高校基础设施得以快速更新换代,科研支出也相应增加。仅在 2012 年,中国政府在高等教育领域的投入就超过了 7 000 亿人民币(约 1060 亿美元)(中国教育中心 n.d.)。

在韩国,政府从 1998 年以来在高等教育领域共投入超过 46 亿美元,先后启动了三个国家项目,即"智慧韩国 21 计划"(Brain Korea 21)、"世界一流大学计划"(World-Class University)以及"智慧韩国工程后续工程"(Brain Korea 21 PLUS),目标是改善韩国高校的教育质量和科研能力(Suh 2013)。

新加坡政府对高校的投入也很慷慨。从 1991 年开始,政府通过 5 个五年计划对高校投入超过 400 亿新元(约 287 亿美元)。从 2006 年开始,政府投入显著增加,主要用于帮助新加坡国立大学和南洋理工大学设立 5 个卓越研究中心(Matthews 2013)。在新加坡政府的大力支持下,南洋理工大学在 4 年内便创建了一个新的医学院。近年来,新加坡国立大学和南洋理工大学的排名名次提升都非常令人印象深刻。

以上只呈现了部分例子,展示了政府如何通过加大对高等教育领域的投入以提升在全球化环境中的竞争力。

七、排名对大学的影响

排名可以给大学带来国际声誉、全球知名度和媒体关注度。而这些因素有助于大学吸引更优秀的科研人员和学生,获得更多来自捐赠者和企业的经费(Kehm 2014)。好的名次也可以帮助高校吸引更多的国际合作伙伴。在很多国家,排名靠前的大学能够获得更多的政府预算拨款(Kehm & Erkkilä 2014)。

虽然全球排名和国际比较能够鼓励高校之间的良性竞争,但也可能会导致高校对排名的盲目追求。研究人员注意到,高校越来越倾向于制定符合这种竞争性全球规范的政策(Kehm & Erkkilä 2014)。

"提升排名的策略"也会带来多种风险。这样的政策和心态可能会导致大学忽视自身的主要角色、使命和愿景;还可能导致高校重科研轻教学,而相对于其他领域而言,自然科学和医学会享受特殊优待(Rauhvargers 2013),这可能会导致资源分配的不均衡,因为"大科学"项目更容易吸引额外经费(Chan 2012),也更容易产出科研成果并被更多地引用。然而,人文社会科学领域对人类和社会整体的贡献不应该被低估。

另一种可能的不良后果是导致重论文数量而轻论文质量的趋势,原因是论文数量和引用次数是大多数重要排名的关键指标,然而引用次数并不一定等同于科研的真实影响和领先水平。这也可能会导致高校组织价值的偏离,因为排名往往奖励的是高产的研究人员而非优秀的教师。

此外,排名可能会对学生和员工的士气造成影响。欧洲大学协会的调查发现,好的排名名次会增强组织成员的自豪感(Hazelkorn et al. 2014)。相反,针对教师的调查显示,如果高校在排名上的表现不好,教师的士气会下降(THE 2008)。

非英语国家的高校对排名的应对策略之一是增设更多用英语授课的课程。从国际化的角度而言,这是一个具有建设性的举措,有助于吸引国际教师和学生、促进文化交流以及提升全球声誉。然而,这样的举措也可能会不符合学校的使命或本地的实际情况。例如,用外语授课可能会导致本国教师和学生的教学与学习效能下降。在韩国,这已经成为一个颇具争议的问题,引发了人们对有效学习的广泛讨论(Sharma 2011)。

八、排名的地区和全国影响

随着排名重要性不断增加,以及大学对提升名次的热情日益高涨,我们应该给予排名多大程度的关注? 此外,排名高的大学是否等同于好大学? 过去十年来,随着排名的日益流行,不少学者以及排名发布机构都指出了排名方法和指标的缺陷(Rauhvargers 2013)。这些讨论不断引发人们对其他一些核心问题的思考,例如,如何评估一所大学的质量、绩效和贡献? 大学的角色和价值是什么?

与此同时,排名已经成为一个国家的经济地位以及在经济增长、人力资本、创新能力和实力等方面所取得的成就的象征(Kehm 2014；Kehm & Erkkilä 2014)。上榜国际大学排名的高校越多，一个国家被认为越有创新力和竞争力。因此，排名已经成为衡量国家竞争力的重要指标之一(Hazelkorn 2014a)。此外，排名似乎为国家高等教育系统设定了绩效指标。它们可被用于提供有关高校绩效的证据，作为决策者评估和规划高等教育系统发展的工具。

一个国家要想提升高校的排名名次和全球竞争力，给它们提供充足的财政经费是一个先决条件。由于经费通常有限，政府一般会遴选少数精英大学进行重点投入或鼓励大学之间、大学与研究机构之间的合并，正如上文所提到的法国的例子。然而，资源的集中投入可能会导致高等教育系统的分层和分化(Hazelkorn 2014b；Rauhvargers 2013)。小规模大学的独特性也可能会降低。

排名主导性政策的另一个风险是容易诱使高校将排名靠前的大学视为"榜样"，复制它们的政策和发展方向，最终导致自身独特性的丧失。不考虑本地和本国的实际情况，一味模仿所谓的"最佳实践"(Kehm 2014)可能会导致高等教育系统的单一化，从而破坏高等教育的多样性和复杂性，同时威胁本地和本国的语言、文化和使命。

九、排名及其局限性

由于各类国际排名、国家排名和学科排名层出不穷，加之排名方法的不断变化并影响着高校的名次，要理解排名真正代表着什么，对公众和利益相关者而言，可能比较困难。

排名从不同来源获得大量数据，应用定量方法，通过比较数据最终确定高校的具体名次。尽管排名方法看起来比较科学，但实际上客观性有限，因为排名对每个指标的选择以及相应权重的确定都带有一定价值判断(Kehm 2014)。对排名的批评主要包括指标权重分配不均衡，方法论缺陷，指标选择带有偏见等。以下对排名方法缺陷的讨论主要基于"世界大学学术排名"、《泰晤士高等教育》世界大学排名和 QS 排名。

（一）权重分配不均衡

大多数排名赋予科研活动比教学和社会服务更多的权重。科研指标分别占"世界大学学术排名"的 70%、《泰晤士高等教育》世界大学排名的 40%（见表 13.1）。由于评估和比较的难度，以及缺少客观一致的测量方法，大多数排名仅赋予教学指标小部分的权重，对社会服务没有赋予任何权重。

表 13.1　不同全球排名的指标权重

	QS 大学排名	《泰晤士高等教育》世界大学排名	"世界大学学术排名"	《美国新闻与世界报道》	"台湾国立大学排名"
声誉	50%	33%	—	25%	—
奖项	—	—	30%	—	—
教学	20%	15%	—	10%	—
科研	20%	44.5%	70%	55%	100%
国际化	10%	7.5%	—	10%	—

　　声誉指标在国际大学排名中占有很大权重(Rauhvargers 2013),引发了人们对排名客观性和主观性的质疑。例如,QS 排名将很大比例的权重赋予声誉指标(见表 13.1),但并不公开声誉调查的过程。在采用声誉指标的排名中,规模大的老牌知名研究型大学拥有更大的优势。此外,由于采用了该方法,可能会导致没有相关项目的大学上榜排名。

(二)方法论缺陷

　　排名机构的评估显示了英语国家的优势。莱顿大学科学技术研究中心的排名团队已经证明,同一大学所发表的非英文论文的引用影响比英文论文的引用影响低。通过使用来自 69 所德国和法国高校的数据,该研究团队发现,全部论文的引用影响(即包括非英文期刊论文)整体比纯英文论文的引用影响要低(van Raan et al 2010)。例如,同一所高校阅读德文论文的科研人员要少于阅读英文论文的研究人员,从而导致更低的引用影响。这也直接影响了德国高校在全球排名上的名次。该团队在法文论文和法国高校中也发现了类似情况。如果排名机构不解决这一语言的偏见,它们可能会低估地方研究和地方语言。

　　另一个缺陷在于排名只测量容易被测量的部分(Hazelkorn et al. 2014)。排名对某些指标的选择往往是因为更容易获取相关信息以及这些指标更容易被量化。此外,尽管可以获得有关大学规模的数据,但这些数据难以揭示大学的真正质量。同样,科研论文发表量并不能说明科研论文的影响。

(三)指标带有偏见

1. 教学质量

QS 和《泰晤士高等教育》世界大学排名均采用了师生比来反映教学质量。

然而,这一指标的信度和效度引发了多方面的质疑。首先,师生比是一个投入指标,而不是教学表现的直接测量。此外,一个更有利的比例并不一定意味着学生有更好的体验或学习效果。相较而言,学生满意度调查、毕业率和就业率等指标可以为评估教学质量提供更有意义的信息。

2. 科研产出

采用诺贝尔奖获得者数、高被引科学家数、期刊论文数以及引用率等指标来评估科研成果,对部分学科,如医学、自然科学有利。相反,艺术、人文和社会科学的贡献可能会被低估和边缘化,因为它们主要以著作或其他形式发表研究成果(Rauhvargers 2013)。此外,对不同学科进行单一比较也是不公平的。

QS最新开展了一项关于 Scopus 数据库(全球最大的同行评议文献摘要与引文数据库)中不同学科领域被引次数平均分布的研究。该研究发现,一个典型(平均)高校的被引次数有 49% 来自生命科学和医学,27% 来自自然科学;17% 来自工程和科技领域;6% 来自社会科学,只有 1% 来自艺术和人文科学领域(Sowter 2015)。QS统计篇均论文被引次数的方法仅仅是将被引次数除以论文总数,这种统计方式对拥有很强生命科学和医学的高校非常有利。但在这样的指标体系下,艺术院校和文科大学不太可能能在排名上有良好表现。

此外,被引次数高并不能够证明高校科研的领先地位或重大突破。引用已有论文的原因包括认可其他学者的工作、肯定原创以及为论点提供证据。然而,一篇论文被引用的原因也可能包括需要使用其中的数据或者是为了纠正或批评有缺陷的方法或论点。根据引文数量判断论文质量往往是假设论文被积极引用,忽略了负面引用的问题。

3. 大学成就

排名机构会使用获奖情况,如诺贝尔奖获得者来代表整个大学的成就。"测量峰值"错误地假定如果一名组织成员达到了顶峰,那么组织整体也是卓越的。罕见事件不应该作为组织卓越的代表。根据拥有 21 世纪最多诺贝尔奖获得者的机构列表(见表 13.2),只有少数高校拥有 1 位以上的诺奖获得者(Bothwell 2015),排名前 10 位的高校才有 1 位以上的诺贝尔奖获得者。因而使用主要的奖项获得者数量作为一项排名指标有利于老牌的综合性大学。

表 13.2　诺贝尔奖获得者所属的机构(2000～2014)

排名	机　　　　构	国　家	得　分
1	斯坦福大学	美国	3.16
2	哥伦比亚大学	美国	2.50
3	加州伯克利大学	美国	2.25
4	普林斯顿大学	美国	2.00
5	芝加哥大学	美国	2.00
6	霍华德休斯医学研究所	美国	1.77
7	加州大学圣巴巴拉分校	美国	1.74
8	麻省理工学院	美国	1.66
9	以色列理工学院	以色列	1.66
10	马克普朗学会	德国	1.29

注:得分的统计是基于获奖者的数量以及与奖项相关的程度,文学奖和和平奖不包括在内(Bothwell, 2015)。

　　由于排名的局限性,有时会出现大学抵制或抨击排名的现象。早在 20 世纪 90 年代,包括斯坦福大学在内的美国和加拿大院校的教师、学生和行政人员就爆发过抵制《美国新闻与世界报道》的运动,抵制的内容主要针对该杂志对大学的主观性声誉调查(Stanford Today 1997)。对大学排名的抵制和批评近年来更加频繁和普遍(Kehm & Erkkilä 2014)。

　　■ 2008 年,英国伦敦政治经济学院(London School of Economics and Political Science)批评《泰晤士高等教育》世界大学排名和 QS 排名的方法论,要求它们提高评估的透明性和准确性(LSE 2008)。

　　■ 2011 年,日本学术研究恳谈会要求对《泰晤士高等教育》世界大学排名进行修改以解决与引文索引相关的问题(The RU11 University Association 2011)。

　　■ 2012 年,位于澳大利亚汤斯维尔的詹姆斯库克大学——一所在海洋和气候科学方面非常有影响力的大学,拒绝参加世界大学排名,因为这些排名被认为对小规模的专业性大学存有偏见(Harding 2012)。

　　随着排名数量的不断增加,排名之间也出现了竞争。排名机构需要定期审视和改善其排名方法,以成为或保持作为国际公认参考依据的地位。排名的发展和全球高等教育领域的回应提出了以下问题:大学是否越来越受排名主导或是否更加依赖排名?

尽管排名已经成为一种事实存在,但大学不应该使用排名作为目标。相反,大学应该使用排名作为提高绩效的有用工具,而非为排名所主导。尽管排名无处不在,但大学领导者应该保持清醒的认识,始终关注自身使命。在努力保持和提高高校的竞争力时,指导高校发展的根本问题必须始终是大学的优先事项,必须思考大学为何存在? 大学的作用是什么? 大学的社会责任是什么? 大学排名变化频繁,但一所大学的核心使命始终保持不变:教学,科研和社会服务(Altbach 2008;Chan 2012)。

十、香港科技大学的经验

作为一所参与国际竞争的精英研究型大学,香港科技大学通过密切观察高等教育领域的趋势和主要发展,保持了自身的竞争力。随着大学排名成为高等教育议程的重要组成部分,高校需要对排名活动进行有效的管理以扩大积极的影响,同时对潜在的风险保持警惕。香港科技大学设置了一个内部追踪机制来监测不同排名方法的变化。在适当的情况下,它会校对数据和得分以确保该校的表现被准确地呈现。如果有必要,学校会联系排名机构进行咨询,并提出改进排名方法的建议。

我们会在自己的出版物上宣传排名表现,展示学校在排名上的名次。然而更重要的问题是,如何将这些排名结果用作评估和标杆工具,以此帮助我们了解全球大学的表现趋势。我们也可以以此为契机,反思学校的相对表现,使学校可以诚实地判断自身的优势和劣势,并重点关注我们可能需要改进的领域。在选择合作伙伴时,也可以用排名作遴选指标,但考虑到排名的局限性,它不应该作为决策的唯一参考。香港科技大学并不将排名作为直接目标,因为学校秉承着学术自由的原则,相信教师教学和科研的主要任务不应该受到干扰。

香港科技大学一直努力保持着提高全球影响和服务本地需求之间的平衡,正如学校的长期战略愿景所描述的那样:成为一所具有重大国际影响力以及强烈地区使命的顶尖高校。我们致力于通过教学、科研和社会服务来促进和推动香港的经济和社会发展。就科研而言,凭借坚实的研究基础,我们的目标是探索新的非传统领域,以期产生高学术价值的新知识,并创造能够应用于全球的实用性解决方案。在扩大地区和全球影响力的同时,学校也鼓励教师把重点放在有影响力的基础研究和应用上,尤其是在解决社会问题,并促进香港政府优先领域的进步方面。此外,学校也支持开办社会企业,鼓励教师和学生积极参与社区服务项目。

香港科技大学已经成为一个高度国际化的校区,有很高比例的国际教师和非本地学生。该校致力于为教师和学生创造一个世界一流的国际和多元文化环境。香港科技大学的教师来自 32 个国家,学生团体则来自 60 多个国家。该校在大学排名中的国际教师和国际学生指标上的得分一直很高。

然而,校园的跨文化融合被视为是香港科技大学真正重要的目标。没有像韩国和日本那样为国际教师和学生设立独立的校区(THE 2015b),香港科技大学将国际化视为其“同一科大”(1 - HKUST)的一部分,根据该理念,整个香港科技大学“大家庭”的教师、学生、校友、行政人员、仲裁会、委员会以及支持者都为作为一个整体实现更大的影响,而不是作为独立的部分。该大学通过恰当的活动、平台和激励措施创造了一个促进互动和融合、鼓励来自不同背景人们之间的文化交流与知识共享的环境,帮助学校的所有成员,特别是学生成为世界公民。

虽然在大多数排名中教学的权重相对较轻,但香港科技大学坚持确保本科生和研究生能够获得高质量的教学和学习体验。该校所设立的“三模型”本科生教学框架包括各类教学方式,使学生根据自己的兴趣、知识储备和动机,发挥自身的全部潜力。凭借发展的教育技术,我们通过混合式学习及改善课程的价值和灵活性来提高课堂参与。主要目标是通过使用丰富的数据平台,帮助改善学校的教学方法并拓宽学生的国际视野。

2014 年,香港科技大学获得了“沃顿- QS 教学创新奖”(Wharton-QS Stars Awards:Reimagine Education)的两个奖项,该奖项也被称为高等教育创新的“奥斯卡奖”,以表彰教师的网上创新学习项目。作为大规模开放在线课堂(MOOCs)的先驱之一,香港科技大学在亚洲率先推出 Moocs,通过 Coursera 和 EdX 等主要平台为本地和全球的学习者提供课程。该校还开展该领域的前沿研究,使香港科大的教师更加了解关于学生学习的需求,从而不断提高这些课程的针对性。

更进一步的创新课程包括全球工商管理学士学位课程(World Bachelor in Business),由香港科技大学与美国南加州大学(University of Southern California)以及意大利博科尼大学(Universitá Bocconi)合办,为学生提供在 3 大洲 3 所高校的学习机会。全球工商管理学士学位项目是首个同类的本科学位项目,学生可以从三所大学获得经济学位。

香港科技大学还不遗余力地帮助学生增强其就业能力。最近,我们推出了一项新计划(HeadStart Fellow Programme),为第一、二年的本科生提供一个培训项目,由一个暑期实习、职业指导和软、硬技能的培训组成,以帮助他们在这个日益全球化、竞争加剧和充满活力的社会有一个良好的开端。这些活动能够帮助学生加深对市场的了解、接触真实的就业市场、与顶尖企业领袖直接接触以及发展事业潜力；实习合作伙伴来自商业世界的各个角落。值得注意的是，香港科技大学在 2015 年度的全球大学就业能力排行榜（Trendence Global Employability Ranking）中位列全球第 14，中国第 1。

自成立以来，为促进香港、中国大陆以及更广泛区域的经济和科技发展，培育创新和科技转化一直是香港科技大学的愿景和使命。多年来，我们已经发展了一套关于知识转化的持续能力和技能。香港科技大学是香港最早（1999）成立创业中心的高校。同年，我们设立了"香港科技大学创业项目"（Entrepreneurship Programme），鼓励教师和学生通过创设公司的形式实现科技的商业化。这些年来，该创业项目已经帮助创设了 48 家公司，目前有 27 家依然有效经营。我们每年会组织一次 100 万港元的创业竞赛，鼓励教职员工和学生实现有关创新和技术的创业想法。该竞赛的获胜者可以使用现金奖励作为创业的"种子基金"，或者进一步商业化他们的发明。香港科技大学致力于创造一个更加充满活力的知识转化的生态系统，并计划在未来实施更多的项目。

十一、对排名机构的建议

鉴于排名对高等教育领域和利益相关者日益增加的影响，排名机构应该意识到"能力越大、责任越大"。基于前文对排名影响和局限性的分析，再结合香港科技大学的经验，排名机构应该考虑以下几点：

（一）更新排名方法

一些排名已存在了十多年。在过去的几年中，QS 和《泰晤士高等教育》世界大学排名都微调了其排名方法，引入了新的指标以及对论文数量和引用次数进行标准化，以解决不同学科之间的差异问题。然而，"世界大学学术排名"自 2004 年以来便没有变更过方法。排名机构需要对自己的方法保持批判态度。它们必须改进和发展排名方法以相对公正的方式对高校进行排名和评估。为了使排名更科学，排名机构应该允许其方法被复制，也就是说，使排名结果可以被其他人所验证。这对大学和利益相关者都有利。

（二）加强透明性

排名机构应该加强排名方法的透明性以提升排名的可信度。QS 试图通过组织研讨会详细解释研究方法的变化来提高排名的透明性。通过披露有关方法的更多信息以及使用排名数据的方式,学术共同体可以审查得分的计算方法,从而促进讨论,并为排名主体提供收集反馈、解释方法设计背后原理的途径,与此同时还可以微调它们的方法。

此外,排名机构可以通过公布排名数据来增加透明性。这样,高校提供的数据会受到公众的监督和验证。高校也可以使用这些数据来比较它们与同行机构的相对表现,并促进绩效的改进。目前,高等教育界的激烈竞争意味着由高校提供的数据已经类似于商业秘密。

QS 和《泰晤士高等教育》世界大学排名将很大一部分权重放在它们所开展的声誉调查上(QS 是 50%,THE 是 33%)。而这些调查都不够透明,引起了人们对排名可信度的质疑。在 2015～2016 年,QS 的声誉调查的得分统计是基于 76 800 名全球学者的反馈(Top Universities, 2015)。在 2015 年,THE 的声誉得分则是基于 9 794 名学者的反馈(THE 2015a)。尽管 QS 拥有更大数量的学者反馈,但它要求学者在调查上署名,这是一种自我声明。此外,该声誉调查也没有验证学者的身份《泰晤士高等级教育》的调查则是通过邀请而展开的,但并没有说明样本的选择过程。因此,两个排名机构都需要改善它们开展调查、选择调查参与者、决定样本规模以及设计调查的方式,从而提高调查结果的信度,并确保学者的代表性,以使他们的意见得到充分的反映。

(三) 指标标准化

排名试图对不同使命、历史、规模、学科和运行环境的高校进行比较。尽管没有评估不同高校之间表现的绝对方法,但本文建议排名机构尽可能采用标准化后的指标,以使比较更有意义。

论文数量和引用次数并不是最好的指标,因为它们往往青睐于规模较大的高校以及用英文发表的论文。相比之下,人均表现给出了一个相对公平的视角,因为考虑了大学的规模。鉴于排名的权重,尽管主要集中于生命科学和医学的高校往往占有优势,引入学科领域标准化有助于提高比较的公平性。

此外,排名机构应该考虑引入标准化指标来解决大学之间的年份差距。"世界大学学术排名"采用诺贝尔奖和菲尔茨奖获得者的员工和校友数量作为排名指标,有利于拥有知名教师和校友的历史悠久的研究型大学。对高校的建校年份进行标准化可以使排名更符合年轻的大学。

（四）不鼓励高校走捷径

鉴于目前排名机构所采用的方法，高校很难迅速提升排名。需要一定的时间来建立学术声誉和提高科研绩效。一些高校为了实现排名目标可能会走捷径，例如"购买"高被引科学家以及提交不准确的排名数据。排名机构应该建立机制，以监测、阻止和惩罚这类"游戏行为"，例如让未能遵循正确程序的高校失去参与排名的资格，从而捍卫排名的信誉和完整性。

十二、结论

在竞争激烈的 21 世纪，国家和高校为人才、创意和名次展开了激烈的争夺战，排名无疑对高校有变革性的影响。然而，学术界应该牢记排名本身不是目标。提高高校的质量应该立足于高校的本质、目标、愿景和使命；排名的偏向和方法的严重缺陷应该被牢记于心。排名可以被高校用作评估和基准参考工具，但大学需要谨慎使用排名进行决策或设定大学目标。我们也要警惕大学排名的缺陷和局限性以及可能带来的负面影响，特别是排名可能会造成大学愿景和使命的扭曲。

要使排名真实地反映大学的水平和对社会的贡献还有很长的路要走。因此，排名、国际化和竞争应该被视为强化而非对抗教育目标和改进大学的工具。

参考文献

[1]　Altbach, P. G. (2008). The complex roles of universities in the period of globalization. In Global University Network for Innovation (GUNI) (Eds.) *Higher Education in the World 3—Higher Education: New Challenges and Emerging Roles for Human and Social Development*. London: Palgrave Macmillan.

[2]　Australian Government. (2012). *Australia in the Asian Century White Paper*. Retrieved on October, from http://www.murdoch.edu.au/ALTC - Fellowship/_document/Resources/australia-in-the-asian-century-white-paper.pdf.

[3]　Bhattacharjee, Y. (2011). Saudi universities offer cash in exchange for academic prestige. *Science*, 334(6061), 1344 - 1345.

[4]　Bornmann, L. & Bauer, J. (2014). Which of the world's institutions employ the most highly cited researchers? An analysis of the data from highlycited.com. *Journal of the Association for Information Science and Technology*, July 2014.

[5]　Bothwell, E. (2015). Stanford top university for producing Nobel laureates. *Times*

Higher Education World University Rankings. Retrieved on August 6 2015 from https：//www. timeshighereducation. com / news / stanford-top-university-for-producing-nobel-laureates.

［6］　Chan, S.J. (2012). Enhancing global competitiveness：university ranking movement in Asia. *Evaluation in Higher Education*, 6：1, 15－36.

［7］　China Education Center Ltd. (n.d.) Project 211 and 985. Retrieved from http：//www. chinaeducenter.com / en / cedu / ceduproject211.php.

［8］　Cotterill, A. & Selvanathan, A. (2014). Crunch time for French universities. University World News. Retrieved on July 10 2015 from http：// www. universityworldnews.com / article.php? story＝20140710170406186.

［9］　Gan, X. F. (2014). Are you partnering with Chinese 2011 and 985 Universities. International Education Advantage. Retrieved on August 28 2015 from http：// services. intead. com / blog / are-you-partnering-with-chinese － 211 － and － 985 － universities.

［10］　Harding, S. (2012). Why James Cook chose to become a rank outsider. *The Australian*. Retrieved from http：// www. theaustralian. com. au / higher-education / opinion / why-james-cook-chose-to-become-a-rank-outsider / story-e6frgcko － 1226363850473.

［11］　Hazelkorn, E. (2014a). Rankings and the global reputation race. *New Directions for Higher Education*, 2014(168), 13－26.

［12］　Hazelkorn, E. (2014b). Reflections on a decade of global rankings：what we've learned and outstanding issues. *European Journal of Education*, 49(1), 12－28.

［13］　Hazelkorn, E., Loukkola, T, & Zhang, T. (2014). *Rankings in Institutional Strategies and Processes: Impact or Illusion*. European Universities Association.

［14］　ICEF Monitor. (2012). One in five Russian universities to close by 2014. ICEF Monitor. Retrieved on September 6 2015 from http：// monitor. icef.com / 2012 / 09 / one-in-five-russian-universities-to-close-by － 2014 /.

［15］　ICEF Monitor. (2014). Japan boosts internationalization funding in a bid to climb global rankings. ICEF Monitor. Retrieved on October 6 2015 from http：// monitor. icef. com / 2014 /10 / japan-boosts-internationalisation-funding-bid-climb-global-rankings /.

［16］　Kakuchi, S. (2014). Not just international but "Super Global Universities". University World News. Retrieved on Novermber 20 2015 from http：// www.universityworldnews.com / article. php? story＝2014112023337379.

［17］　Kehm, B. M. (2014). Global university rankings-impacts and unintended side effects. *European Journal of Education*, 49(1), 102－112.

［18］　Kehm, B. M. & Erkkilä, T. (2014). Editorial：The ranking game. *European Journal of Education* 49(1), 3 - 11.

[19] LSE (London School of Economics) and Political Science. (2008). Retrieved on October 2015 from http：// www. lse. ac. uk / aboutLSE / leagueTables / LSEInvestigationsIntoTHE_QSLeagueTables.pdf.

[20] Matthews, D. (2013). Singapore：no sleep for the Lion City's universities. *Times Higher Education World University Rankings*. Retrieved on November 21 2015 from http：// www. timeshighereducation. co. uk / features / no-sleep-for-singapores-universities / 2009064.article.

[21] McNeill, D. (2013). In South Korea, foreign professors can have a hard time fitting in. Retrieved on January 7 2015 from http：// chronicle. com / article / Growing-Pains-for-Foreign / 136453 /? key = Tz1ydQJsaHBDMSlibWtBZG1QaCZtOEtyYiZJPn1ybllWFQ%3D%3D.

[22] Ministry of Education Republic of China (Taiwan). (n. d.). *The Top University Project* (in Chinese). Retrieved from http：// 140.113.40.88 / edutop / index_3.php.

[23] Mishra, A. (2012). New regulation widens scope for foreign university collaboration. University World News. Retrieved on June 7 2015 from http：// www. universityworldnews.com / article.php? story=20120607122629843.

[24] OECD (2011). Education at a Glance 2011：Highlights. *OECD iLibrary*. Retrieved from http：// www. oecd-ilibrary. org / sites / eag_highlights - 2011 - en / 01 / 10 / index.html? itemId=/ content / chapter / eag_highlights - 2011 - 12 - en.

[25] Povalko, A. (n. d.). Push for the top. *Times Higher Education World University Rankings*. Retrieved from https：// www. timeshighereducation. co. uk / world-university-rankings / 2015 / brics-and-emerging-economies / analysis / push-for-the-top.

[26] Rauhvargers, A. (2013). *Global University Rankings and Their Impact: Report II.* Brussels：European University Association.

[27] Rhee, B.S. (2011). A World-Class Research University on the Periphery：The Pohang University of Science and Technology, the Republic of Korea. In：P.G. Altbach & J. Salmi. (Eds.) *The Road to Academic Excellence: The Making of World-Class Research Universities*. Washington D.C.：The World Bank.

[28] The RU11 University Association. (2011). Request for a revision of the assessment methods used by Thomson Reuters for the Times Higher Education (THE) World University Rankings. Retrieved on July 31 2015 from http：// www.ru11.jp / wp / wp-content / uploads / 2011 / 09 / proposal_20110731_e.pdf.

[29] Salmi, J. (2010). Beyond Rankings：Towards benchmarking of tertiary education systems. *Bridges*, Retrieved from http：// ostaustria.org / bridges-magazine /volume -

26 – july – 14 – 2010 / item / 5034 – beyond-rankings-towards-benchmarking-of-tertiary-education-systems.

[30] Sauder, M. & Lancaster, R. (2006). Do rankings matter? The effects of U.S. News and World Report rankings on the admissions process of law schools. *Law and Society Review*, 40(1), 105 – 134.

[31] Sharma, Y. (2011). South Korea: Degrees taught in English to continue. University World News. Retrieved on July 15, from http: // www. universityworldnews. com / article.php? story=20110715171111979.

[32] Sowter, B. (2015). Potential refinements in the QS World University Rankings 2015. QS Intelligence Unit. Retrieved from http: // www. iu. qs. com / 2015 / 07 / potential-refinements-in-the-qs-world-university-rankings – 2015 /.

[33] Stanford Today. (1997). Can a college education really be reduced to numbers? Retrieved on May / June 2015 from http: // news. stanford. edu / stanfordtoday / ed / 9705 / 9705fea1.html.

[34] Suh, G.S. (2013). The Korean government's policies and strategies to foster world class universities: Nurturing graduate schools. Presentation at the 5th International Conference on World-Class Universities, 3 – 6 November 2013, Shanghai, China.

[35] THE. (2008). A measured relationship. Retrieved on April 10 2015 from https: // www. timeshighereducation. com / features / a-measured-relationship / 401389. article.

[36] THE (2015a). World university rankings 2015. Retrieved from https: // www. timeshighereducation. co. uk / world-university-rankings / 2015 / reputation-ranking / methodology♯tabs.

[37] THE (2015b). South Korea plans "ghettoized" university courses for foreign students. Retrieved on August 14 2015 from https: // www. timeshighereducation. com / news / south-korea-plans-ghettoised-university-courses-foreign-students.

[38] TOPUNIVERSITIES. (2015, September 11). QS World University Rankings: Methodology. Retrieved on Septermber 11, from http: // www. topuniversities. com / university-rankings-articles / world-university-rankings / qs-world-university-rankings-methodology.

[39] University of Toronto. (n.d.). Comprehensive Faculty Count. Retrieved from http: // www. utoronto. ca / about-uoft / measuring-our-performance / comprehensive-faculty-count.

[40] Van Raan, A.F.J., van Leeuwen, T.N. & Visser, M.S. (2010). Germany and France are wronged in citation-based rankings. Retrieved from http: // www. cwts. nl / pdf / LanguageRanking22122010.pdf.

附录：全书作者简介

（按音序排列）

艾伦·牟俊达（Arun S. Mujumdar），从加拿大麦吉尔大学（McGill University）获得化学工程学博士学位。他在美国和加拿大工业领域的研究发展受到限制以后，先后加入麦吉尔大学和新加坡国立大学的工程学院，并在香港、中国大陆、日本、巴西、马来西亚、印度、泰国和澳大利亚等地做过访问学者。他曾获得大量的知名国际奖项，并获得了法国里昂第一大学（University Lyon 1）和波兰罗兹工业大学（Technical University of Lodz）的荣誉博士学位。他曾在40多个国家举办讲座，并为全球大量企业做过咨询，发表了550多篇高质量论文，出版过3部专著和60多本编著。他还在世界各大州发起过多个会议系列并组织过50多个国际会议，经常受邀参加国际会议并作主要发言，在多个高校指导过跨学科领域的博士生超过65名。他是一些重要期刊的主编以及《工业干燥手册第四版》（*Handbook of Industrial Drying*）的编者。他的长期研究兴趣包括工业干燥，能源系统运输现象和先进的食品技术，当前所关注的领域包括创新、全球化、创造力、校企科研合作等。2014年，他获得中华人民共和国国际科学技术合作奖，表彰他自1984年起对促进中国科学技术发展所作出的持续贡献。

白杰瑞（Gerard A. Postiglione），中国香港大学教育学院政策管理与社会科学系主任，同时兼任华正中国教育研究中心主任。他主要的研究领域为中国和东亚的教育与社会问题。他为各类期刊和著作撰写过的文章超过100篇，还出版了10本个人专著。他还是《中国教育与社会》（*Chinese Education and Society*）期刊和4个书系的主编。其著作包括：《亚洲高等教育》（*Asian Higher Education*）、《东亚中小学教育》（*East Asia at School*）、《中国教育和社会变迁》（*Education and Social Change in China*）、《中国少数民族教育》（*China's National Minority Education*）与《跨越国界的东亚高等教育》（*Crossing*

Borders in East Asian Higher Education）。白杰瑞曾担任教育发展学会（Academy of Educational Development）、亚洲开发银行（Asian Development Bank）、英国国际发展部（Department for International Development）、国际教育协会（Institute of International Education）、联合国开发计划署（International Development Research Centre, United Nations Development Programme）、世界银行（the World Bank）、美国卡耐基基金会（the Carnegie Foundation for the Advancement of Teaching）、美国福特基金会（the Ford Foundation）、中国教育部、美国教育协会（American Council on Education）、联合国教科文组织（United Nations Educational Scientific and Cultural Organization）等多个国际、国家政府组织的顾问专家，为十多个国家的教育改革和发展规划做政策咨询工作。此外，他还受邀到许多国家进行教育改革议题的演讲，包括奥地利、中国、英国、法国、印度尼西亚、日本、马来西亚、墨西哥、外蒙古、韩国、泰国、越南以及美国。他接受过 CNN 和 CCTV 等大量媒体的采访，也为《纽约时报》（*New York Times*）、《国际先驱论坛报》（*International Herald Tribune*）、《商业周刊》（*BusinessWeek*）、《新闻周刊》（*Newsweek*）等媒体撰写过文章。在年度休假期间，他在耶鲁大学东亚研究会（East Aisan Studies at Yale University）、北京大学高等教育科学研究所、约翰霍普金斯大学高级国际研究学院（School of Advanced International Studies）、斯坦福大学教育学院（Stanford University School of Education）等知名学术机构任职。

　　贝恩德·胡博（Bernd Huber），1960 年出生于德国的伍珀塔尔（Wuppertal），是公共财政专业教授，从 2002 年开始担任慕尼黑大学（the University of Munich）校长。他 1984 年获得德国吉森大学（University of Giessen）经济学学士学位，1988 年从德国维尔茨堡大学（University of Würzburg）获得博士学位，1994 年完成博士后研究。同年，他成为德国慕尼黑大学公共财政系主任，在成为校长之前还担任过院长。在兼任的众多职位中，他还是几个咨询和战略委员会委员、德国财政部科学委员会（German Ministry of Finance）委员以及威尼斯国际大学（Venice International University）董事会成员。此外，在 2008 年至 2014 年期间，他还担任过欧洲研究型大学联盟（League of European Research Universities）主席，并担任西班牙和法国重点建设计划的评委。

　　布拉德利·史密斯（Bradley Smith），澳大利亚詹姆斯库克大学科研战略主任，负责科研绩效战略的分析和报告、全球排名、科研中心和研究所以及欧盟委员会专业发展。在 2010 年担任此职之前，他在高等教育、科研政策和政治领域工作了 15 年，2003～2009 年期间担任澳大利亚科学与技术学会联盟（Federation of Australian Scientific and technological societies）的执行主任，在澳大利亚参议院担任高等教育和科研政策顾问。此外，他还担任过澳大利亚研究生联合理事会（Council of Australian Postgraduate Association）主席。

陈繁昌，2009 年出任中国香港科技大学校长。他专长于数学、计算机科学和工程学的研究，在美国加州理工大学取得理学士和理学硕士学位（均为工程学），并于斯坦福大学取得哲学博士（计算机科学）学位。之后，他在耶鲁大学教授计算机科学，并于 1986 年加入加州大学洛杉矶分校担任数学系教授，1997 年晋升为数学系主任，并于 2001 年至 2006 年期间出任该校的自然科学学院院长。2006 年至 2009 年期间，陈教授担任美国国家科学基金委员会（US National Science Foundation，NSF）助理会长，主管数学与自然科学部。陈教授当选为美国国家工程学院（US National Academy of Engineering）院士、美国电气和电子工程师协会（Institute of Electrical and Electronic Engineers，IEEE）资深会员以及美国工业及应用数学学会（Society for Industrial and Applied Mathematics，SIAM）院士。陈教授是全球高被引数学家之一，目前是沙特阿拉伯阿卜杜拉国王科技大学（the King Abdullah University of Science and Technology，KAUST）董事会成员、韩国科学技术院（the Korea Advanced Institute of Science and Technology，KAIST）校长咨询委员会委员、奥地利维也纳大学（the University of Vienna）科学顾问委员会委员以及美国百人会（the United States Committee of 100）会员。陈教授也是香港特别行政区政府创新科技署顾问委员会成员，并于 2012～2013 年间担任邵逸夫数学科学奖遴选委员会委员。

程莹，上海交通大学高等教育研究院世界一流大学研究中心副研究员、执行主任。他于 1996 年考入上海交通大学，2000 年获上海交通大学高分子材料与工程专业工学学士学位，2007 年获科技与教育管理专业管理学博士学位。2007 年至 2008 年在法国巴黎高等社会科学研究大学校（École des Hautes Études en Sciences Sociales）和法国科技信息观测站（Observatoire des Sciences et des Techniques）从事博士后研究工作。其主要研究兴趣是大学排名、评价与分类以及世界一流大学等问题的实证研究，他为教育部提供世界一流大学建设方面的政策咨询，获得了广泛的关注。2005 年以来负责"世界大学学术排名"（Academic Ranking of World Universities）的年度更新和研发工作，并先后在 2011 年和 2012 年开发了第一个"两岸四地大学排名"和"马其顿大学排名"。

冯进能，新加坡劳动力发展局（Singapore Workforce Development Agency，WDA）集团总监（政策）和首席数据官。主要负责战略与资源规划以及国家项目，如"未来技能"培训的实施。他还负责新加坡劳动力发展局的数据管理和报告。鉴于他在战略与学术规划、组织绩效评估以及国际排名方面的经验，冯进能目前兼任香港科技大学校长办公室的资深顾问。他是亚洲网络高等教育规划（the Higher Education Planning in Asia Network）的创始人之一、院校规划协会（the Society for College and University Planning）太平洋区域的理事会成员、院校研究协会成员，也是亚太地区教育质量保障组织（Asia-Pacific Quality Network，简称 APQN）的注册国际顾问。冯进能在美国卡内基梅隆大学入学委员会任职，是香港英基学校协会清水湾学校（English Schools Foundation Clear Water Bay School）的理事会成员。他是美国卡耐基梅陇大学（Carnegie Mellon University）和清华大学校友，是美国南加州大学的博士生（the University of Southern California）。

贾米尔·萨尔米（Jamil Salmi），国际高等教育专家，为政府、高校、专业组织、多边银行和双边合作机构提供政策建议和咨询服务。在 2012 年 1 月之前，他一直担任世界银行高等教育主管，1994 年撰写了世界银行的第一份高等教育改革政策报告，2002 年作为主要作者完成了世界银行高等教育战略报告：《构建知识社会：高等教育的新挑战》（Constructing Knowledge Societies: New Challenges for Tertiary Education）。近 20 年来，他为全球近 90 个国家的政府和大学领导者提供有关高等教育发展、财政改革和战略规划等方面的咨询。他是欧洲、亚洲、拉丁美洲、北美洲和中东地区多所高校的战略咨询委员会委员，同时是英国高等教育管理基金会（UK Leadership Foundation for Higher Education）国际顾问委员会以及美国高等教育认证委员会（CHEA）国际质量组顾问委员会（International Quality Group Advisory Council）委员。2008 至 2011 年期间，他代表世界银行加入联合国国际教育规划研究所（International Institute for Educational Planning）理事会。他是智利圣迭戈波塔利斯大学（Diego Portales university）的荣誉教授。萨尔米 2009 年出版专著《世界一流大学：挑战与途径》，2011 年与阿特巴赫教授共同主编出版《世界一流大学：发展中国家和转型国家的大学案例研究》。

克里斯·库克林(Chris Cocklin)，詹姆斯库克大学副校长，负责学校的科研和创新事务以及执行监督学术部门和各个学院。他对科研的职责包括科研战略和科研绩效、研究生的科研教育以及科研商业化等。此外，他还负责坐落于本校的澳大利亚研究委员会珊瑚礁研究中心(Australian Research Council's Centre of Excellence for Coral Reef Studies)。他在科研方面也非常的活跃，主要的研究兴趣是人类与环境的互动。之前在莫纳什大学和奥克兰大学担任学术职务。

劳伦·比松(Laurent Buisson)，自 2012 年以来担任法国巴黎第六大学的副校长，主管学校的预算、人力资源、房地产以及基础设施，负责制定这些领域的战略和行动计划，包括平衡资源和支出、聘用新的教师和行政人员、购买科学仪器和设备、管理采购政策以及负责监督校园发展项目等。从 2008 年至担任副校长期间，他主要担任巴黎第六大学科研与技术转化中心的执行主任，负责学校科研与创新政策的制定与实施，包括为实验室、企业委托项目、科技成果转化、创设衍生公司等提供支持和服务。而在加入巴黎第六大学之前，劳伦·比松是法国科研部创新与地区政策司(the Innovation and Regional Policy Department)的负责人。他先后在法国国家信息与自动化研究所(INRIA)和(Grenoble)的国立农业及环境科学研究院(IRSTEA)从事了长达 10 年的计算机与环境科学的研究，之后他还担任过多个职位，包括斯特拉斯堡(Strasbourg)研究部的高级管理人员以及法国外交部在芝加哥的科学联络员。劳伦·比松从格勒诺布尔的约瑟夫傅立叶大学(Joseph Fourier University)获得计算机科学博士学位，也是巴黎综合理工大学(France's Ecole Polytechnique)的校友。

刘念才，获中国兰州大学化学系学士学位，加拿大女王大学(Queen's University)高分子科学与工程硕士、博士学位，并从事博士后研究。1993～1998 年任上海交通大学化学化工学院副教授、教授和博士生导师。1999 年起开始从事高等教育研究，现为上海交通大学高等教育研究院院长、世界一流大学研究中心主任。其研究领域包括世界一流大学、科学政策、大学战略规划等。在著名中文与英文学术刊物发表多篇论文，其领导完成并在网上发表的"世界大学学术排名"得到了国际社会的广泛认可。现任《科学计量学》(Scientometrics)和《研究评价》(Research Evaluation)编委及顾问。

　　玛丽亚克·范·德·文德（Marijk van der Wende），荷兰乌得勒支大学研究生院院长、高等教育学教授。她的研究方向为高等教育全球化和国际化对高等教育系统、高校、课程和教学等方面的影响，并发表了大量相关论文。2015年先后在哈佛大学费正清中国研究中心（Harvard University's Fairbank Center for Chinese Studies）和上海交通大学世界一流大学研究中心担任访问学者期间，她主要研究全球化背景下的中国高等教育。她还兼任美国加州伯克利分校（the University of California at Berkeley）高等教育研究中心的研究员以及荷兰特温特大学（University of Twente）高等教育政策研究中心的名誉教授。此外，她还是欧洲科学院（the Academy of Europe）院士、上海交通大学世界一流大学研究中心国际顾问委员会委员、荷兰国家科技政策研究中心（Rathenau Institute for Science and Technology in Society）董事会成员、荷兰阿姆斯特丹大学大学（the University of Amsterdam）奖学金遴选委员会成员以及其他各类编委会和委员会成员。她曾经是荷兰阿姆斯特丹大学学院（Amsterdam University College）的创院院长，并先后在荷兰阿姆斯特丹自由大学（VU University Amsterdam）、特温特大学（University of Twente）担任教授职务。她还与经济合作与发展组织、荷兰高等教育国际交流协会（the Netherlands Organization for International Cooperation in Higher Education）以及布鲁塞尔学术合作协会（Academic Cooperation Association）开展合作。玛丽亚克·范·德·文德获教学法学士学位，分别从阿姆斯特丹大学和乌得勒支大学获教育科学硕士与博士学位。

　　玛利亚·优德科维奇（Maria Yudkevich），俄罗斯国立高等经济学院副校长以及经济系副教授，负责协调学校的基础研究和学术发展，同时担任该校组织理论与应用经济分析研究中心的主任。她的主要研究兴趣包括高等教育经济学和高等教育社会学，重点关注教师合同、大学治理和高等教育市场。她联合主持了多个大型的国际研究项目，主要从比较的视角研究不同的高等教育现象（包括比较28个国家的教师薪酬和学术合同、10个国家的年轻教师职业、8个国家的大学"近亲繁殖"现象以及11个国家的大学排名）。她在高等教育经济学和高等教育社会学领域的著述颇丰，在顶尖的俄罗斯和国际期刊上都发表了大量论文，同时基于国际比较项目的研究结果合编排了多部著作，包括：路特雷奇出版社（Routledge）2012年出版的《教授工资》（*Pay Professoriate*），英国帕尔格雷夫麦克米伦出版社（Palgrave）分别于2013年和2015年出版的《高等教育的未来和学术职业》（*The Future of Higher Education and The Academic Profession*）和《全球视野下的学术近亲繁殖》（*Academic Inbreeding in Global Perspective*），纽约州立大学出版社(SUNY Press)2015 年出版的《国际视角下的年轻教师》(*Young Faculty in International Perspective*)。此外,她还担任《高等教育的现在与未来》(*Higher Education and Beyond*)季刊的编委会主席,该期刊旨在关注俄罗斯、东欧国家以及中亚国家高等教育机构的转型过程。该期刊旨在就区域高等教育的当前挑战和趋势呈现多方观点,并提供最佳的地区实践。《高等教育的现在与未来》的读者覆盖全世界高等教育领域的国际专家学者共同体。

米泽彰纯(Akiyoshi Yonezawa),日本东北大学(Tohoku university)院校研究办公室教授和主任。他致力于高等教育政策的比较研究,聚焦于世界一流大学、高等教育国际化以及校企合作研究。他曾在日本名古屋大学(Nagoya university)、日本大学评价与学位授予机构(National institution for Academic degrees and university evaluation)、日本广岛大学(Hiroshima University)、经济合作与发展组织以及日本东京大学就职。目前担任日本教育社会学协会(Japan Society of Educational Sociology)以及日本高等教育研究协会(Japan Association for Higher Education Research)的董事会成员。同时他还担任 Springer 新书系列《亚洲高等教育：质量为本,精益求精,斯普林格的管理》(*Asia: Quality, Excellence and Governance*)的合编者。

王琪,上海交通大学高等教育研究院助理研究员。她于 2002 年 9 月至 2008 年 11 月期间从英国巴斯大学(the University of Bath)教育学系先后获得硕士学位和博士学位。2009 年 5 月起加入上海交通大学世界一流大学研究中心。其研究兴趣包括世界一流大学建设、就业能力管理和技能培训、全球化与教育发展。她目前的研究主要聚焦于从理论和比较的视角建设世界一流研究型大学,特别关注东亚和欧洲不同政府和高校为实现创建一流大学所实施的举措。除教学和科研工作之外,她还担任中文期刊《国际高等教育》的副主编,该期刊旨在促进中国与国外高等教育学术共同体的交流。

西蒙·马金森(Simon Marginson),英国伦敦大学教育学院高等教育学教授、全球高等教育研究中心(Center for Global Higher Education)主任,也是《高等教育》(*Higer education*)杂志的联合主编。全球高等教育中心是 3 所英国大学和 8 所国际大学的研究合作伙伴,拥有 610 万英镑的经费资助,共开展 15 个与全球、国家和地区高等教育相关的项目。在 2013 年加入伦敦大学教育学院之前,西蒙·马金森在墨尔本大学担任高等教育学教授(2006～2013)。2014 年受聘为加州大学伯克利分校"克拉克·克尔"高等教育学讲座教授(Clark Kerr Lecturer on Higher Education)，同年获得美国高等教育研究协会（the Association for Studies of Higher Education in the United States)的杰出科研奖。他同时是欧洲科学院(Academia Europaea)院士、英国高等教育研究学会(the Society for Research into Higher Education)终身会员以及澳大利亚社会科学院(Academy of the Social Sciences in Australia)成员。他主要的研究兴趣包括全球化和高等教育、国际教育和比较高等教育，他非常关注亚太平洋地区的高校，并对该地区的 20 所高校开展案例研究，探究这些高校如何应对全球化。此外，他还从事有关高等教育公益贡献以及教育和社会公平性等问题的研究。西蒙·马金森及其同事刚刚完成一本关于"全球趋势对高参与高等教育系统影响"的专著，他的下一本专著将由加利福尼亚大学出版社（University of California Press)出版，名为《梦想的覆灭：克拉克·克尔加利福尼亚高等教育理念的危机》(*The Dream is over: The Crisis of Clark Kerr's Californian idea of higher education*)。

希拉姆·罗摩衍那(Seeram Ramakrishna)，曾受邀参加由"联合国学术影响力项目"(United Nations Academic Impact Program)、世界银行、经合组织、欧盟、各国政府以及大学所举办的各类会议，是一位非常会鼓舞人心的发言人。自 2000 年开始，他在各类全球共同体中担任职务，包括全球工学院院长理事会(Global Engineering Deans Council)创会主席、国际工程教育学会联盟(International Federation of Engineering Education Societies)副主席以及亚洲创新与政策协会(Asia Society for Innovation & Policy)董事会成员。他出版专著《创新的变革面》(*The Changing Face of Innovation*)，举办过关于"毕业生的全球特征"、"纳米技术"、"科研、创新与创业战略"等主题的研讨会。根据汤森路透，他是全球最有影响力的科学思想家之一，也是全球高被引科学家之一。他出版了 6 部专著，发表了 700 篇国际期刊论文，论文的被引次数超过 5 万次，H 指数为 102。罗摩衍那从英国剑桥大学获得博士学位，并在美国哈佛大学获得过管理培训。他所获得的奖项和认可不计其数，包括国际工程教育学会联盟(IFEES)主席"全球视野奖"(Presidents' Global Visionary Award)、美国国际教育技术协会(International Society for Technology in Education，简称 ISTE)国际研究员、中国的长江学者和领军人才、印度尼赫鲁奖学金（Nehru Fellowship)、李光耀奖学金(Lee Kuan Yew Fellowship)以及新加坡国际大学杰出研究人员等。他获选为新加坡、印度、英国和美国主要专业学会的国际会员。

他担任的学校管理职务包括新加坡国立大学副校长（主管科研战略）、新加坡国立大学企业与行业联络办公室主任以及工程学院院长。

新见有纪子（Yukiko Shimmi），日本一桥大学（Hitotsubashi University）法学研究院助理教授和国际教育顾问。在波士顿学院国际高等教育中心从事研究助理工作期间在该校获得高等教育学博士学位。凭借富布莱特奖学金从美国明尼苏达大学（University of Minnesota）获得教育心理学硕士学位。从日本庆应义塾大学（Keio University）获得人际关系学学士学位。她的研究主要关注留学经历对学生的影响，此外还研究国际访问学者及其经历。

亚历克斯·厄舍（Alex Usher），加拿大高等教育战略联盟（Higher Education Strategy Associates）总裁，该组织是一家为政府、高校和企业提供高等教育政策与战略咨询的咨询公司。他的工作主要关注招生和学生贷款，为加拿大政府以及欧洲、非洲和亚洲的各国政府提供帮助。他的著作《成本分担的变化是否会影响学生和高等教育机构的行为——基于 9 个国家的案例研究》（*Do Changes in Cost-Sharing Have an Impact on the Behavior of Students and Higher Education Institutions?*）于 2014 年 6 月由欧盟委员会出版。他还出版过三部编著《全球高等教育排名：比较视角下的可支付性和可达性》（*Global Higher Education Rankings: Affordability and Accessibility in Comparative Perspective*）。除了关于学生资助方面的著作，他在排名、质量评估和绩效指标等方面也有大量研究。近 6 年来，他与加拿大环球邮报《加拿大大学报告》（*Canadian University Report*）排名合作，在 2012 年发布了加拿大第一份学科领域标准化科研排名。他也是大学排名国际专家组（International Rankings Expert Group）的发起成员之一，同时是"世界大学学术排名"的顾问委员会委员。他与世界银行以及其他亚洲和非洲的发展组织合作密切，也经常与国际公司就高等教育项目展开合作，如安永会计师事务所（Ernst&Young）。

张杨，美国夏威夷大学马阿诺分校院校研究办公室主任，负责该校的数据搜集、报告和分析工作，以辅助学校的决策制定和绩效改善。她还负责为各类排名机构提供数据，并为校领导解释本校排名的变化，运用排名数据来支持学校的决策。她近期在丹佛组织了美国院校研究协会（Association of Institutional Research）年度会议的国际小组会议，主题为"国际排名与院校研究"。张杨分别从美国威斯康星大学麦迪逊分校（University of Wisconsin-Madison）的教育领导与政策研究获得博士学位，艾格伍学院（Edgewood College）获得 MBA 硕士学位。

郑嬿容，中国香港科技大学规划与院校研究办公室的规划经理，负责该校的院校研究，包括院校绩效评估和国际大学排名的内外部报告和追踪。她是香港中文大学和香港理工大学的校友。

朱佳斌，从美国普渡大学（Purdue University）获得工程教育哲学博士和生物医学工程硕士学位，从中科院获得光学硕士、华东师范大学获得物理学学士学位。她主要的研究领域包括了工程学生能力培养、工程教育教学评估以及研究生与本科生的认知发展研究。她发表了多篇高质量论文，其研究成果被收录在《工程教育杂志》（*Journal of Engineering Education*），《国际工程教育杂志》（*International Journal of Engineering Education*）以及《工程教育进展》（*Advances in Engineering Education*）等国际工程教育期刊。她所从事的"关于留美中国工程博士认知发展研究"获评美国普渡大学工程教育系 2013 年最佳博士论文奖。2012 年，她获得美国工程教育学会（American Society for Engineering Education）所颁发的最佳学生论文奖。此外，她还获得了 2012 年普渡大学博士论文奖学金（Bilsland Dissertation Fellowship），目前主持教育部人文社科研究项目，上海市哲学社会科学规划教育学专项课题，上海市浦江人才计划课题等。